D1746700

Audreé Wilhelmy
WEISSES HARZ

audrée wilhelmy

weisses
HARZ

roman

Aus dem Französischen
von Tabea A. Rotter

S. Marix Verlag

Für die von meinem Blut, Colombe, Rose-Anne,
Josée, Laurence, Anne-Clotilde, Camille, Romy, Margot,
Charlotte, Lily

und für die, die ich gewählt habe,
Salomé und Romane.

und stößt dir ein ganzes Reich bis tief in den Hals
zermalmst du die Steine zwischen deinen Zähnen
das Sediment der Geschichte   die Mika allen Zorns
etwas später wachsen dir Löwenzahn   und Lieschgras
wieder aus den Augen

Catherine Lalonde, *Cassandre*

INHALT

OSTARA
9
LITHA
135
MABON
211
YULE
255
OSTARA
277

Glossar 291
Literatur 294

OSTARA

Ich werde geboren.

Ich durchdringe den Schoß eines Konvents.

Es sind vierundzwanzig Schwestern, die pressen und brüllen, ihre Stimmen prallen von den Mauern ab, vermischen sich mit dem Ruf der Seeadler, der Saatkrähen, mit Bellen, Gackern und Fauchen. Der Wald wimmelt von kalbenden Tieren. Es ist Taiganacht, der Mond rund und tief, eine Nacht, die an beiden Enden gleich ist: zwölf schwarze Stunden, zwölf weiße Stunden. Überall treibt sich die Tagundnachtgleiche in die Flanken der trächtigen Weibchen. Ihre mit trockenem Gras ausgelegten Höhlen unterscheiden sich von derjenigen, die achtundvierzig Beine und achtundvierzig Arme nackter Frauen beherbergt.

Hundertmal zerreißen sie sich, wachsen wieder zusammen, ein Chaos ineinandergeschlungener Haut: vierundzwanzig Köpfe, vierundzwanzig Geschlechter, achtundvierzig Augen, die die Geschlechter anderer Mütter haben sich aufspalten sehen, nie aber ihr eigenes.

Ich winde mich in ihnen, zerre an ihnen. Ich ziehe mich so gut ich kann aus ihren Bauchorganen heraus. Draußen fällt Frühlingsschnee, ein weicher Schnee, der schmilzt, wenn er mit demselben Geräusch auf den Boden klatscht, das mein Körper macht, der zwischen ihren Schenkeln hervorquillt, das Geräusch eines nassen Schwamms. Ich werde geboren: ein schleimiges, braunes Tier, behaart wie eine Fichte, das auf dem Tisch landet, *platsch*, und das schreit, bevor es sich schließlich an einem Finger festhält, dem ersten, den sie mir hinhalten, angefeuchtet mit Milch.

In der Nacht haben Hasenjunge den Schoß der Häsinnen durchdrungen, Rehkitze wurden auf Betten aus toten Ästen geboren. Ich koste das Kolostrum im selben Augenblick wie ein Wurf Luchse. Nur Wände trennen mich von meinen Säugetiergeschwistern.

In dem Unterschlupf aus heiligen Steinen sehen sie mir alle beim Trinken zu, mir kleinem Mädchen, das das Saugen mit dem Mund bereits beherrscht.

Der Tag geht weiß in den Fenstern auf und der Wind lässt nach. Meine Ohren entdecken die Harmonien von Chören.

Das Schlagen der Scheiben und Klappläden auf ihren Bögen wird von meiner Chormutter verschluckt, die das Morgenlob singt.

Ich komme aus dem Leib eines Konvents, vierundzwanzig Frauen, kein Mann, kein Vater. Sein Gesicht ist das des Nordens, des Nomadenstammes – von ihm habe ich meine Olbak-Mähne –, aber geboren werde ich dennoch allein von vierundzwanzig Schwestern, die unter ihren Schleiern seidige Haarfluten verbergen. Und Köpfe so hart wie das Gestein der *Kohle Co.*

Ob mit geschickten oder linken Händen, mit knorrigen Gelenken oder jugendlichen, sie haben Finger, die wissen, wie man Bronchien freimacht und Nabelschnüre durchtrennt, oder solche, die es rasch lernen. Sie waschen die Käseschmiere und den Schweiß ihrer Glieder ab, wickeln mich ein, küssen mich, riechen an mir; sie geben mich von Hand zu Arm, ein warmes Knäuel, um mich an ihrem Bauch und ihren Brüsten zu spüren. Ihre Haare sind Umhänge, die über ihre Rücken fließen, sie blähen sich auf, wenn die eine oder andere die Tür zum Refektorium öffnet, und verwirren sich ineinander, werden zum Netz, das sie fest umschließt, die Nonnen des Konvents Sainte-Sainte-Anne: vierundzwanzig Frauengesichter, ein großer Mutterkörper.

Das Morgengrauen zieht in ledrigen Reflexionen über den Schnee. Meine Mutter kämmt ihr Haar und ordnet es unter ihren Schleiern. Käseschmiere und Blut kleben an den Strähnen, genau wie der Schweiß und Schmutz des Körpers der Wöchnerin. Draußen tummeln sich männliche Nattern auf den Felsen, verteidigen ihr Recht auf Fortpflanzung; drinnen entwirrt die Hydra ihre Köpfe und vervielfältigt sich.

Sie heißen Schwester Elli, Schwester Ondine, Schwester Boisseau, Schwester Dénéa, Schwester Grêle. Während meines Schlafs werden sie wieder zu Gesichtern mit eigenen Zügen: die Form eines Auges, einer Augenbraue, das Ergebnis von Eltern und Eltern vor ihnen und von weiteren Eltern, die paarweise durch die ganze Geschichte zurückgehen.

Sie sind einzeln im Refektorium verstreut. Schwester Zéphérine knöpft ihren Kragen zu; Schwester Betris, Schwester Lotte und Schwester Maglia stehen neben dem Geschirrschrank, damit beschäftigt, ihr Haar zu flechten; Schwester Silène beobachtet sie, sie denkt an die Parzen, die den Schicksalsfaden spinnen, während sie zuschaut, wie die drei anderen ihre Zöpfe glattstreichen. Der Tisch zwischen ihnen ist unter schmutzigen Laken verschwunden. Schwester Selma hebt sie hoch und weicht sie ein. Die vierundzwanzig Stühle stehen verkehrt, sie wurden in der Nacht verschoben, damit die Geburt reibungslos ablaufen kann. Schwester Alcée und Schwester Nigel bücken sich jeweils zwölfmal und richten die Stühle in senkrechten Geraden auf der einen und der anderen Seite des Tischtuchs wieder auf. Schwester May singt:

Kalt wütet da der Nordwind, weit draußen überm Feld. Doch stör' ihn nicht, den Frieden der Elemente hier!

Schwester Lénie bringt Brot vom Vortag. Das Frühstück gibt es ohne frische Laibe, ohne saubere Teller und auch ohne Eier.

Draußen ist es acht Uhr, also helllichter Tag. Schwester Carmantine hat das Angelus-Läuten vergessen, das die Bergleute der *Kohle Co.* weckt. Schwester Douce sagt: »Sollen sie doch mit dem Hahnenschrei aufstehen, wenn sie sich jetzt ärgern.«

In ungebleichte Windeln gewickelt, höre ich dem Besteckklappern zu und lausche den Stimmen, die mich an mein Leben im Wasser erinnern. Ganz in der Nähe stehen sich vierundzwanzig Frauen in Paaren am einzigen, langen Tisch gegenüber. Die beiden leeren Enden widersetzen sich jeder Hierarchie: Sainte-Sainte-Anne ist ein Konvent ohne ehrwürdigen Vater, durch die Sünde ganz und gar zur Mutter gemacht.

Die, die mich wiegt, sitzt nahe am Kamin. Um mich herum wird sie zum geteilten Körper, nichts als: ausreichend Wärme, ein mit genug Milch befeuchteter Finger. Atem und Herzschlag wiederholen sich von einem Brustkorb zum anderen, immer wenn die Schwestern, die sich beim Tragen abwechseln, wieder ihre Namen verlieren.

Draußen trinken meine Säugetiergeschwister, ohne irgendetwas zu sehen, ein Haufen aufgeschichteter Pelze, die die Muttermilch einschießen lassen. Drinnen sind die Verhältnisse umgekehrt, ich bin allein und meine Mutter in der Mehrzahl: Sie hat Daumen und Zeigefinger zum Essen, die gut schmecken nach toten Häuten, Gebackenem, Tierfellen, Pferdehaar, Metall und Ruß.

Während sie mich nährt, bevölkert sie zugleich meine Vorstellung mit Worten, die erzählen:

Wälder
boreale Weibchen
Feldhuhn
Flussfische
Eis
Tundra
Wurzelstock
Freudenfeuer
weiße schwarze graue Schleier
riesiges Geäst
Fauna, frei in ihrem animalischen Wissen.

Ihre Stimmen überdecken das Knistern der lodernden Kiefernflammen, ihre Worte sind die Fäden vermischter Legenden.

> Schwester Betris sagt. – Durch mich fließt das Meer in deinen Adern. Mir ist das Wasserreich ins Fleisch geschrieben. Unauslöschlich der Geruch von Aalen, Rochen, Venusmuscheln, Forellen, Schneckentieren, vom Blut der Wale, die an den Ufern aufgeschlitzt werden. Wo ich herkomme, bleibt die Wäsche auf der Leine nass, gepeitscht von Regen

und feuchtem Wind. Die Frauen sind klebrig von den Männern, die ihnen zwischen die Schenkel fahren und von den Kindern, die zwischen ihren Beinen hervorgleiten. Aber ich, ich wollte jenseits von Oss leben, weit weg vom Gestank der Meereskadaver und der Kinder im Zwölferpack, für ewig mit Walblut besudelt. Vor meiner Hochzeit träumte ich, dass ich einen Angelhaken in den Hals meines Erstgeborenen treiben würde. Die einzig mögliche Flucht war das Kloster, aber ich träumte auch, dass der Klobuk sich in die Barte eines Finnwals verwandeln und mich verschlucken würde. Ich bin ohne alles losgezogen, auf dem einzigen vertäuten Fischerboot. Der Sardinenfischer hat mich untergebracht, unter sein Geschlechtsteil und unter seine Netze, ich habe ihn machen lassen, bis zur Stadt, wo ich ausgestiegen bin, frei. Nur bin ich wie eine Auster, die vom Meeresboden gerissen wurde: Selbst noch im tiefsten Wald habe ich den salzigen Geschmack im Mund und die Erinnerungen an das Wanken, von denen mir vor dem Einschlafen schlecht wird.

In den Fenstern ist es schwarze Nacht, helllichter Tag, grauer Tag, Polarlicht. Die Frauen bewachen das Feuer. Wenn sie mich nicht herumtragen, stricken sie und werfen Holzscheite in den Kamin, die Glut und Asche aufwirbeln. Manche von ihnen haben abgenutzte und raue Hände, fleckig wie mein Babygesicht. Sie wiegen mich, während ringsum der Konvent in der Sprache knarrender Balken von der Nacht erzählt.

Schwester Lotte sagt. – Durch mich bewahrt dein Geschlecht das Gedenken an die gefallenen Mädchen. Sieben Jahre lang war ich Hure im Sacré-Cœur. Rote Samtvorhänge, die Kruzifixe weit hinten im Schrank, Bettlaken ohne Farbe, damit das Sperma im Stoff zerlaufen konnte. Und Kunden, die mit Geld aus der Kollekte bezahlen. Zwischen meinen Brüsten redete der hohe Klerus über Sünden von Jungfrauen, über Seelsorge für die Wilden, über sein Vermögen aus dem Ablasshandel. Sie kamen auf meinem

Bauch, während ich von einer freien Welt träumte. Eines Tages stahl ich das Gewand einer Oberin, die sich gern den Hintern versohlen ließ. Ich bin aus dem Bordell geflüchtet, verborgen hinter dem schwarzen Schleier der Frömmigkeit. Auf der Straße aß ich vom Glaubensgroschen, bis ich Betris begegnete. Sie schlitzte an einem Marktstand Forellen auf und erbrach sich zwischen jedem Filet.

Ich bin zwei Tage alt, dann zwei Wochen, bald zwei Monate. Ich lerne die Idiome des Refektoriums auswendig, seine formellen Gesänge, das Knistern der Feuerstelle, ich erkenne über die Stimme des Raums hinweg die der Kreaturen, die ihn bewohnen, Gespräche von Frauen und von Feldmäusen.

Schwester Maglia sagt. – Ich war bestimmt für ein Leben in Opulenz. Mein Verlobter hätte für mich unterwürfige Dienstmädchen eingestellt, die er mit Eisenbahngold gekauft hätte. Auf dem Rücken der Armen und ihres Elends hätte ich meine Hausangestellten zu einer Armee von kleinen Müttern erzogen, damit sie ihrerseits meine Kinder und kleinen Bestien aufzögen. Am Tag der Hochzeit erblickte ich in einem Spiegel die Tyrannin, zu der ich werden könnte, und bin vor ihr geflohen. Ich bin vom Land bis in die Stadt gelaufen, durch Wälder, Gassen, Häfen, zwischen Häusern hindurch, die unvergleichlich aussahen, Schlösser der Not, proletarisches Durcheinander. Durch mich bewahrst du das Wandern freier Frauen in deinen Füßen.

Betris habe ich auf einem Fischmarkt kennengelernt, wo man, um zu essen, nur den Ausschnitt öffnen und schöne Augen machen musste. Sie war es, die mich mit Lotte bekannt machte. Die hat mir von ihrem Traum eines unberührten Landes erzählt – »Heiligtum« sagte sie dazu. Ich nahm ihren Habit und verkleidete mich als Oberin, besuchte ihr Bordell und überzeugte den Bischof, einen göttlichen Auftrag zu finanzieren. Ich säuselte: »Ich bin Mutter Marie-Maglia-für-den-Guten-Zweck«, während ich seine

Behaarung ableckte. Im Tausch gegen meinen Mund, gegen meinen Arsch bezahlte er Sainte-Sainte-Anne, den Glockenturm aus Blech, die Gärten, die Gewächshäuser, all das für die Christianisierung der Olbaks und die Weiterentwicklung botanischer Kenntnisse. Als ich aus dem Sacré-Cœur herauskam, habe ich mein Entgelt an die Kinder weitergegeben, die draußen auf den Strich gingen, und riet ihnen, auf Neuigkeiten aus dem Norden zu achten.»Bald werdet ihr dort einen Ort finden, in dem sich die Frauen Schwestern nennen und sich gegenseitig beschützen.«

Das Feuer singt leise, draußen ist es fast warm.
Ich schlafe.
Ich lausche.
Feldmäuse erzählen von der aufgewühlten, durchgrabenen, gehärteten Erde, vom Getrippel im Boden, von Felsen, die dem Fluss entrissen wurden, versetzt und als Fassaden über dem Bau ihrer Großväter aufgerichtet. Meine Mutter spricht davon, wie die Nomadenfrauen der Olbaks sie empfingen, von ihrer Schönheit, ihren Gesten und vor allem von ihrer Kraft, als sie gemeinsam Mörtel zwischen die Hohlblocksteine laufen ließen, um ein Refugium zu errichten. Es sind die Mauern, die die Erinnerung an den Kummer und die Not der Menschen und Tiere bewahren. Fliehende Ratten, einstürzende Schlupflöcher, Tränen des Zorns oder der Erleichterung. Die Ameisen und Fliegen, die erwachen, sobald die Sonne auf ihr Versteck fällt, haben eine Sprache von kurzem Gedächtnis, sie berichten von Jahreszeiten und Festen, von der wilden Freude über lauwarmes Brot, von Sahne, fröhlicher Schwesternschaft und weiblicher Liebe.

Mit all seinen verbundenen, sich widersprechenden Stimmen beschreibt mir Sainte-Sainte-Anne, wie die Schwestern Betris, Lotte und Maglia das Refektorium aufbauten und wie die anderen kamen, eine nach der anderen, ohne Gepäck, doch mit den Spuren des Lebens in ihre steifen Glieder eingeschrieben.

Sie erreichten Cusoke mit dem *Sort Tog*, dem Zug des Bergwerks der *Kohle Co.*, manchmal in den Waggons, häufiger zwischen den Frachtkisten verborgen. Sie folgten dem Pfad vom Bahnhof zum Konvent, ohne die Hand einer Schwester, die ihnen über die rutschigen Felsen geholfen hätte. Sie kamen, ob kräftig oder schwach, immer tropfnass auf der Schwelle an. Der Empfang war jedes Mal eine stille Zeremonie: Brot und Wein, während man Wasser erhitzte und die Wanne füllte, die neue Robe und saubere Unterwäsche hervorholte. »Wie möchtest du genannt werden?« Nur nach dem Namen fragten sie, nach nichts anderem. Manche behielten den ihrer Eltern, aus Pflicht, Stolz oder Gedenken, andere stotterten, denn sie hatten nicht mit der Möglichkeit gerechnet, wählen zu können. Wenn sie zögerten, ließen die bereits Ansässigen ihnen Zeit: »Wenn du es weißt, sag Bescheid.«

Mehr Worte brauchte es nicht, damit sie sich verstanden: Glückliche Mädchen hatten es nicht nötig, so weit in den Norden zu ziehen.

Während ich trinke, meinen Kopf den Körper zähmen lasse und umgekehrt, erfüllen drei Botanikerinnen, zwei Bäuerinnen, zwei Küchenhilfen, eine Milchfrau, eine Konditorin, sechs Lehrerinnen, drei Einbalsamiererinnen, eine Bienenzüchterin, zwei Krankenschwestern und drei Missionarinnen – Betris, Lotte, Maglia – unsere Höhle mit stillen Geschichten.

Lange Zeit diene ich als kleine Wärmflasche. Ich heize den Bauch meiner Mutter, und ihre vierundzwanzig Körper verharren in dem lauwarmen Kokon, den wir bilden.

Draußen braucht Cusoke mehrere Wochen, um zu schmelzen. Während meine Mutter darauf wartet, dass die Sonnenstrahlen den Weg freilegen, der zur Kohlemine führt, liebt sie mich ohne Taufe und ohne Namen.

Von April bis Juni legt der Frühling Ast für Ast das Violett, Grau, Grün und Blau der Landschaft frei. Meine Augen wollen sich nach der grellen Feindseligkeit der ersten Tage nicht an diese pastellene Wiedergeburt gewöhnen.

Um Sainte-Sainte-Anne herum erstreckt sich meine Taigaheimat in Fichten- und Kiefernwäldern, Beeten von Flechten und wildem Rosmarin, *Misartaq*, *Quajautiit*, *Pingi* und *Qurliak*, in Torfmoor und Felsen, die zu Bergen werden, wenn man sich weiter entfernt. Inmitten der holzigen Schatten sind drei Gebäude aufgestellt: der Speicher, die Klosteranlage und die Kapelle. Aus der Luft wirken sie winzig trotz ihres Gewands aus Baustein und Holz und trotz des Blechhuts, der per Zug aus der Stadt hergebracht worden ist.

Ist der Schnee erst geschmolzen, wird das bewohnbare Umfeld zu einem Gewirr aus Hütten, Hühnerställen, Schafställen und Gärten, die unermüdlich gepflegt werden müssen in diesem Klima mit zwei Monaten Hitze und acht Monaten Kälte: zwei Wochen, in denen der Bleichboden auftaut und man säen kann, und der Rest, um zu ernten und die Erde für das nächste Jahr zu rüsten.

Dort lebe ich zuallererst, meine Wickeltücher aufgebläht vom Wind, der darunter fährt. In diesem Mineralboden, wo nichts Fruchtbares gedeiht, schlage ich Wurzeln, hier, wo alles, was tatsächlich wächst, so fest in der Erde steckt, dass es sich nicht mehr wegbewegt.

Dann kommt der Tag, an dem achtundvierzig Hände den Konvent für den Sommer aufsperren, das Bettzeug ausdünnen, der würzigen Juniluft die Fenster öffnen. Das Vieh verlässt die Scheune und weidet die Spreu vom letzten Herbst ab, die Einfriedung ist fleckig von grünen Weidebüscheln.

Die Schwestern legen ihre gefütterten Schleier ab und holen das Rohleinen hervor, dünne Gewänder, unter denen die Bergleute verborgene Beine und Geschlechter erahnen können. Sie tragen mich dicht an ihrem Körper gebunden und nehmen mich überallhin mit: in die Schule, in die Tunnel der *Kohle Co.*, in die Nähe der Bienenstöcke, vor die Öfen, in Wald und Garten, zu der Werkbank, auf der die Leichname präpariert werden und den Weg entlang, der von der Werkbank bis zum Sammelgrab führt. Sie lehren mich die Sprache der Bäume, der Bienen und der Sperlinge, listen das Inventar dieses Lebensraums auf und nennen ihn »Ina Maka«, sie sprechen von den Toten mit Worten, die vom langsamen Zyklus der Mutter Erde erzählen und vom Trost ihrer Arme, ihres feuchten Bauchs, der sie umschließt und auflöst.

Ich bin ein Erinnerungsschwamm.

In meinem Tragetuch auf den Frauenbäuchen zieht der Sommer vorüber in einem Konzert aus Rotkehlchen, Spechten, Drosseln, Krähen und Ochsenfröschen, im Surren der *Pikush* und dem Danachklatschen. Festgespannt in meine Tücher würde ich eigentlich lieber herumfuchteln. Ich lerne zu ignorieren, was mich juckt: Stiche, Speichel in meinen Halsfalten, die feuchte Kleidung meiner Mutter, die entweder gräbt und rupft oder sägt und spaltet. Manchmal zerquetscht eine Hand eine Mücke auf meiner Stirn. Mein Blut vermischt sich mit dem des saugenden Insekts. Der Staub, der am Plasma klebt, bildet eine Kruste über seinem tierischen Tod.

Anfang September gibt es weniger Stechmücken. Manche von den Schwestern sind lieber nackt und lassen sich die verschmutzen Stoffe von den Schultern gleiten; sie entledigen sich der Kleidung, die sie nach wie vor einengt und sie an das erinnert, wovor sie geflohen sind. Von ihren Kleidern befreit, waschen sie sich, umarmen sich, kneten ihre weiche Haut, pflücken Beeren. Sie lassen Wind, Morast und Flussschlamm ihre Haare zerzausen.

Sie legen auch mich ab, setzen mich mit dem Po aufs Heu oder auf die Kiesel. Zuerst rutsche ich am Boden entlang, ziehe mein Gewicht mit den Ellenbogen, dann lerne ich, wie man den Rumpf anhebt und wie man sein Körpergewicht auf Handballen und Knien hält. Ich teile das Gras und ziehe Furchen in die schwarze Erde. Auf allen Vieren grabe ich mich ins Moor. Ich werde zur Streunerin, tauche überall auf, bin unberechenbar. Die achtundvierzig Fersen meiner Mutter müssen achtgeben, mich nicht niederzutrampeln, während mein Bauch gerade die Freuden zurückgeschnittener, stachliger, trockener Haargerste entdeckt, wenn sie sich unter ihm kräuselt.

Nunmehr in Freiheit, finde ich meine Säugetiergeschwister wieder, ich gründe einen Clan aus jungen Füchsen, Zicklein und Ferkeln, ich adoptiere ein Schwarzbärbaby und die große Bärin belauert uns aus der Ferne, ein paar Hasenjunge schließen sich unseren Spielen an.

Für lange Zeit lalle ich nur unartikulierte Schreie. Ich piepse wie ein Vogel und jammere wie eine Katze. Während sie darauf warten, dass meine Lippen präzise Klänge formen, nennen mich die Schwestern »Kleines« oder »*Minushiss*« oder »mein Harzkind«. Sie gedulden sich, lassen meiner Zunge Zeit, Worte und Sätze zu bilden. Sie bereiten sich auf den Tag vor, an dem ich meinen Namen wählen werde, so wie auch sie es vor mir getan haben.

Um die *Mabon* zu feiern, die Tagundnachtgleiche, versammeln sie sich auf einer Wildreiswiese. Sie mähen, ihre Stimmen erheben und ihre Füße verankern sich. Einige haben sich entkleidet und mit Blumen gekränzt; sie sensen, während sie dem Wind, der Sonne und der Septemberfrische jeden Winkel ihrer Haut darbieten. Andere tragen lange, mit Kohl gefärbte Schleier, die sich in den Windböen heben und sich mit einem Fädchen ans Gras klammern.

Ich wähle ebendiesen Tag, den mit dem gleichen Licht wie zu meiner Geburt. Ich liege in einem Korb und lausche dem Summen der Erde, die dabei ist, einzuschlafen. Am Himmel kreist ein jagender Bussard. Ich beobachte seine weiten Kreise. Jäh stößt er in die Tiefe. Sein Sturzflug überwältigt mich. Ich öffne meine Handflächen und strecke sie ihm entgegen. Ich glucke: »Daaaaaaaa«, ein klares, fröhliches Gurren, heller als gewöhnlich und in einem Tonfall, der dem meiner Art ähnelt.

Die Gesichter meiner Mutter drehen sich nach mir um. Ihre Arme halten mit der Sense über dem Kopf inne, Kleider und Brüste wirbeln herum. Ich wiederhole: »Daaaaaaaa« und lache. Ihre achtundvierzig Augen treffen sich, ihre Herzen schlagen im Takt.

Daã.

Meine Mutter umringt den Tragekorb und stimmt im Einklang all ihrer Stimmen an: »*Nitanis naha*, Ina Maka.«

Ich werde hochgehoben, es gibt ein kleines Gedränge, wer mich als Erste hält. Wir gehen zum Fluss, eine von ihnen badet mich darin, dann recken andere Hände mich gen Himmel, und von neuem werde ich untergetaucht, dreimal repetierte Bewegung, aus der Luft ins Wasser, und wieder, und wieder. In ihrer

Mitte bin ich eine einzige Gänsehaut. Ein Durcheinander von Fingern salbt meine Stirn, meinen Bauch, mein Geschlecht – klebrige, mit Fichtenharz gezogene Kreuze – und Lippen pusten Salbeirauch über meine Nase.

Am Strand huschen Schatten umher. Die Schwestern von Sainte-Sainte-Anne kennen den Namensritus auswendig: Sie wurden alle auf dieselbe Art aufgenommen und haben ihrerseits die aufgenommen, die ihnen folgten. Sie zeichnen einen weiten Kreis aus schwarzem Sand, dann einen zweiten, klein und konzentrisch, den sie mit Blättern, Moos, Flügelnüssen und Kiefernzapfen füllen, die sie an den Rändern meiner Taiga aufgelesen haben.

Schwester Grêle entkränzt sich und setzt ihr Blumendiadem auf meinen Kopf. Schwester Zéphérine wickelt mich in ihren rauhen, malvenfarbenen Schleier. Schwester Nigel bettet mich in das Nest aus Unterholz, während rundherum die anderen im Inneren des großen Gürtels Platz nehmen. Ein Gewirr von Röcken und Haut, blasse Körper rücken sich zurecht, runde Hände tupfen über die Augen, um die Erregung zu vertreiben.

Im Chor nehmen die Münder meiner Mutter die ersehnten Worte wieder auf, sie besingen die Hüterin des Bodens und die des Windes, dann die des Feuers und schließlich die Hüterin der Fluten mit ihren wogenden Flanken. Sie führen mich dem dreifaltigen Gott vor, Unserem Vater, und ich zittere zwischen ihren Körpern. Sie machen einen Schritt nach vorn, schließen den Kreis wieder und schützen mich vor dem Wind.

Vierundzwanzigmal beugt sich meine Mutter über mich und schenkt mir so viele Gaben, wie sie Gesichter hat: Lebhaftigkeit Stärke Kühnheit Ungestüm Geduld Bedachtsamkeit Freude Zurückhaltung Behändigkeit Zaudern Schneid Elan Verstand Magie Standhaftigkeit Kraft Scharfsinn Wut Intellekt Ausdauer Begeisterung Zuneigung Wärme Naturbegriff.

Um sie herum, durch das Laub und die Zweige meines Lagers höre ich die schwere Stille meiner Taiga. Die Raben schweigen, genauso die Gänseschwärme und die letzten Bremsen des Sommers.

Etwas erhebt sich in mir.

Ich sage es noch einmal, das Lied, das mir die Lippen verbrennt und mich mit Freude erfüllt.

Daã.

Ich taufe mich selbst, noch ohne von der großen Macht meines Mundes zu wissen.

Bald bricht der Schmelz durch mein Zahnfleisch. Wo es vorher nur weiche Haut gab, bewaffnen mich nun Zähne. Kaum sind sie da, wollen meine Schneidezähne die Beschaffenheit der Gegenstände erkunden, und meine Zunge ihren Geschmack. Im Oktober zerbeiße ich alles, was man mir gibt und was ich finde; mein ganzes Wollen konzentriert sich auf die Bewegung von der Hand zum Mund. Ich verschlinge: Brotlaibe, Honig, Wein, Eier, tote Fliegen, Käse, Tonerde, Apfelbeeren, Preiselbeeren, Holunder und Heckenkirschen, Erde, Wurzeln, Humus, Rinde, Schnüre, Staub, Lachs, Borstenwild, Körperausscheidungen und essbare Vögel.

»Sie schlingt ja«, sagt eine Stimme meiner Mutter.

»Sie wächst doch«, antwortet eine andere.

Einige weisen mich an, Spinnen und Blätter nicht hinunterzuschlucken, andere erwidern: »Lass sie ihren Kopf haben, sie wächst mit dem Mund.«

In dem Moment des Durchbruchs, als ich aufhöre, an ihren Fingern zu nuckeln, beginnt meine Mutter, sich zu teilen. Die Zähnchen verleihen mir eine neue Macht: Sie schneiden und zerlegen und mit ihnen spalte ich meine Erzeugerin in mehrere, eigenständige Figuren auf. Mit einem Mal vervielfältigt sie sich, ich habe viele Eltern und eine jede hat ihre Bewegungen, ihre Anweisungen, ihre Legenden und ihre schwankenden Stimmungen.

Indem ich allmählich Zugang zur gesprochenen Sprache gewinne, fasse ich sie in Gruppen zusammen. Einige von ihnen wenden sich an einen Vorfahren weit oben im Himmel, sie murmeln mehrmals am Tag »Vater Unser«, knien sich mit gefalteten Händen hin und richten ihre Augen zur Decke. Sie singen ihre Bitten, und ihre Stimmen steigen den Glockenturm hinauf und erreichen das väterliche Ohr. Die anderen unterhalten sich mit einer Mutter in unmittelbarer Nähe, die sie »Kybele« oder »Gaia« oder »Mari« oder »Ina Maka« nennen. Das Bitte und Danke, das sie ihr schicken, liegt in ihren Handflächen: um Baumstämme gewundene Blumengirlanden, auf die Felsen niedergelegte Gebeine von Feldmäusen, Brotkrumen, Flechtzöpfe oder unter den Wurzeln vergrabene Kieselsteine und mit Schlick vermengtes Frauenblut.

Ohne es zu wollen, offenbaren sie mir meine Abstammung. Ich bin drei Jahre alt, mein Großvater hat blaue Arme und ich weiß, dass seine Launen die Form der Wolken bestimmen. Er umhüllt den fruchtbaren, üppigen Körper von Nunak, meiner grün geflankten Großmutter mit ihren bergigen Hängen und dem wallenden, flüssigen Haar.

Ob meine Mütter nun diesen oder jenen Ahnen bevorzugen – ich habe sie alle gleich lieb. Wen ich allerdings um eine Brioche anbetteln, mit wem ich in den Fluss springen oder wie ein Wiesel die Bäume hinaufklettern und mich von Ast zu Ast schwingen kann, lerne ich, je älter ich werde. Meine Mutter Ondine erzählt mit ihrer heiseren Stimme schöne Legenden; meine Mutter Lénie kennt alle Insekten beim Namen; meine Mutter Nigel bestimmt Vögel anhand der Farbe ihrer Eier; meine Mutter Mélianne kann die Menschheitsgeschichte auf einen Karton zeichnen; und mit meiner Mutter May lerne ich, mich geschmeidig zu bewegen, mit Hüftschwung und fluidem Rumpf.

Ich wachse, breite mich aus, bekomme langgestreckte, kräftige Muskeln; ich werde riesengroß und ich werde schnell.

Sobald meine Beine mich weit genug tragen, gehe ich durch den Wald bis zur Kohlemine und wieder zurück, ohne zwischen dem Volk der Olbak, das im Herbst aus dem Norden herunterkommt, und den Bergleuten der *Kohle Co.* zu unterscheiden. Im Winter folge ich den Kindern der Nomaden, die ins Eis treten, es erzittern lassen und Wurzeln ausgraben. Im Sommer springe ich von Kluft zu Kluft im Takt der Keilhauen, zum Krachen der Steine und zum Einstürzen der Felsen. Und wenn die Waldmenschen ihre Jungen zusammentrommeln und die Arbeiter den schwarzen Staub abwischen, der ihren Kleinen im Gesicht klebt, gehe ich zwischen beiden hindurch und lege mich zum Schlafen an die behagliche Haut meiner Mütter, jeden Abend in ein anderes Bett. Ich teile mir die warmen Bäuche von Sainte-Sainte-Anne mit dem alten Hund.

Ich gliedere die Welt in Schwarz, Braun und Rostrot. Schwarz die Bergleute, braun die Olbaks, rostrot alle anderen, die an Kopf oder Körper kupferfarben sind und schmutzig wie der Klosterturm. Die reinen Farben der Säugetiere verschmutzen auf Menschenhaut. So bei mir: Ich habe kein Fell, bloß Flaum wie der eines neugeborenen Vogels, wie Felsenmoos. Ich bin fünf Jahre alt und meine Haut, von den Seiten bis zur Stirn, von den Schenkeln bis zum Schambein, ist eine dünne Rinde, die unter dem Kinderhaar bedeckt ist mit Kohle, Flecken und Blasen, mit weißen Narben von alten Stichen, neuen Bissen von Stechmücken. Ich weigere mich, mein Schopfdickicht schneiden zu lassen: Ich nehme darin Bienen und Blätter, abgebrochene Zweige, Disteln und Raupen auf, die mir in den Weg gefallen sind. Ich bin braun, rostfarben und schwarz, Tochter des Waldes, der Mine, der vierundzwanzig Bäuche meiner Mutter, und meines Stammesvaters.

Das allererste Mal, dass ich das Weiße entdecke, höre ich es, noch bevor ich es sehe. Ein vorbeiziehender Krach, Schritte, die den Farn zertrampeln, ein Körper, der Vögel, Eichhörnchen und Feldmäuse in Alarm versetzt.

    Ich bin in der Nähe eines Wasserfalls am Spielen. Ich sage »mein Liebling« zum Filet-aux-Truites-Fall und zum dicken Felsen im Geröll, ich paare mich mit Birken, reibe mich an der Rinde, sage »amiq ononhouoyse«, verspreche den Tannen wilde Babys, gehe weg und komme zurück, beuge mich über die Äste und flüstere, die Hände kegelförmig um meine Lippen gelegt, gegen den Stamm: »Jetzt werden sie geboren.« Ich hole Blattstücke und Knospen aus meinen Unterhosen, sage: »Unsere Nachkommen, *Abazi*, mein Liebling, schau zu, wie ich unsere Kinder gebäre.« So wie meine Mütter mit mir niederkamen, so entbinde ich meine Taiga.

    Das Weiße stört die Geburt meiner Sträucher. Ich wittere es auf hundert Schritte. Noch nie habe ich etwas Ähnliches gerochen. Körperdüfte, völlig unter einem Geruch vergraben, der nicht aus dem Wald kommt, nicht vom Alkohol, von einer Pfeife oder von Erde und ebenso wenig von irgendeiner Blume.

Ich verfolge den Geruch, während er sich durch ein Wäldchen am Pfad entlangwühlt. Er ahnt nichts: Meine Füße wissen seit jeher, wie sie verhindern, dass Zweige knacken, mein Atem geht leise und mein Herz entspannt sich.

Zwischen den Zweigen erkenne ich zuerst den blassen Schein eines Hemdes und einer hellbraunen Leinenhose. Der Duft ist nicht der von Baumwolle, aber er haftet daran. Die Helligkeit der Kleidung verwirrt mich, ich muss die Augen zusammenkneifen, um hinter den Stoff zu blicken. Das Weiße hat das Gesicht eines jungen Mannes – fünfzehn, siebzehn Jahre alt – mit dichtem, schneeigem Haar, gelben Augen und den milchig rauen Wangen eines Rehbocks irgendwo zwischen Jugend und Vaterschaftsalter. Der Junge hat die Haut eines Flussgeistes, der unablässig ins Wasser taucht, glattgewaschen im Spiel der Kiesel.

Ich beobachte ihn, er weicht nicht vom Weg ab. An der Stelle, wo mein Herz schlägt, spüre ich seine Nervosität. Aus einem Feldmäppchen hat er eine gusseiserne Schere mit langen Klingen und einen braunen Papierumschlag hervorgeholt und beugt sich über die Zeichnung eines Mutterkrauts. Um sich zu beruhigen, pfeift er. Er klemmt den Kopf eines Zweiges zwischen seine Finger und öffnet seine Schere über dem Stängel.

Ich schreie: »Nein!«

Ich springe vor ihm auf.

»Was machst du da!«

Ich habe meine Fäuste in die Seiten gestemmt, knotige Ellenbogen, geschmeidige Oberarme. Er hat sich drei Schritte von mir entfernt, hält seine Schere vor sich und mustert mich, ich habe graue Kniebundhosen an, mein Bauch ist frei, die Unterlippe zittert. Aus meinem Schritt ragen Knospen und Birkenkätzchen. Er runzelt die Augenbrauen, hält Abstand. Ich gehöre zu einer Spezies, die er nicht kennt. Er schaut sich um, als ob weitere meiner Artgenossen ihn angreifen könnten.

Außer mir ist hier niemand von meiner Rasse.

»Was du machst, habe ich gefragt.«

»Guten Tag. Bist du das kleine Mädchen, das von den Nonnen adoptiert wurde?«

Seine Stimme versucht, sanft zu klingen, er füllt seine Überraschung mit Worten.

»Wie heißt du?«

»Du bist hier in meinem Wald. Also sagst du mir deinen Namen.«

Ich möchte wissen, was er da ausatmet und was mir die Nasenlöcher füllt; ich schaffe es nicht, mich auf seine Worte zu konzentrieren, mein Gehirn durchforstet die Bibliothek der Gerüche, ohne einen vergleichbaren Duft zu finden wie den, der seinen Menschengeruch überdeckt.

»Laure Hekiel. Ich bin der Lehrling von Doktor Do. Er hat mir von dir erzählt.«

Ich erkenne die Farbe seiner Behaarung, es ist die eines Hermelins, und seine Haut gleicht der der weißesten Schneeeulen. Ich behalte mir seinen Namen nicht, sondern nenne ihn sofort Ookpik. Alles an ihm ist keimfrei, sauber sind Wäsche, Haut, Nägel, selbst der Blick. Ich sage noch einmal: »Was machst du«, und da wird er sich der Schere bewusst, die er vor sich hochhält, lässt die Deckung sinken und fährt sich mit den Fingern durch seinen schneebedeckten Schopf.

»Ich wollte mich von den Nonnen verabschieden. Morgen verlasse ich Brón. Ich gehe in die Stadt. Wenn ich wiederkomme, bin ich Amtsarzt. Professor Rondeau vom Institut für Wildpflanzen hat mich gebeten, noch einiges zu sammeln, bevor ich abreise. Dies ist ein Sämling des *Rhododendron groenlandicum*.«

»Gegen Geburtsschmerzen.«

»Wie alt bist du?«

Ich öffne meine Faust vor seinem Gesicht und zeige ihm ihre fünf Äste, wedele damit unter seiner Nase herum. Seine strohfarbenen Augen weiten sich, dann lacht er, und sein Lachen ist so rein wie seine Haut, wie sein Haar, wie seine Wäsche: Es prallt von meinen Felsen ab, schlängelt sich zwischen meinen Bäumen hindurch. Ookpik wird still, aber der Klang setzt seinen Weg fort, schließt sich dem Lauf meiner Flüsse an, dringt in meine Ohren und in mein ganzes Revier. Der Junge nimmt seine Pflanzenkunde wieder auf. Ich möchte ihn am liebsten treten, mit beiden Füßen. Ich finde sein helles Lachen gemein.

Er arbeitet weiter. Er sieht nicht, dass der Strauch, für den er sich interessiert, noch ganz jung ist; er pflückt die Blätter, ohne zu wissen, wie alt der Saft im Stiel ist, ohne die Farbe der Triebe zu beachten, die von der Unreife der Pflanze zeugen, oder den spitz zulaufenden Schaft, der ohne sein Geäst nicht überleben wird. Er setzt seine Schere an, schneidet zu viel, schneidet schlecht.

Auf einmal spüre ich die Schere an meinen eigenen Fingern, meinen Armen und Beinen, Ookpik zerschneidet uns beide, mich und das Mutterkraut, und merkt es nicht einmal.

Mein Heulen alarmiert Schwester Grêle, die ein Stück weiter einen Bienenstock ausräuchert. Als sie vor ihm steht, weiß der junge Mann nicht, was er sagen soll, er versteht nicht, was mich aufregt. Meine Tränen bahnen sich durch den Dreck auf meinen Wangen, sie rinnen mir bis zum Bauch, zeichnen Rinnsale auf meine Haut. Der Junge würde am liebsten verschwinden, und ich kann durch meine Schluchzer hindurch nicht mehr sprechen. Ich schaue auf meine Hände, die ganz sind, die den Schmerz des Stiels spüren. Ich stürze mich gegen die Beine meiner Mutter, flüchte mich unter ihre Röcke, die gut nach verbranntem Papier riechen, ich lasse mich verschlucken und bewege mich nicht mehr. Ich klammere mich an die Knie, an die flaumigen, weichen Schenkel. Ich drücke mein Gesicht an das Fleisch, hülle mich in den Duft von Pelz und Frau. Ich höre die Stimmen von Schwester Grêle und Laure Hekiel, die sich ohne Vorwurf antworten, und dann höre ich nichts mehr, ich erinnere mich an ein Lied, das vom Lauf des *Shawondasee*, dem Südwind, erzählt, um das Gold der Felder einzuholen, wenn der ganze Herbst voller roter Blätter ist. Ich vertiefe mich darin, beruhige mich.

Sobald Ookpiks irritierender Geruch verschwunden ist, komme ich aus meinem Refugium hervor.

Ich sammle zurückgelassene Zweige auf, versuche, sie mit Harz wieder an den Strauch anzukleben.

Nichts mehr zu machen.

Der Winter der Cité beugt die Bretter der Gebäude und die alternden Körper. Von Dezember bis April ist es für Holz und alte Knochen viel zu feucht. Im Gerberviertel stagniert die kalte, von Chrom, Alaun und Abfallfett gesättigte Luft. Halb verdeckt durch die Dämpfe, die aus den Bottichen aufsteigen, feilschen Lederarbeiter mit Schustern, die gegenüber an unablässig vibrierenden Maschinen Stiefel und Schnürschuhe nähen. Vor den Weißgerbereien lehnen ehemalige Arbeiter mit dem Rücken an den Werkstattwänden und betteln, die Hände von Sulfaten zerfressen. Frauen laufen zwischen ihnen umher, ihre Sprösslinge unter dem Schal festgebunden; sie verkaufen sich selbst oder ihre Töchter, bleiche, schöne, langgewachsene Mädchen mit malvenfarbenen Augen und puppengleichem Haar – denn an ihrem Haupt bedienen sich die Spielzeughersteller nach wie vor, um Porzellanpuppen zu frisieren. Die alten, kahlköpfigen Frauen tragen gefärbte Tücher über der Stirn, ihr mageres Auskommen dort zwischen zwei Stofflagen eingenäht. Wenn sie sich bewegen, klimpern sie wie Amulette an einer Halskette. Beim Hausieren murmeln sie Worte, die niemand versteht. Die Jungen haben sich dem Griff ihrer Mutter entwunden und sind in andere Viertel weitergerannt, wohl wissend, dass auch in der Unterstadt weder Uhren noch Uhrenketten zu holen sind. Ihre Schreie, ihre lautstarke Freude fehlen im allgemeinen Durcheinander: Das Treiben der Übrigen bleibt von morgens bis abends trübselig.

Die einzigen eleganten Menschen, die sich auf die Straßen des Grauen Viertels wagen, sind die Arbeitsvermittler der Zechen aus dem Norden. Sie tauchen auf, wenn die Nächte so kalt sind, dass die ohnehin schon spröden Fenster endgültig platzen. Sie wissen, dass Kohle in solchen Zeiten für eine Spezies, die sich in Armenvierteln und Baracken herumtreibt, ein sicherer Köder ist.

Sie tragen mit Kurzhaarfell gefütterte Mäntel und Filzhüte, ihre Schnurrbärte sind gewachst und ihre Strümpfe sehr sauber. Ihre Halstücher haben einen bläulichen Schimmer, der wohlweislich an Kohlestücke erinnert und ihrer blassen Stirn einen edlen Anschein verleiht. Wo sie Männer antreffen, holen sie dicke Zigaretten hervor und teilen sie mit ihnen. Meistens jedoch sind es die Frauen, an die sie sich halten, nachdem sie ihre Schnurrbärte nachgewachst und ihr Lächeln überprüft haben. Sie machen erst der Dame ein Kompliment, dann, falls angebracht, dem Fräulein, und ziehen aus ihren Taschen schließlich tiefschwarze Klümpchen, leuchtend wie Glas. Im weißen, vereisten Licht übertreffen sie sich selbst darin, das Koks wie Edelmetall funkeln zu lassen.

Am Abend, wenn die Unglücklichen ihre Familien wiedersehen, glänzen ihre Augen trübe und sie reden von nichts anderem mehr als vom großen Kohlebergbau der *Kohle Co*. Sie wiederholen die Versprechungen von Wärme, Komfort und einem eigenen Nest irgendwo im Norden, wo der Himmel tanzt. Sie denken an den schönen Fremden, der unter all den Frauen auf der Straße *sie* ausgewählt hat, messen ihren Wert an dieser Auszeichnung und wollen sich ihm würdig erweisen. Sie kreischen laut und schnell, drohen, liebkosen oder fluchen, je nachdem, und sie kennen die Schwächen ihres Gatten so genau, dass der gute Mann sie am nächsten Tag den Bürgersteig entlanggeleitet, die Kappe auf der Stirn und die Hände in den Taschen, angetrieben durch Träume von schwarzen Klümpchen und Friede im Haus.

Sobald er den Ehemann neben der Frau sieht, weiß der Vermittler, dass seine Angelegenheit erledigt ist. Bis sie auch Guthaben und Kinder mitgebracht haben, bleibt er in ihrer Nähe und redet auf sie ein, bis sie ganz benommen sind, in jedem Haus drei Zimmer, Privatsphäre für Mädchen, Jungen und Eltern, Arbeit für alle, und nie geht dem Kanonenofen der Brennstoff aus. Er sagt nichts über die Polartage, an denen es kein Licht gibt und keine Nacht. Er spricht weder über das ranzige und teure Essen noch über das Bor, das sich in den Baracken absetzt oder von den Toten, die aus den Schächten geholt werden, fast ebenso viele wie Kohletonnen.

Er begleitet das Paar bis vor die Türen des *Sort Tog*, der sich von anderen Zügen durch seine violette Lokomotive und die mit Pech verschmierten Anhänger unterscheidet. Monsieur unterzeichnet seinen Vertrag mit einem großen blauen X, Madame schiebt die Kleinen die Stufen des Waggons hinauf, der Vermittler erhält seine Prämie, er sieht zu, wie die Wagen sich entfernen, dann holt er den schwarzen Kiesel aus seiner Tasche, poliert ihn ein wenig und findet noch auf dem Bahnsteig eine neue junge Mutter, einen auf der Bank schlafenden Betrunkenen, einen Mann, der dem Bahnhofsvorsteher seinen Fall auseinandersetzt.

—

Drei Tage später spuckt der *Sort Tog* seine Passagiere und ihr Gepäck in einer Dampfwolke wieder aus, bevor er von den Eisenbahnern gestürmt wird, die die Fracht auf Lieferwagen verteilen. Die Familien versammeln sich frierend und taumelnd auf den staubigen Brettern, betäubt von der langen Reise, fassungslos angesichts der Mittagsdunkelheit und der Hektik der Arbeiter.

Ihre Augen müssen sich an das winterliche Halblicht erst gewöhnen, bevor sie die Umrisse eines vom Wind geplagten Orts erfassen, in dem der Schnee zu einem blassen Dunst aufgewirbelt ist. Es gibt weder Bahnhof noch Bahnsteig. Der Zug hat, so scheint es, mitten im Nirgendwo angehalten. Einige glauben, es handele sich um einen Irrtum, und erkundigen sich beim Schaffner, der, da er schon Hunderte wie sie gesehen hat, ihre Verwirrung mit einem Handstreich beiseite fegt. »Die *Kohle Co.*? Aber sicher ist das hier.«

Also machen die Männer, Frauen und Kinder ein paar Schritte, geblendet von der Kälte, die ihnen die Wimpern einfriert, und von der Dezemberfinsternis. Sie gehen um die Lagerschuppen herum und entdecken zu ihren Füßen ausgebreitet Hunderte und Aberhunderte von Blechverschlägen, die auf Holzklötze gerollt und durcheinander in das Ödland neben der Zeche geworfen worden sind. Sie haben Fensterlöcher, durch die ein mattes Licht fällt, kaum erkennbar unter der dicken Schmutzschicht. Überall in den Hüttenfeldern überziehen verstreute Farbkleckse den Schnee mit einem ochsenblutfarbenen Teppich. Die Hütten wurden anfangs mit einer Grundierung versehen, die sie vor Rost schützen sollte, aber sechs Monate später häuteten sie sich schon wie die Nattern und ihre rote Hülle schälte sich in einem Stück ab.

Von der Plattform aus, auf der der Zug gehalten hat und die etwas höher liegt als die Kohlegrube, können die Reisenden zwischen den Hütten die Schornsteine der Zeche ausmachen, den Glockenturm des Schachtes und die Gagat-Läden, die im Herzen der Stadt die alte Kirche des Grauen Viertels ersetzen. Das Leben im Norden kreist um die Grube und die hohen Türme. Trotz der Dunkelheit im Dezember wimmelt es auf den Plätzen von Lastenträgern und Güterloren, an deren Kippwagen Fackeln befestigt sind. Aus der Ferne sehen sie mit ihren Karren und den rußigen Gesichtern wie Ameisen oder Spielzeug aus. Auf ihre Köpfe fällt ein sehr feiner Schnee, kristallklar und schwarz zugleich, eine Mischung aus Eissplittern, Asche und Staub. Er schimmert in der Luft, färbt aber Häuser, Böden und Haut grau, sobald er sich darauf niederlässt, sodass die Landschaft mit ihren Schatten von den Höhen des *Sort Tog* betrachtet wie eine Skizze aussieht, die von einer einzigen Pastellkreide gezeichnet ist.

Das ist Brón – die Trostlose, wie sie von den Bergleuten genannt wird, weil ihnen der Name der Region, Cusoke, entweder zu vage oder zu stolz für dieses schlohweiße Stück Land erschien, das flach ist wie ein Fladen und von allen Seiten umschlossen wird von einer Armee hundertjähriger, aufrechter, unbeugsamer und strenger Kiefern. Schon indem die Neuankömmlinge unter den Flocken stehenbleiben, nehmen sie rasch ihre Farbe an, bald werden sie wie die anderen ein fahler Schatten ihrer selbst sein.

Wenn ihre Augen zur Ruhe kommen, weil sie sich etwas orientiert haben, schlägt ihnen der Lärm entgegen, als wäre die Enttäuschung bis dahin noch stumm gewesen, und plötzlich explodieren in ihren Ohren die Erschütterungen von Dynamit und Keilhauen, das langgezogene Wehklagen der Wagen auf den

Schienen und die Flöten des Windes, der gegen das Blech der Hütten peitscht. Über diesem lärmenden und falschen Konzert: das Knurren der Lokomotive, die die Fahrspur schon bald wieder umgekehrt verschlingen wird.

Und dann ist da die Kälte, der Atem der unerschöpflichen Nordwinde und dieses kraftzehrende Zwielicht, selbst noch am helllichten Tag. Oft gehen die Männer nun den Schaffner an, ihre Finger um das Gepäck geklammert, Frau und Nachwuchs in einem Pulk hinter sich. Aber um in die Cité zurückzukommen, müsste man zweimal die Fahrkarten bezahlen, den Preis der Rückfahrt und außerdem den der Hinfahrt, da ihre Reise von der *Kohle Co.* nur zu der einen Bedingung finanziert wurde, dass die Reisenden sich der Zeche anschließen.

Sie haben in ihrer Umhängetasche nichts als einen Kochtopf, zwei oder drei Teller und abgenutzte Unterwäsche. Sie wenden sich der Kohlemine zu, ohne untereinander einen Blick zu wechseln, ziehen ihre Ärmel über die Finger, schlagen ihren Kragen hoch und machen sich daran, die endlose Treppe hinunterzusteigen, die vom Sort Tog zu den Büros der Gesellschaft führt, wobei sie auf das Eis und den Wind achtgeben, der mal die Bündel löst und das wenige Zeug, das sie mit sich tragen, in den Abgrund reißt, und mal die Kleinen von den Füßen weht. Andere, schlauere, die schneller begriffen haben, wo es einen Vorteil zu holen gibt, beeilen sich, zu den Büros zu kommen, um sich als erste ihre Hütte aussuchen zu können, ihren Posten, eine Uniform ihrer Größe und Stiefel, die weder zu groß noch zu klein sind. Wenn die Familien des Grauen Viertels vor den Türen der *Kohle Co.* ankommen, finden sie sich am Ende einer langen Schlange von fünfzig Personen, von denen jeder es besser haben wird als sie.

—

Der Vermittler hat nicht gelogen: Das Haus hat drei Räume und einen Herd, dem es nie an Brennstoff mangelt. Wände aus dünnem Blech, ohne Isolation, Räume in der Größe eines Betts, ein winziger Kanonenofen, der es nicht schafft, die Küche aufzuwärmen – alles ist da. Aber es entspricht ganz und gar nicht dem Bild, das sich der Mann davon gemacht hatte, und weniger noch dem, das seine Frau gehegt hat; und doch können sie suchen, soviel sie wollen: Nichts von den Versprechungen des Anwerbers fehlt. Sie wiederholen im Stillen die Worte, die er in den Gassen der Grauen Viertels benutzt hat, und müssen sich eingestehen, dass sie selbst es waren, die sich entschieden haben, sie anders zu verstehen. Die Schuld liegt allein bei ihnen, und der Zorn nagt an ihnen beiden; an ihm, weil er kein Machtwort gesprochen hat, weil er bei der Unterzeichnung nicht die richtigen Fragen gestellt hat, und an ihr, weil sie der Träumerei von etwas Besserem nachgegeben hat, für ihren Mann, für ihre Kleinen und – es tut weh, sich das einzugestehen – vor allem für sich selbst.

Das Leben nimmt seinen natürlichen Lauf. Einige von ihnen sterben fast unmittelbar nach der Ankunft an Krankheiten, die sie schon vor der Reise in sich trugen und die sich, einmal dem Kohlestaub ausgesetzt, verstärken – Bronchitis, Fieber, Schwindsucht. Die anderen passen sich an wie gutes Vieh: Sie stehen beim Schmettern des Horns auf, fahren wortlos in den überfüllten Fahrstühlen hinab bis zu der Stelle des Tunnels, die man ihnen zugewiesen hat, hängen ihre Laterne über ihrem Kopf auf und beginnen zu hacken. Mit beiden Händen brechen sie die Steinkohle heraus, die sie teuer zu bezahlen haben, versammeln sich, wenn die Mittagsglocke läutet, in den Kantinen, kehren dann zu ihren Pflichten zurück und unterbrechen sich höchstens noch für einen schwarzen Kaffee. Nach ein paar Wochen stellen auch die Zwischenfälle – Grubenbrände, Bergmänner, die einen oder zwei Finger verlieren, weil sie falsch gegraben haben – keine Ablenkung von der Arbeit mehr dar. Nicht einmal ihre eigenen Verletzungen halten sie noch auf. Wer sich wegen einer Dynamitstange oder im Geröll ein Bein zerschmettert, dem werden fünf Minuten Aufmerksamkeit seiner nächsten Nachbarn zugestanden und achtundvierzig Stunden Urlaub, mehr nicht, denn andernfalls würde ein weiterer voller Arbeitstag fehlen. Und der Ofen in seiner Hütte will ja gefüttert werden und die Mäuler der Kinder gestopft, die mit der letzten Glocke heimkommen, nachdem sie den ganzen Tag als Schlepper gearbeitet haben.

Bald vergeht ein Jahr, dann ein weiteres. Die Kleinen träumen von Taschen voller Geld, wie sie sie früher in der Nähe der Grives-Brücke und der Oper ausgenommen haben, sie vermissen die Gauner, mit denen sie geteilt haben; die Männer sehnen sich nach dem geruhsamen Mittagskaffee und dieser halben Stunde, in der sie, an die Wand der Gerberei gelehnt, ihre Augen geschlossen haben; die Frauen vermissen Mutter, Freundinnen, Nachbarinnen, Liebhaber, sie träumen vom Geruch des Leders und erwachen in einem Raum, in dem der Gestank des Kohlestaubs steht. Trotz allem gewöhnen sie sich an Kälte und Dunkelheit, auch an das Tageslicht, das im Sommer nie vergeht, an die versteckte Präsenz der Olbak, an das Wolfsgeheul und die Garde hoher Kiefern. Die Kinder werden groß oder sterben; die, die am Leben bleiben, steigen auf, heiraten untereinander, bekommen neue Kleine – und diese kennen nichts anderes mehr als die Farbe der Stollen und die kohleverschmierte Haut, die trockene Zunge, den kratzigen Hals.

—

Laure Hekiel, Sohn von Joseph Hekiel, Sohn von Achilas Hekiel, gehört jener Generation an, die ohne Wissen über eine Welt jenseits von Brón geboren wurde. Sein Großvater Achilas, gestorben im Alter von vierundvierzig Jahren, ist einer von denen, die vor dem Winter der Cité in die Waggons des *Sort Tog* geflohen sind. Seine Frau Dalcie hat keine sechs Wochen im Kohlerevier überlebt: Sie hat sich vierzig Tage nach ihrer Ankunft in einen Schacht geworfen, überzeugt, dass die Sonne nie wieder über der Taiga aufgehen würde. Joseph Hekiel, der dritte Sohn des Paars, war zwölf Jahre alt, als seine Familie das Graue Viertel verließ; er ist siebzehn, als er Laure in den Bauch von Brielle pflanzt, und achtzehn, als die Kleine in der Kantine des Tunnels B73 ihren Sohn zur Welt bringt und dann an Blutverlust verendet.

Anders als die sonstigen Verletzungen und Todesfälle bringt diese Geburt die alltägliche Ordnung des Stollens durcheinander, zum einen, weil sie genau zur Wintersonnenwende stattfindet und es zur Essenspause deshalb Arme-Leute-Pudding gibt; zum anderen, weil sie direkt auf dem Tisch der Kantine stattfindet, in einem Tunnel, der gerade noch gebohrt wird; und schließlich, weil etwa sechzig Arbeiter jeden Alters dabei sind, die sich alle seit Monaten nach Brielles Schwangerschaft erkundigt haben, Brielle, die für ihre rosigen Wangen und ihre Stupsnase, ihre roten Zöpfe und ihre jugendlichen Brüste geliebt wird. Als sie sich plötzlich hinter ihrem Tresen krümmt, das Gesicht von den Wehen verzerrt, mit beiden Händen die Tischplatte packt und ganz leise ruft: »Es ist soweit, es ist soweit«, stürzt ein Bergarbeiter los, um den Vater zu suchen, während sich ein anderer aufmacht, um Doktor Do zu finden, der irgendwo in Schacht G sein muss, wo es vorhin eine Explosion gegeben hat. Die Dagebliebenen legen das Mädchen auf den Tisch und helfen ihr, so gut sie können, doch ihre Bewegungen sind zu schamhaft, um von Nutzen zu sein. Es bräuchte eine Frau, die die Geburt begleitet; jemand denkt an Schwester May, die den Kinderarbeitern während ihrer Pause predigt, man schickt nach ihr, aber alles geht zu schnell, der Riss und das Blut, das Bleichwerden des Gesichts der Kleinen, der Kopf, der zwischen ihren Beinen hervorragt, das Eintreffen des schwitzenden, nervösen Joseph, der seinen Sohn mit dem ganzen Arm herauszieht, wie er Kohle herausreißt, wenn das Flügeleisen seine Arbeit getan hat. Von überall dringt der Lärm der Explosionen und der Maschinen durch die Wände der Kantine: In den anderen Schächten geht das Leben seinen Gang. Im Stollen B73 hält Joseph Hekiel, ohne genau zu wissen, wie er es angestellt hat, seinen Sohn in den Pranken und erblickt unter dem Blut der Mutter ein Kind, weiß wie Mehl, glatt, blau geädert.

    Er hätte sich gern in dem zerknautschten Gesicht seines Sohnes wiedererkannt, aber in die rissigen Hände an den Seiten dieses makellosen Körpers ist Kohle eintätowiert. Er wischt die Käseschmiere mit seinem Ärmel ab und beobachtet im

Laternenlicht die Hydrografie der durchscheinenden Adern unter der Haut. Einen langen Augenblick, ob über Stunden oder nur wenige Sekunden, ist er entzückt, wie aus den Lenden eines Arbeiters und dem Schoß einer Kantinenwirtin, die von Kohlwasser lebt, dieses Weiß entstehen konnte.

Bald kommen die Boten zurück, mit leeren Händen. Schwester May ist im Konvent und der Arzt ist damit beschäftigt, den Verunglückten so gut es geht wieder zusammenzuflicken. Die Bergleute sind auf sich gestellt. Die Einfarbigkeit des Kindes verwirrt sie und bringt sie in Verlegenheit. Als der Junge seine Augen öffnet, blickt er sie aus gelben Pupillen an. Seine Augenbrauen, seine Wimpern, sein Haar: Nichts verleiht seinem Weiß irgendeine Farbe. Die Glocke läutet zur Nachmittagspause. Sie durchtrennen die Nabelschnur. Waschen die Glieder. Wärmen das Baby in einer dreckigen Wolldecke.

In ihrer Mitte liegt die Mutter im Sterben.

Das Tischtuch trinkt sie auf, ihr Blut, ihre Flüssigkeiten.

Während Joseph unwiderruflich vom Jungen zum Vater wird, geben fünfzehn Jahre Hunger, harte Arbeit, Kohlenstaub und Suppenersatz der kleinen Brielle den Rest. Ihr letzter Atemzug ist so schwach, dass selbst die Fliegen sich nicht davon stören lassen.

Und so tut Laure Hekiel, der weiße Geist der Mine, dreizehn Jahre vor Daã seinen ersten Schrei gegen die Brust seiner toten Mutter, zwischen einem Wachhund und einigen Ratten, umringt von Bergarbeitern, instinktlosen Tieren, die um den hübschen Rotschopf trauern und sich wegen der Blässe des Kindes sorgen.

Joseph lässt sich am Tisch nieder, das Blut verschmutzt seine Hose und sein Hemd; er hält den Jungen in seine Armbeuge gebettet, er betrachtet die eingefallenen Augen von Brielle und ihre rissigen Lippen, er denkt an das ausgemergelte Gesicht seiner eigenen Mutter, gestorben an einem Übermaß von Dunkelheit, denkt an das freie Leben in den Straßen der Cité, an seine Freunde Die Bresche, Kröte und Daumen-Tom, an den Duft der bourgeoisen Gärten entlang der schönen Alleen. Er wendet sich wieder dem Sohn zu, der so blass ist, dass er von innen zu leuchten scheint, ein Laternenkind, das die Sechs-Tage-Nacht durchbrochen hat, und er sagt, laut genug, dass jeder ihn hören kann: »Du stirbst nicht hier.«

Im Kohlerevier füllen und leeren sich die Blechhütten, gewissenhaft dirigiert von unsichtbarer Hand, während sich tief im Wald die Nonnen des Konvents vervielfältigen: Aus drei werden sechs, dann zwölf und dann allmählich vierundzwanzig. Dergestalt gewachsen, organisieren sie sich in einem Alltag, der dem provinzieller Beginen ähnelt: Einige von ihnen arbeiten im Feld, andere mit den Bienen; es gibt Frauen bei den Olbaks, Frauen bei den Kranken, Frauen für die Kinder und Frauen, die die Rituale der Lebenden und Toten pflegen.

Sechs von ihnen gründen eine Schule in den verlassenen Räumen der *Kohle Co*. Zusammen mit den Nomadinnen, deren in die Zöpfe eingeflochtene Perlen vorübergehend Farbe unter Tage bringen, reihen sie Vierkanthölzer und aufrechte Stühle in zwei ausgekratzten Stollen nebeneinander. Unter den drei Mann hohen Gewölben zwischen Wänden, die mit Kreide verschmiert sind, stapeln sie Bücher auf und fadengeheftetes Papier, Zeichenkohle, Tintenfässchen und Tonsteintafeln. Sie unterrichten an Tagen, an denen der Weg gut begehbar ist, wenn es vom Konvent zur *Ko*. nicht mehr als eine, anderthalb Stunden zu Fuß braucht. Wenn man auf dem Pfad im Schlamm stecken bleibt und das Eis jedes Vorwärtskommen ausbremst, wartet in der Klasse eine Armee von schmutzigen Maulwürfen vergeblich auf sie. Die Kleinen fangen an, Papierflieger zu basteln und in den Lagern Verstecken zu spielen, und wenn ihnen dann die Ideen ausgehen, kehren sie zu den Loren zurück, um sich ein paar Münzen zu verdienen. Den Rest der Zeit üben sich die Schwestern in Geduld, versuchen, den Lärm der Explosionen zu übertönen, den Krach der Kreuzhacken und das ständige Kommen und Gehen der Schüler, die von ihren Eltern gerufen werden, wenn ein schmaler Körper gebraucht wird, um das Dynamit zu legen und die Zündschnur dort zu zünden, wo die Tunnel zu eng sind und das Leben eines Erwachsenen, ein profitables Leben, gefährdet wäre.

—

Als Laure Hekiel zum ersten Mal die Klasse betritt, ist er vier Jahre alt. Er trägt ein Hemd, das fast so weiß ist wie sein Gesicht.

Nach Hause kommt er dreckig wie alle anderen, aber am nächsten Tag erscheint er wieder genauso: makellos. Haare, Lippen, Stirn, Augen: Man könnte meinen, die Kohle bliebe nicht an seinen Locken hängen oder sein Vater hätte ein Waschmittellager, als würde er selbst im Winter noch baden und jeder Nacht als neues Kind entsteigen.

Mit fünf Jahren kann er lesen, mit sieben Jahren nennt er die Dinge bei ihrem lateinischen Namen.

Jeden Nachmittag verlässt er die schwarzen Mauern und die Bücher. Er nimmt den Seilaufzug, steigt Hunderte von Treppen hoch, und je näher er der Oberfläche kommt, schwitzend vor Anstrengung, desto kälter wird die Luft. Draußen peitscht der Nordostwind; der Schweiß lässt seine Wäsche gefrieren. Nichts wächst zwischen Hütten und Bergwerk. Der Wald ist ein bläuliches Band am Horizont. Laure geht alleine. An manchen Tagen weht der Wind ihn beinahe davon. Er kehrt zu der winzigen Baracke zurück, die leer bleibt, bis die Sirenen der *Kohle Co.* die Befreiung der Arbeiter ankündigen. Danach fallen sein Vater, die Untermieter und die familienlosen Bergleute ein, die eine graue Münze gegen eine Schüssel Kohlsuppe eintauschen. Inmitten der Aufregung, der Anzüglichkeiten, dem Ärger der Arbeiter, zwischen Schäferstündchen, Bestandsaufnahmen von Toten und Verletzten und Kindheitserinnerungen lässt Vater Hekiel die violetten Blätter und die Knollen köcheln, er hört mit halbem Ohr zu und spricht wenig. Laure bleibt unter dem Tisch, um dem Gespött aus dem Weg zu gehen, denn sobald sie ihn bemerken, beginnen sie, ihn zu hänseln, nennen ihn Schneewittchen, Gespenst, Leichenbestatter. In seinem Versteck schlürft Laure seine Suppe, liest oder lauscht den Gesprächen der betrunkenen Männer, er führt insgeheim Buch über die Anzahl der Wörter, die sie kennen, und staunt darüber, dass die Gäste mit zweihundert, dreihundert verschiedenen Begriffen alles ausdrücken können, was sie wollen. Wenn sie gehen, nachdem sie einen Pfennig oder zwei in die Schachtel am Eingang geworfen haben, kommt Laure aus seinem Unterschlupf hervor und zählt für seinen Vater den Erlös des Abends. Joseph lächelt, er sagt: »Eines Tages wirst du Chirurg in der Cité sein«, und versteckt die Pfennige.

In welchem Augenblick der Vater entschieden hat, dass sein Sohn ausgerechnet Chirurg werden soll, wüsste er selbst nicht zu sagen. Höchstens, dass Doktor Do – wenn er sich über Bergleute beugt, die mit heraushängenden Därmen oder abgerissenen Beinen keine Stunde überleben – immer sagt: »This is a job für einen goddam Chirurg!« Wenn man ihn fragt: »Was ist das?«, antwortet er: »Einer, der etwas tun könnte about this mess.« Und für sich selbst fügt er hinzu: »But he would never come down in dieses Rattenloch. Die saubere Krankenhausluft und sein aufgeblasenes Herrenhaus zurücklassen? Keep dreaming.« Jedes Mal, wenn er das hört, beginnt Vater Hekiel, von den Rosengärten in den Höfen der kleinen Anwesen zu träumen, die an das Hôtel-Dieu-Krankenhaus der Cité angrenzen. Wenn er die Augen schließt, erinnert er sich an die pausbäckigen Mädchen, die er als Kind auf der anderen Seite der Torgitter gesehen hat, mit Bändern in den Haaren und Puffärmeln. Und dann stürzt er sich auf die Kohle, als wolle er einen Tunnel bis in diese Gärten graben, die von Nymphen bevölkert sind und in denen er seinen Sohn und dessen Nachkommen im Duft nie welkender Lilien altwerden sieht.

Er arbeitet für zwei und nimmt zusehends ab, seine Stirn wird höher, seine Augen sind immer zusammengekniffen und von schwarzen Runzeln zerfurcht, seine Arme krumm, die Gelenke geschwollen, seine Glieder eingefallen. Er ist sechsundzwanzig Jahre alt und seine leistungsfähigen Tage werden bald vorüber sein; das weiß er und fürchtet sich davor, er holt den über die Zeit angesammelten Notgroschen hervor und sucht Doktor Do auf: »Wie viel brauche ich noch? Wie viel für die Ausbildung meines Sohns?« Doktor Do drückt ihm die Schulter, er kann nicht antworten: »Hundertmal soviel«, also antwortet er nichts.

Laure ist noch jung und fragt nicht weiter nach. Er ist acht Jahre alt, bald neun, und gehorcht still; schon durch seine Haut unterscheidet er sich von seinen Kameraden, die er heimlich beneidet. Wie gerne würde auch er mit Stöckchen spielen, die dann explodieren, und ein paar Münzen für seine Heldentaten bekommen. Während er darauf wartet, dass der Abend hereinbricht und der Krawall der Männer nachlässt, schlägt er die Stunden tot, indem er ein Werk liest, das Schwester Alcée ihm geliehen hat: *Die Stadien des Körpers*. Wenn er innehält, denkt er an Idace und Nalbé, die ihre Münzen gegen Schokolade aus dem Laden eingetauscht haben. Er widmet sich wieder dem Text, angeekelt vom ranzigen Kohlgeruch, der in der Luft hängt, und schmollt ein wenig.

Die Taiga ist der ganzen Länge nach aufgeschlitzt durch die Schienen des *Sort Tog*. Die Eisenbahn zerteilt Wälder, Ebenen und Berge. Im Frühjahr bilden die Gewässer, die sie durchquert, Eisstaus: Es reicht schon, dass ein Fluss sich aufwölbt, und der Zug bleibt stehen, gestoppt durch Trümmer, Tierkadaver, Baumstämme, durch einen toten Elch auf den Gleisen, Geröll und Eis.

Wenn der Schaden ernst ist, treffen sich Eisenbahner und Minenarbeiter an der Stelle, wo die Zerstörung stattgefunden hat. Sie befreien die Lokomotive mit Spitzhacken und brauchen manchmal Tage dafür. Die Kinder der *Ko.* sind den Hunger gewohnt, der in ihren Bäuchen nagt. Um ihre Eltern nicht zu beunruhigen, machen sie sich, während sie auf den Güterzug warten, ein Festmahl aus gefundenen Früchten und Pilzen, das sie entweder statt macht oder tötet.

—

Laure ist elf Jahre alt. Er ist herangewachsen und ganz und gar weiß, Haare, Wimpern, Augenbrauen und Haut. Er ähnelt den Schneehasen, die im Winter mit dem Boden verschmelzen. Seine Schultern drücken gegen die Hemdnähte und er stellt sich vor, wie sein Rumpf, seine Arme und Beine länger werden, so wie es im Buch stand. Er spürt, dass es vor allem sein Magen ist, der wächst. Manchmal glaubt er, ein Tier würde in seinen Eingeweiden wohnen und er müsste für zwei essen. Beim Warten auf die Fracht des *Sort Tog* wird eins klar: Sei es aufgrund der Pubertät oder wegen eines Bandwurms, er braucht nahrhafteres Essen als nur aufgewärmtes Wasser, das nach Kohl und Gusseisen schmeckt. Irgendwo fünfzehn Stunden von der Zeche entfernt steckt der Zug seit dreizehn Tagen fest. Ein Erdrutsch hält ihn im Schlamm gefangen. Bergleute wechseln sich damit ab, Vorräte zum Kohlerevier zu schaffen. Die Lebensmittel sind rationiert und ranzig und werden oft weggeworfen, noch bevor sie den Laden erreichen. Die dagebliebenen Kumpel arbeiten weniger, und wenn sie es doch tun, verstümmeln sie sich oft: Doktor Do flucht deshalb in allen Sprachen. Die Babys weinen viel, die Jungs prügeln sich um nichts, junge Dinger versuchen, sich für ein paar Münzen zu verkaufen, doch auch die Pfennige nutzen nichts, wenn das Lager leer ist. Die frommen Schwestern von Sainte-Sainte-Anne teilen die Erträge ihres Gartens, wo sie können, aber sie konzentrieren ihre Ressourcen auf Schwangere und Stillende.

Laure hat Hunger.
Er sagt nichts.
Laure sagt nie etwas.

Jeden Nachmittag kommt er mit den Schwestern aus dem Klassenraum. Andere in seinem Alter haben die Schule schon vor einer Ewigkeit beendet, sie sind in die Rolle von kleinen Minenarbeitern geschlüpft und bringen Geld nach Hause, manche haben sich gemeinsam in einer baufälligen Hütte niedergelassen und fallen ihren Eltern nicht mehr zur Last, sie teilen sich die Kosten, rauchen, trinken, sind zehn, elf, zwölf Jahre alt: Mit zwanzig sind sie tot.

Joseph weigert sich, einen zukünftigen Chirurgen im Stollen die eigene Haut gefährden zu lassen. Also geht Laure mit der Schwestern-Delegation. Lange Zeit ist er an ihrer Hand gegangen, nun läuft er in der Mitte ihres Trupps und spricht über die Werke Franz von Assisi oder Marguerite Poretes, die sie ihm ausgeliehen haben und die er nicht versteht. Er braucht nur eine Zeile daraus wiederzugeben, und es kommt Leben in die Frauen, sie kommentieren den Text, er hört ihnen ohne einen Mucks zu, getragen von ihrem klugen Geplapper und ihrem Duft nach Baumwollbatist und Schweiß. Er möchte mit ihnen weitergehen, herausfinden, wie die Mahlzeit einer Lehrerin aussieht. Aber bei den ersten Bäumen hält er jedes Mal an, dort, wo der Weg sich in Kiefern, Birken und Ebereschen verliert. Alles um ihn herum macht ihm Appetit: die roten, verbotenen Beeren, die tödlichen Pilze. Die Schwestern wünschen ihm einen schönen Abend. Durch das Leder einer Tasche hindurch erahnt er die Rundung eines Apfels, aber er bittet um nichts. Er sieht ihnen zu, wie sie eine nach der anderen verschwinden, ihre schöne Stirn vom Gewicht des Schleiers gen Himmel hochgezogen.

Aus Gewohnheit geht er in seinen Spuren wieder zurück. Die Schuhsohlen drücken sich in den Boden. Um den Hunger zu vergessen, zählt er die Handgriffe auf, die ihn in der Hütte erwarten: sein Hemd einweichen, seinen Körper einschließlich der Haare einseifen, sich seine Lektüre vornehmen und anschließend die Namen der Knochen und Muskeln wiederholen, während er darauf wartet, dass das Signalhorn ertönt und das Haus sich wieder belebt.

Um ihn herum wird es immer früher Nacht, immer früher dunkel.

An diesem Tag schafft er kaum dreißig Meter in Richtung Brón. Er ist unfähig, die Schreie seines Bauchs zum Schweigen zu bringen, verzehrt sich nach etwas anderem als Brühe. Er erinnert sich an den alten Rat seines Großvaters Achilas: »Iss nichts, was gut aussieht, bevor du nicht weißt, ob es giftig ist.« Auf dem Weg liegt feiner Kies, den die Bäume rot und gelb überdeckt haben. Laure denkt: »Das hier sieht nicht gut aus« und wirft sich auf die Erde. Er rafft das Laub mit beiden Händen zusammen, vielleicht mit ein paar Insekten, mit Sand, ganz egal: Er isst und isst, stopft sich voll.

———

Als Doktor Do ankommt, windet sich Laure im Bett seines Vaters, von den Untermietern und einigen Freunden umringt, die nach der Suppe noch dageblieben sind. Er hat seinen Mageninhalt überall in der Baracke verteilt. Der Geruch von Galle und Exkrementen steckt im Fußboden und in den Stoffen. Nachdem der Arzt Laure ausgescholten hat, verschreibt er ihm Flüssigkeit und Schlaf: Es gibt wenig zu tun, außer sicherzustellen, dass er nicht dehydriert. Er lässt Joseph zurück, der neben seinem Sohn sitzt und die Wand anstarrt. Das Zimmer ist voller Männer wie ihm, die nicht wissen, wie man ein krankes Kind pflegt. Keiner von ihnen versteht Josephs Sturheit. Ihren eigenen Sohn hätten sie schon längst Miete zahlen lassen, sie sehen nicht, was an dem weißen Ding anders wäre, dass sein Vater es so verhätschelt. Leise entfernen sie sich und kehren zu ihrer Beschäftigung zurück, zu ihrem Bett, ihrem Überdruss. Die Nacht zieht vorüber und Joseph träufelt abgekochtes Wasser in Laures Mund. Er wiederholt die Namen seiner Toten wie eine Beschwörung: Achilas, Dalcie, Brielle, Miraud, Ubald, Achilas, Dalcie, Brielle. Während er über seinen Jungen wacht, schläft er schließlich ein, den Kopf schwer in der Hand.

Die Kiefernarmee an den Grenzen von Brón wirkt mit schwindendem Tageslicht immer imposanter. Laure geht mit den Arbeitern. In der Lampenstube drückt ihm ein Mädchen seines Alters einen Helm auf den Kopf und reicht ihm eine Laterne. Zum ersten Mal schließt er sich der schwarzen, wogenden Flut der Bergleute an, die sich morgens und abends am Schlund der Fahrstühle drängt. Die Stille wird nur durch Pfiffe und rüde Witze unterbrochen, sie lassen sich verschlingen und hoffen, dass die Kohlegrube sie wieder ausspuckt, wenn um achtzehn Uhr das Horn ertönt. Eine Reihe von Frauen begleitet sie, in schweren Leinenhosen und dicken Hemden, mit kurzen Haaren und Stiefeln; ihr Gesicht halten sie mit einem großen Stirnband frei. Einige bedienen als Kantinenwirtinnen, andere tragen Kohle in Weidenkörben, wo die Gleise nicht an den Bruch heranreichen, aber die meisten arbeiten in der Triage, wo Holz, Metallsplitter und Steine aus dem Tagesertrag aussortiert werden. Sie gehen um die Menge herum, die Nase von einem Schal bedeckt, und machen sich auf den Weg zur Kohlebrechanlage. Unter dem Quietschen der Tragriemen und dem Krach der Maschine drängen sich die restlichen unter die Männer und warten auf ihren Einsatz im Schacht.

Laure kannte von Brón bisher nur die trüben Stunden, seine auf die unfruchtbare Erde ausgesäten Hütten, die verlassenen Gänge und Stollen und die Klassenräume. Er ist überwältigt von der belebten Szenerie, die sich zu dieser frühen Stunde abspielt, wo es draußen noch so dunkel ist, dass selbst die Ratten noch nicht aufgestanden sind.

Inmitten der Arbeiterflut verkaufen Kinder ein teerartiges Gebräu; ein ehemaliger Klassenkamerad erkennt ihn und füllt ihm lachend eine Tasse: »He, Schneewittchen, hier!«, dann wird er schon wieder von der Menschenmenge verschluckt, noch ehe Laure überhaupt den Mund aufmachen kann. Jede neue Abfahrt des Fahrstuhls wird von einem Sog begleitet, der die Bergleute in den schwarzen Bauch zieht. Die Massen funktionieren wie ein großer Körper, je näher er dem Eingang des Stollens kommt, desto zügiger bewegt er sich. Laure ist nicht daran gewöhnt, sich von Menschenwogen vorwärtstragen zu lassen, und so bewegt er sich falsch, verschüttet den Kaffee, bevor er daran nippen konnte, und verbrennt sich.

Schließlich ist er beim Aufzugschacht, der unter den metallischen Klängen von Seilrollen und Ketten auftaucht. Laures Herz schlägt ihm in den Ohren, seine Zunge schmeckt trockenen Staub, sein Helm riecht nach Ruß und sein Arm wird unter dem Gewicht der Laterne schwer. Wieder und wieder sagt er sich: »Ich bin ein Mann, ich bin ein Mann.«

—

Es war nach der Vergiftung, dass Doktor Do Joseph und Laure in seine kleine oberirdische Praxis bestellte. Er setzte sie auf zwei Stühle mit gerader Rückenlehne, sah Laure an und deutete mit dem Finger auf ihn: »Wenn du enough Hunger hast, um Blätter zu essen, wird es Zeit, dass du dich mit etwas beschäftigst. I can't do it alone anymore, es gibt zu viele Verletzte. Ich nehme dich als Lehrling, morgen fängst du an. I will feed you im Gegenzug. Hekiel, I don't want your money. Slow down, oder du wirst genau wie die anderen in diesem hole krepieren.«

—

Beim Verlassen des Aufzugschachts wird Laure auf einer Welle von Bergleuten mitgenommen, die auf ihren Tunnelabschnitt zusteuern. Doktor Do hat sich mit ihm an der Weiche zwischen den Stollen C20 und C21 verabredet. Er hat keine Ahnung, wo er sich befindet. Er nimmt an, dass das Bergwerk in mehrere Ebenen unterteilt ist, kennt aber bloß den Weg zu den Klassen (links, rechts, drei Treppen, dann noch einmal links). Er weiß nicht, wo die Stiegen sind oder woran man die Sedimentschichten erkennt. Den Gang zwischen seinem Zuhause und der Schule hat er immer zurückgelegt, ohne nachzudenken, wie ein alter Esel, dessen Beine den Weg auswendig wissen. Aber die *Kohle Co.* ist ein Ameisenhaufen, Blindschächte führen in alle Richtungen: lange, gewundene Korridore, die weder Namenskarten noch Erkennungszeichen tragen. Die Kumpel bewegen sich darin wie zwischen den fünf Zimmern ihrer Hütten, mit einer Natürlichkeit, die Laure verwirrt. Als er mitten zwischen ihnen stehenbleibt, endgültig verloren, machen die Arbeiter augenblicklich einen Bogen um ihn, als wären sie Insekten, deren Weg plötzlich durch ein Steinchen oder einen Holzspan verstellt ist.

Die Stimmen kommen nicht gegen das Rasseln der Loren und der Fahrstuhlketten an. Je schneller die Aufzugkabine wird, desto mehr verfallen die Bergleute in Schweigen. Wenn die Kabine abrupt zum Stehen kommt, steigen sie aus in dem Wissen, dass es, außer zwischen zwölf und halb eins, von jetzt an unmöglich sein wird, einander reden zu hören. Laure wagt nicht, nach dem Weg zu fragen. Dazu müsste er einen keilhauenbewehrten Riesen am Ärmel festhalten oder an einen Steiger herantreten, der ihn sicher gleich auslachen würde. Er kann sich dieser Demütigung angesichts seiner Unwissenheit einfach nicht aussetzen. Selbst siebenjährige Kinder kennen sich im Labyrinth der Mine besser aus als er. Um Gespött zu vermeiden, findet er sich damit ab, beschäftigt dreinzuschauen, während er den Ausgang der Aufzugkabine blockiert. Um ihn herum schweben die Lampen, als wären sie von schmutzigen Händen geführte Glühwürmchen. Einige wenige Nachtfalter rasen mit dem Kopf voran gegen die Windlichter, Kanarienvögel flattern in winzigen Käfigen umher, gelbe Flecken, die sich alle zweihundert Schritte wiederholen.

Schließlich findet Doktor Do, der die vierte Abfahrt nach ihm genommen hat, den erstarrten Jungen wenige Schritte neben dem Fahrstuhl vor. »Great, wir kommen genau gleichzeitig an. Come on, don't stay there! Wir haben zu tun.«

Der Mediziner wendet sich dem linken Tunnel zu und schreitet zügig aus; wo er vorbeikommt, berühren die Männer ihren Helm oder senken das Kinn auf die Brust. Laure hinter ihm ist ein Gespenst mit weißem Hemd und Augen wie Stroh. Die gleichen, die den Doktor grüßen, starren ihn nur an; Laure beobachtet sie ebenfalls – noch nie hat er so viel mit Staub vermischtes Blut gesehen –, aber Do ist schon mehrere Meter weiter vorn, er pfeift und ruft: »Hopp, hopp«, dann verschwindet er in einem Blindschacht.

Laure verirrt sich, sobald er allein in die Blindschächte geschickt wird. Er lernt den Weg zum Labor, den zur Schule, den in die Kantine und den zum Ausgang. Doktor Do entschließt sich, ihn in der unterirdischen Praxis einzusetzen. Über sechs Jahre hinweg kommt ein Verletzter nach dem anderen und ein Tag folgt auf den anderen: das Scharren der Stühle und Körper, die über den Boden geschleift werden, Hustenanfälle, Tränen, Fäuste, die gegen die Arzneischränke schlagen, weil es weder Betäubung noch Desinfektionsmittel gibt und weil es an Verbänden, Nadeln und Fäden für die Wundnähte fehlt. Laure empfängt Verzweiflung und Wut mit versiegelten Lippen. Niemand weiß, wie schnell sein Herz jedes Mal schlägt, wenn Blut auf sein weißes Hemd spritzt, oder auf den Fußboden oder auf menschliche Haut, vor allem seine eigene.

Er wird größer, isst sich satt, und wenn der *Sort Tog* entgleist, ernährt ihn die *Kohle Co.* nach einem ihrer ersten Grundsätze: zuerst denjenigen helfen, die anderen helfen. Eine Frage der Rentabilität.

Die ruhigeren Tage verlaufen alle nach demselben Muster, nach der peinlich genau befolgten Liste der von Doktor Do diktierten Aufgaben:

- Die Register des Vortags mit den Namen der Kranken, Verletzten und Toten ausfüllen, sowie dem Zeitpunkt des Vorfalls und der Ursache.
- Vom Labor zum Klassenraum laufen und die Heilpflanzen abholen, die die Nonnen mitbringen.
- Skalpelle, Bistouris, Nadeln und Spritzen desinfizieren.
- Pflaster, Säfte, Absud und Salben vorbereiten.
- Inventar über alle Bestände führen.
- Alte Laken und die Wäsche der Toten nach Sainte-Sainte-Anne zur Reinigung schicken, dann den Stoff in Streifen reißen und zu sauberen Verbänden aufrollen.

Als Doktor Do ihn mit siebzehn Jahren in sein oberirdisches Büro ruft, ist Laure zu einem jungen Mann mit zartem Flaum im Gesicht und durchscheinenden Händen herangewachsen.

Der Arzt zieht einen Stuhl heran, holt einen Flachmann hervor und schenkt zwei Gläser ein. »Ich werde das nicht for very long weitermachen. I hate it so bad. Ich will einen Ruhestand am Meer. You know, by the sea, maybe in Seiche oder näher, irgendwo entlang der Coast.« Laure befeuchtet seine Lippen mit dem Feuerwasser. Er hasst es, er bevorzugt Alkohol, der im Mund bitzelt und weniger stark schmeckt. »Ich habe mit dem Boss gesprochen. Niemand aus der Stadt will replace me. You need to be crazy, um in diesem hole zu arbeiten. Or … or you need to be born hier. Das habe ich ihnen gesagt.« Doktor Do leert sein Glas in einem Zug und stellt es auf den Schreibtisch.

»Your father's gonna die. This year? Next? Er ist blind, he killed himself for you. But, he still can't pay for your education. So here is the deal: Die *Kohle Co*. ist bereit, dir drei Jahre in der Cité zu bezahlen. To become Gesundheitsbeamter. Nicht Arzt. We don't have time, und die brauchen wir auch nicht. One condition: you have to come back. Practice here. So wird's laufen, oder ich ersetze dich augenblicklich, ich bilde ein Kind aus und schicke es instead. In three years, I am out of this hell.«

Laure sagt nichts. Seine Gedanken wirbeln um die endlose Reihe von Krüppeln und um seinen Vater, der sich inzwischen fortbewegt, indem er sich an den Wänden entlangtastet, um nicht über Möbel zu stürzen. Er trinkt das starke Zeug in winzigen Schlucken.

»Ich tue es.«

Der Doktor lächelt, schenkt sich ein zweites Glas voll und lehnt sich in seinen Sessel zurück. »In einer Woche brichst du auf.« Laure weiß nicht, wie die Cité aussieht – oder auch nur das Innere des *Sort Tog*, nun, da er darüber nachdenkt. Als er aufsteht, öffnet der Arzt noch einmal die Augen: »Don't say anything to your father about you coming back. Er ist ohnehin dead at that time. Sag nur, dass du zugelassen wurdest. Let the old man have his pride.«

Ich bin sechs Jahre alt. Ich bin lebende Sprache. Vor mir aßen meine Mütter noch in undurchdringlicher Stille, die Worte aus ihren Mündern waren nützlichen Sätzen, frommen Gesängen und Beschwörungen vorbehalten. Ich bringe ihnen bei, wie sich Lippen lösen und der Speichel nie austrocknet; aus meiner Kehle quellen Worte, die von weiter unten stammen, aus meinem Bauch, meinem Geschlecht, meinen Händen, meinen Füßen, von dort, wo ich jeden Tag mein wildstrotzendes Reich erprobe.

Ich bin neun Jahre alt. Ich wachse, sagen sie, wie die heimische Quecke, die im Fels Wurzeln schlägt, ohne Sonne, ohne Erde und ohne Wärme.

Ich bin elf Jahre alt. Der Frühling lässt meine Brüste knospen; im Juni werde ich zum fruchtbaren Säugetier, ich lasse das Blut fließen, es verschmiert meine Schenkel, ich mag seinen Geruch, wenn ich renne, und auch den Eisengeschmack meiner Finger, die ich damit anfeuchte.

Mit dem Sommer kommt eine neue Schwester. Sie trifft über den Polarpfad ein, der das Gebiet meiner Elchherden in zwei Hälften teilt; er durchzieht meine Flüsse und erstreckt sich bis zum nie schmelzenden Eis bis nach Sermeq und sogar noch weiter. Vom Bahnhof aus ist diese Strecke weiter als der direkte Weg – jene unverrückbare Linie, die zwischen Bergwerk und Konvent gezogen ist.

Die Frau bewegt sich ganz sachte, sie geht gestützt auf einen knotigen Stock. Ich kreuze ihren Weg, vielleicht halte ich sie für eine Nomadin oder eine Arbeiterwitwe, denke aber nicht lange darüber nach; sie huscht durch meine Gedanken wie ein Lichtstrahl durch die Zweige: erscheint und verschwindet wieder, kaum, dass sich die Blätter regen. Nackt, erdig und gefräßig sitze ich auf einem Felsen in der Lichtung und esse winzige, früh verkümmerte Blaubeeren vom Stiel. Ich habe den Morgen damit verbracht, aus Rinde Körbe zu flechten, und den Nachmittag mit Pflücken. Jetzt quillt die Trage von den Früchten meiner Geduld über und ich greife ganze Fäuste voll der mühsamen Ernte heraus – Beere für Beere für Beere eingesammelt –, wobei ich achtgebe, nichts zu zerquetschen, damit weder das Fruchtfleisch zerdrückt wird noch der Geschmack verloren geht. Mit beiden Händen die Arbeit eines ganzen Tages zu verschlingen, ohne sie eigentlich zu genießen, verschafft mir eine sehr klare Vorstellung von der Zeit, über die ich verfügen kann, jetzt, da die Tage zwanzig Stunden dauern und die Sonne untergeht, nur um gleich wieder aufzugehen.

Als ich später mit Bauchschmerzen wieder zurückkomme, sehe ich, wie die Alte meine Mütter in Aufregung versetzt. Sie vergessen ihre üblichen Küsse, Liebkosungen und Begrüßungen, »wasch dich, mein Harzkind«, »*kia paki*, Daã«, »ich habe dir die Molke aufgehoben«. Stattdessen scharen sich die vierundzwanzig eifrig um die Fremde. Sie haben die Wanne und das neue Leinenkleid herausgeholt, waschen, singen und heißen sie willkommen, ich aber weiß, dass die Neue nicht ist wie sie, dass sie keinen Schmerz wegzuseifen hat: Sie ist schon sauber, an Achseln, Haaren, Füßen, auch am Herzen und an Erinnerungen jeden Alters.

Ich ahne, dass sie mir in der wilden Verzückung über das schiere Dasein gleicht.

Sie tauft sich auf den Namen Blanche. Immer wählen die Frauen Namen, die gut zu ihnen passen. Ich beobachte sie aus der Entfernung. Ich prüfe ihre Art, an Blumen zu riechen; sehe eine Hand, die dies ihr Leben lang schon tut, Astilben, Asklepia und Disteln am Stängel zwischen Zeige- und Mittelfinger geschoben, sodass die Blüte die Handfläche füllt, und den Blütenstand behutsam zur Nase gezogen. Sie ist über ihren Stock gebeugt, atmet ein, riecht, schwelgt im Genuss des Duftbouquets.

Wenn sie den Tätigkeiten nachgeht, die ihr zugewiesen sind, bewegt sie sich in ihrem eigenen Rhythmus mit einer Art Anmut und Leichtigkeit in den Bewegungen, wie eine Mondkönigin, rundlich, tänzelnd, und das, obwohl sie die ganze Zeit schwitzt und ihre Knie wehtun müssen. Ich lese in ihrem Körper, dessen Gelenke schmerzen, einem Körper, der zwar sein Alter hat und sein Gewicht, den sie aber souverän bewohnt, die Ärmel bis zu den Schultern aufgerollt und einen malvenfarbenen Schleier wie eine Stola um den Hals gelegt, um sich damit die Feuchtigkeit von der Stirn zu tupfen. Auf Schritt und Tritt unterbricht sie ihre Arbeit, um den Flug einer Ente zu beobachten, sie begeistert sich über die Punktaugen der Mondfalter, senkt die Augenlider, wenn sie vom Honig kostet, und würde dem Feldhasen bis zu seinem Loch folgen, wenn ihre Beine sie ließen.

Ich studiere ihre Augen: Sie verweilen nur bei dem, was lebt, was Freude erzeugt durch seine Farbe, seinen Geruch, seine Heiterkeit. Über die von Aasgeiern zur Hälfte zerfressenen Gerippe und über die Eingeweide des Viehs, das gekocht werden soll, gleiten ihre Augen hinweg und dem Anblick der Leichen, die die Bergleute im Karren heranschaffen, weicht sie aus. Ich, die ich die Sprache der Farne, der Kriebelmücken, der Ochsenfrösche, Füchse, Moose und Rohrkolben kenne, die ich weiß, dass der Schädling, wenn er den Baum tötet, weiter unten die Würmer und Termiten ernährt, den Nagetieren Winterquartiere verschafft und die Pilze versorgt, die nach dem Trocknen unser Vorrat sind; ich, die ich den Kreislauf des Lebendigen und Toten verehre, weiß nicht, was anfangen mit diesem Blick, der sich nur für das Süße interessiert und die Details in den faulen Dingen übersieht.

Ich bin fast elfeinhalb Jahre alt, ich gebe Schwester Blanche keine Möglichkeit, sich mir zu nähern. Wenn ich mit ihr sprechen muss, betone ich das »Schwester«. *Schwester* Blanche. Sie ist nicht meine »Mutter« wie die anderen: Klar artikuliert mein Mund die Verschiedenheit der Rollen.

Um uns herum schwindet das Licht immer früher. Ich hole den letzten Rest Wärme heraus, während ich lerne, mit meiner Menstruation umzugehen: Ich lege sie als Opfergabe in die hohlen Baumstümpfe und sage: »Danke, dass ich zur Frau geworden bin.« Ich lebe draußen. Ich wohne unter dem Baldachin meiner Taiga, ich lausche ihren Geschichten von Flechten und Moos, ich härte mich an Kratzern von Rinden und Felsen ab. Ich empfinde die Hartnäckigkeit von Schwester Blanche, nichts als die Pastelltöne der Berge mit ihren geschwungenen Linien sehen zu wollen, nichts als die Hohltauben, Sperlinge und ausgereiften Früchte, wie einen Zwang, und so versteife ich selbst mich darauf, alles andere zu sehen und zu lieben:

abgestandenen Milchquark
pechschwarze Blasen auf dem Bauch der Kiefern
Rabengeier
Larven von Laubholzbockkäfern
Fuchspfoten
die Zähne verrosteter Fallen
Kinder, die an Kohle gestorben sind
an Dynamit.

Mutter Ondine sagt – Sieh nur, wie sich deine Hüften und deine Brüste verändern, schau dir nur diese flusslangen Arme an, diese Binsenbeine.

Mutter Nigel sagt – Schon. So früh.

Mutter Alcée sagt – Nun wirst du auf Schatten achtgeben müssen, die dir im Wald folgen.

Mutter Selma sagt – Und bei der Mine, und in der Nähe des Zugs.

Mutter Betris sagt – Verbirg scharfkantige Steine in deinen Händen.

Mutter Elli sagt – Du musst lernen, wie man hart zuschlägt oder den Mund hält.

Ich bin zwölf Jahre alt. Ich lerne nicht, mich zu verteidigen, es gibt keinen Anlass. Sie machen mir keine Angst, sie, die meine Mütter verletzt haben und Frauen quälen: Ich bin robuster als sie, ich bin nach Nunak geraten, meinem Großmutterland, mit seiner eisernen, schlummernden Kraft.

Ich bin dreizehn Jahre alt. Die Heftigkeit meiner Launen treibt mich manchmal so weit, dass ich die Horden imaginärer Männer warne: »Passt ja auf, dass ihr mich nicht weckt.«

Hinter mir beobachten mich die Vierundzwanzig aus dem Augenwinkel, fragen sich, ob sie Angst um mich haben oder Angst vor mir, dem wilden Kind, das stärker ist als sie alle, stark an Muskeln und stark an Wissen über Felsenbirnen, Gesteine, Boviste, Krähen, Nattern, den reißenden Fluss.

Allein sie, allein meine Schwester Blanche, die mich mit einem Lächeln betrachtet, reibt ihre rauen Handflächen über meine Wangen und sagt, besser als jede Mutter: »Kleiner Teufelsbraten. Du kannst alles, was du willst.«

Der Frühling endet feucht und ohne Eis. Am Tag der Sonnenwende, als im Kohlerevier der Johannistag mit Freudenfeuern gefeiert wird, die hoch in die Nacht aufsteigen, feiere ich das Mittsommerfest, indem ich in den kalten Fluss springe. Ich tolle mit den Forellen umher, fange mit beiden Händen Kaulquappen und ihre Kröteneltern ein, ich streichle ihren Kopf und entlasse sie wieder in den Schlamm.

Bei der *Kohle Co.* kommen die Bergleute aus ihrem Schlund und Stechmücken schwärmen in Wolken aus. Menschengesänge und Mückenklagen dringen an mein Ohr; sie erzählen vom langen Winter, von der dunklen, nie enden wollenden Angst und vom Gewicht des Schnees auf Knochen und Eiern.

Ich reiße mich von den Liebkosungen der Stromschnellen los und schüttle mich lange, zitternd, mit aufgestelltem Körperhaar. Ich schmücke mich für das Fest, indem ich mir Zweige um die Stirn binde mit Tamarisken und einer roten Feder, die ich zwischen den Felsen gefunden habe. Ich binde meine Krone mit einem Lederriemen fest und zeichne eine Maske über meine Augenlider: ein zweifingerdicker Kohlestrich, der von einer Schläfe zur anderen mein Gesicht überzieht. Ich hatte ein weißes Kleid, das so fein gewebt war, dass es meine neue Behaarung kaum verhüllen konnte, doch es ist fast gleich zerrissen; jetzt trage ich es als lehmverschmierten Lendenschurz. Auf Pfaden, die sich nur mir öffnen, gehe ich Richtung Zeche hinunter.

In der *Ko.* ist es jedes Jahr die gleiche Prozedur. Wer mit dem Fahrstuhl aus dem Schacht kommt, lässt seine Knochen knacken. Schwarz an Lunge, Händen und Bronchien trifft die Überlebenden des Kohlereviers das Licht dieses nie endenden Tages mitten in die Augen. Sie taumeln, zuerst geblendet, dann immer trunkener; sie verlieren das Gefühl für ihren Körper und für die Welt unter ihren Schritten. Die Minenkinder, Kumpel und Vorarbeiter versammeln sich zu verstreuten Gruppen; sie zünden große Feuer an und betäuben sich an der Helligkeit, ein Durcheinander von Männern und Frauen, wirren Begierden und vermischtem Fleisch; die Stechmücken brummen über den Ausschweifungen, knabbern an diesem Festmahl aus Haut, das wie durch Zauberei erschienen ist; Kinder stehlen den Met aus den Fässern; Fremde teilen eine Pfeife Indianertabak; wie in Trance schlagen Bohrarbeiter gegen die Karren im Takt ihres Blutes, der in ihrem Bauch pulsiert. Eine einzige große, metallische Kakophonie aus Freude, Wut und Trommeln.

Unter dem Schutzmantel meiner Taiga betrachte ich diese Choreografie des Lebendigen und finde sie schön.

Normalerweise schließe ich mich ihnen an und verlasse sie erst wieder bei Tagesanbruch, ich trinke den Alkohol der Jüngeren und tanze mit den sich wiegenden Frauen um die Flammen. Aber diesmal hält mich etwas am Rande des Fests zurück. Ich verharre im Schatten, ein Waldgeist. Die Musik verursacht mir Übelkeit. So viele Menschen auf einmal – unberechenbar, weil freudentaumelnd – engen mir die Brust ein. Mein Blut pocht vom Lärm ihrer Wollust, von ihren vielen Gerüchen, vom Beben der Erde, die ihr Sabbat erschüttert. Meine Ohren rauschen. Ich höre alles zugleich: euphorische Stechmücken, animalische Freuden, die Vereinigung von Rotamseln, Marienkäferlarven, gefangene Fischermarder, brünstige Eber, Ferkelfleisch, Mineralienmangel, Schnäbel von Jungvögeln im Ei, stillende Weibchen (zusammengekauert, aufrecht, schwach, auf der Jagd), schlüpfende Eintagsfliegen, das Werkeln der Biber, das Wandern der Elche.

Zwischen meinen Zehen rinnt das Regenwasser und singt: *Nasser Frühling, trockener Sommer*, und der Saft, der in die Bäume schießt, erzählt mir von seinen tausend Wegen zwischen Wurzeln und Zweigen.

Es ist viel, viel zu laut.

Meine Lider flackern, als ich die Augen schließe. Unter der dünnen Haut, die das Licht abhält, spüre ich meine Augäpfel hin- und herspringen. Ich denke daran, mich auf den Boden zu legen, aber dann würden stattdessen das Tohuwabohu der Ameisen und die unaufhörlich wachsenden Keimlinge in mich eindringen. Nirgendwo hält das Leben still.

Benommen stehe ich da und suche einen Ort, um mich hinzusetzen. Erst finde ich nichts und glaube, ich muss mich übergeben, dann wittere ich einen Geruch, der mich augenblicklich an Mutterkrautstängel erinnert, an helles Lachen.

Der Duft ist versteckt zwischen den Ausdünstungen von Schweiß, Alkohol, Steinkohle und Rauch. Meine Nase tastet sich vor, doch um diesen sauberen, merkwürdig unpassenden Geruch inmitten der Dreckaromen aufzuspüren, bedarf es auch der anderen Sinne. Indem ich dieser Spur folge, nur dieser einen Spur, beruhige ich mich. Ich atme tief ein. Der Radau meiner Taiga legt sich und die Grundtöne finden wieder zu ihrer friedlichen Harmonie.

Auf eine entfernte Art ist der Geruch mir vertraut. Ich öffne die Augenlider und werfe einen Blick in Richtung des Dufts.

Da ist Ookpik, ein großer weißer Körper, den ich seit acht Jahren nicht gesehen habe, den meine Augen zwar vergessen haben, nicht aber meine Nase. Er wirkt unruhig, steht bei den rothaarigen Mädchen, die im Spätherbst Wulstlinge gesammelt haben. Sie haben den Winter damit zugebracht, die Trocknung der Pilze zu überwachen und nun lassen sie sie in irdenen Töpfen kochen. Unzählige stehen dabei und warten auf ihren Schluck Halluzinogen, hoffen auf Träume, die nichts mit Kohle, Hacken und dem Tinnitus nach den Explosionen zu tun haben.

Ookpik sagt, jedes Wort betonend: »Ihr macht mir nur noch mehr Tote.«

Im Schatten des Waldrands gehe ich auf ihn zu; ich nähere mich seinem Gesicht, seinen scharfen Ausdünstungen. Er ist männlicher, mit dichtem, weißem Bart und einer Falte, die seine blasse Stirn in zwei Hälften teilt.

Der weiße Junge ist zum Mann geworden während seiner Jahre in der Cité.

Mir fällt sein Name nicht mehr ein.

Er macht eine unvermittelte Bewegung und plötzlich fürchte ich, er kippt den Kessel um – ein Fußtritt, und er würde durch die Luft fliegen –, aber irgendetwas hält seinen Stiefel zurück, er blickt auf die Münzen, die die jungen Mädchen im Tausch für die Droge bekommen haben, er sieht die Wunden an ihren Händen und ihre mageren Handgelenke. Sie haben ihm ihre grauen

Augen zugewandt und er sieht die Schlange, die sich vor ihnen gebildet hat, eine Reihe armer Teufel, die bis zur nächsten Sonnenwende nichts als diesen Schluck haben werden.

Er seufzt, lehnt sich neben den verwahrlosten Kindern gegen eine Eiche und schickt sich an, die Dosierungen zu überwachen und die Trancezustände abzuwarten.

Mein Herz verlangsamt seine Raserei. Mit den Knien unter dem Kinn und dem Po an den Fußknöcheln bleibe ich unbeweglich sitzen. Ookpik besänftigt mich, er ist ein lichter Fleck im Staub, ein weißer Schatten, dem ich mühelos folgen kann und der den Lärm meiner Sinne zum Schweigen bringt.

Ich bleibe genauso lange da wie er, der milchige Mann, der von einem halluzinierenden Patienten zum nächsten geht. Ich beobachte seine präzisen Gesten, sein abgespanntes Aussehen. Ich frage eine große Kiefer, was es ist, das die Menschen älter macht als ihr Alter. Mit der Wange am Stamm höre ich zu, wie sich die Säfte ihren Weg bahnen und dabei den Verletzungen der Rinde, Krankheiten und Parasiteneiern ausweichen. Ich wüsste gerne, welcher Parasit in Ookpik sitzt. Ich sage: »Laure«, als ich mich an seinen Namen erinnere. Er dreht sich um, aber ich bin braun und mit Ästen gekrönt, nunmehr ruhig; ich bin ein Baum, unsichtbar zwischen den Bäumen.

Ich bin vierzehn Jahre alt. Ich mag Mädchen, die Haut kosten, als sei sie leckeres Obst, und sich im Lehm einrollen, wenn das Lustgefühl sie überkommt. Schlangenwesen, die mit dem Rücken Mulden graben. Ich mag Jungen mit dem wallenden Lustgefühl eines Flusses, die gar nicht wissen, welche Rundungen sie halten sollen, Brüste, Po, Schenkel oder Wangen; so klein sind ihre Hände, und so groß ihr Hunger.

Ich spiele Sex mit den Harzstechern, die das Fichtenharz in Fläschchen einsammeln. Ende Juni kommen sie aus der Cité, und wenn sie aus dem Zug steigen, wenden sie sich nicht zur Mine, sondern gehen Richtung Wald, entschlossen, schweigend. Jedes Jahr fallen sie für zwei Monate in meinen Norden ein und bohren Löcher in meine Bäume. Hergeschickt werden sie von Schiffsbauern, die die Bretter ihrer Lastkähne mit Fichtenharz abdichten. Sie sind Futter für Stechmücken und Verführerinnen wie mich und ich scheuche sie einen nach dem anderen auf. Sie zapfen die Blasen an der Rinde der Nadelbäume an, sammeln das Gummiharz und konservieren es in Büretten.

Sie sind einfach aufzuspüren, denn ihre Stiefel zerwühlen den Schlamm, knicken kleine Tannenbäumchen um und zertreten Farne. Ich finde und beobachte sie. Durch sie lerne ich die steife Haltung der Städter kennen: Sie sind weder stämmig wie ein Bergarbeiter noch geschmeidig wie die Olbak-Jungs oder appetitlich wie ausgereifte Mädchen. Sie rudern mit den Armen, wenn die *Pikush* sie stören, sie fürchten die Wölfe und singen lautstark, um über ihre Angst hinwegzutäuschen.

Ich nähere mich ihnen im Staat einer Waldkaiserin, mit schwarzen Augen und einer Krone aus Schösslingen. Ich werfe ab, was ich an Kleidung anhabe, gehe erhaben auf sie zu, das Kinn hoch, die Lippen mit Himbeeren rot gefärbt. Ich bin die Königin meines Waldes und will, dass sie verstehen, dass sie in meinem Reich sind, dass sie, indem sie die Rinde meiner Kiefern anbohren, meine Haut durchstechen.

An ihnen wiederhole ich die Bewegungen, die ich schon am Körper von Freunden ausprobiert habe, aber die Fichtenstecher sind ganz anders, sie versteifen sich, fühlen sich unbehaglich, es knackt ein Ast und sie schrecken auf, sie zittern, wenn ich ihre Unterhose aufknöpfe, und bekreuzigen sich, wenn ich ihr kleines oder bereits geschwollenes Geschlecht zwischen meine Lippen nehme. Sie sind voller nervöser Ticks, ihre Lust ist ohne Spiel.

Ich durchstreife sie wie neue Gebiete; ich entdecke eine Sprache von weißen Flüssigkeiten, von erregten Angsthasen; ich lerne die Topografie reiferer Männer. Je weiter der Sommer fortschreitet, desto weiter eilt mir mein Ruf voraus: Einer nennt mich »Volkhva« in seiner fremden Sprache, und ich mag den Namen, also behalte ich ihn. Wenn ich neues Fleisch durchmesse, sage ich: »*Nin ia* Daã Volkhva.« Ich befeuchte den Mann, koste von ihm und verlasse ihn wieder, lasse mich von meinem Wald schlucken und verschwinde hinter einem Schleier aus Bartflechten. Niemals folgen sie mir, aber abends am Lagerfeuer berichten sie von meinem Erscheinen, glauben, dass ich weit weg bin und ihre Hexengeschichten und falschen Prahlereien nicht höre. Durch die Worte, die sie benutzen, und die Art, wie sie ihren Körper nach vorn gebeugt halten, den Bart eng am Hals, bestätigen sie mir, wovon meine Mütter nichts wissen: Mehr als alles andere fürchten Männer diejenigen, die keine Angst vor ihnen haben.

Ich bin sechzehn Jahre alt. Ich kann acht Stunden lang rennen, ohne außer Atem zu kommen. Ich lasse der Reihe nach alle hinter mir, meine Mütter, die Jungs aus der Mine, die Olbak-Mädchen und die letzten Jäger – die vom alten Schlag, als man seine Beute noch bis zum bitteren Ende verfolgen musste, um seinen halb verhungerten Klan zu ernähren. Sie hängen sich an meinen Schritt, ein entfernter Rosenkranz ausgemergelter Gesichter. Meine Beine stürmen mühelos voran, das Moos dämpft meine Fersen; der Nordwind lässt meine Haare schwellen und bläst mir in den Rücken. Mit geweiteten Rippen jage ich weiter, halte Schritt mit Elchherden und mische mich unter die Tiere, ohne Pfeile oder Klingen, sondern einzig aus Vergnügen an den dampfenden Fellen und den Riesenstapfen.

Jeden Sommer an drei, vier Tagen hält feuchte Hitze meine Taiga im Griff. Der Südostwind legt sich, die Luft kommt zum Stillstand, als wäre sie geronnen, und kein Blatt schafft es mehr, sie in Bewegung zu versetzen. Also klettere ich über die Bäume an den Felswänden hinauf. Ich packe ihre Stämme, ziehe mich daran hoch, wechsle von Birken über Ahorne zu Kiefern, die alle immer lichter werden, je höher ich klettere; bald werden die Zweige zu schwach, biegen sich oder knacken unter meinen Füßen. Mit meinen sechzehn Jahren bin ich groß für ein menschliches Weibchen und habe die Muskulatur einer Olbak, einer Tochter der Wälder, langgezogen und kräftig. Sobald ich die Steilwände mit meinen Händen berühren kann, ziehe ich mich an den Wurzeln hoch und erreiche die Felsabbrüche, wo nichts mehr wächst als Mutterkraut und blassgrüne Strauchflechten. Von hier lässt der Berg sich umarmen. Irgendwann habe ich mir Fährten zwischen den Sträuchern gelegt, aber meine Füße kennen ihren Weg auch ohne diese Pfade. Selbst im Winter, wenn meine Spuren vom Schnee vergraben werden, kann ich mich an Form und Winkel der Schneewehen – die den Tanz des Windes sichtbar machen – und am Höhenunterschied unter meinen Schritten orientieren. Ich klettere weiter hoch bis zu einer ausgehöhlten Schlucht, die nur über die steile Front des Berges erreichbar ist und die ich Nasengrotte nenne wegen des spitzen Vorsprungs über ihrer Mündung. Nach einer Opfergabe – dieses Mal lege ich eine Halskette aus braun und rosafarben geprägten Tonkugeln auf ein Moosbett, verschönert mit den Perlen eines alten Rosenkranzes – werde ich dort endlich eins mit der Hitze und gebe meinen Körper der feuchten Schwüle hin.

Von meinem Hochsitz aus lausche ich den Cusoke-Gesängen. Ich bleibe einige Tage in meiner Höhle und esse Beeren, ohne eigentlich hungrig zu sein, denn die glühende Sommerhitze nimmt mir den Appetit. Ich konzentriere mich auf verschiedene Stimmen, die der Kiefern, die des Flusses oder die des Falken, der ganz in der Nähe nistet. Ich spreche mit Nunak, meiner vor Hitze ermatteten Großmutter. Als ich höre, dass Minenarbeiter, Tiere und Nutzpflanzen die stehende Luft nicht mehr ertragen können, rufe ich den Wind an. Er antwortet mit herrlichen Böen auf meine Schreie, zerzaust die Gräser und beugt die Bäume, er bläst unter die Flechten und in das Rückenfell der Wölfe. Er dreht Felsen um, fährt in Grotten hinein und stößt die leeren Loren aus der Mine um. Er kommt bis zu mir, die ich nackt bin und ihn erwarte. In seinem Kielwasser führt er eine Elektrizität, die Gewitter verspricht und das große Zerreißen der Himmel.

Ich kehre zurück vom sturmgepeitschten Berg. Unter den Zöpfen berge ich Fliegen, Zapfen, Brennnesselsamen und Tannennadeln, die von den hohen Kiefern gefallen sind. Auf der Jutematte streife ich meine Füße ab und betrete die Küche durch die zu niedrige Tür, die schon immer falsch bemessen war und kaum benutzt wird, außer von den Müttern, die zwischen Herd und Garten hin- und herwechseln.

Im Refektorium herrscht Stille. Zwar höre ich das Rascheln eines Kleides, eine Messerklinge am angeschlagenen Porzellan, aber alle Geräusche sind gedämpft, als würden die Schwestern unter einer Daunendecke essen. Die Mauern sagen nichts. Die Bienen erzählen vom Honigtopf, von den feinen Konfitüren, die geöffnet auf dem Tisch stehen, ebenjene, die sonst nur zu Geburtstagen serviert werden. Ich schnappe mir einen Rhabarberstängel, tunke ihn in Zucker und beiße hinein; dann schiebe ich die Flügeltüren auf und trete mit vollem Mund über die Schwelle, am Stiel kauend, an dessen Ende ein Blatt hängt, dreimal so groß wie mein Gesicht.

Meine Mütter stehen nebeneinander aufgereiht, weiß und wächsern. Sie tragen alle, eine wie die andere, den Schleier, den sie sich normalerweise um den Haarknoten binden und über die Schultern fallen lassen, wenn sie ihn nicht zusammengeknäult tief in ihr Schubfach stopfen. Ich muss an die Puppen der Arbeitermädchen denken, die immer von den Großen an die Kleinen weitergegeben werden: Man könnte sie für eine Kollektion davon halten, verschieden in ihrer identischen Kleidung, kerzengerade dasitzend. Ihre Bewegungen sind mechanisch. Als ich den Raum betrete, drehen sich all ihre Köpfe im selben Moment um. Jede von ihnen blickt gleich drein, mit stumpfen Augen und schmalen Lippen, die wie dünne Bleistiftstriche ihre Gesichter verriegeln.

An das Kopfende des Tisches haben sie einen Schreibtisch geschoben, ihn mit unserem schönsten Tafelbesteck gedeckt, und dort essen fünf Männer, die sich ebenso gleichen. Sie tragen lange schwarze Talare mit grünlicher Stola, und derselbe Kragen umschließt jeden Hals. Sie mustern mich.

Auf einmal bemerke ich den Schmutz an mir als etwas Sichtbares, Störendes. Ich nehme meine Wäsche wahr, das sturmdurchnässte Hemd, das mir an der Haut klebt – mein Hemd, das eigentlich weiß sein sollte, doch unter seinen Schattierungen und fadenscheinigen Stellen Brüste erkennen lässt wie zwei Äpfel, und die Kraft meines Bauches und meine Baumkletterer-Arme. Ich weiß nicht, wann ich mir zuletzt das Haar gekämmt habe: Die Zöpfe halten ganz von selbst, sie haben die Textur von Schafwolle nach dem Winter.

Schwester Ondine sagt. – Darf ich Ihnen Daã vorstellen, eine junge Olbak.

Ihre Augen huschen hinüber zu ihrer Nachbarin, ich sehe den Hilferuf darin.

Mutter Selma sagt. – Ihre Eltern sind zu Beginn des Sommers verstorben. Wir haben sie aufgenommen, um ihre Seele zu retten und sie die Wege unseres Herrn zu lehren.
Mutter Lénie sagt. – Sie ist gerade erst hereingekommen, nun wollen wir sie nicht verschrecken.

Gleichzeitig lächelt Mutter Grêle falsch und flüstert mir zu: »*Muk"tshiam olbak-aimu*, Daã.«

Es ist das erste Mal, dass meine Mütter vorgeben, sich für mich zu schämen, und zwar wegen derer, die sie eingeladen haben in das Versteck, von dem ich glaubte, es wäre allein unseres.

Ich stehe vor den Frauen, die mich verleugnen, und vor den

Männern, aus deren Augen Verachtung spricht. Ich trage meine Taiga wie einen Schutzschild, die Raupe, die langsam meinen Zopf hochkriecht, das Konfetti aus totem Laub, die Flüssigkeiten, den Schlamm. Die Wut lässt mir die Zunge im Mund schwellen und den Gaumen heiß werden. Schwester Blanche sieht mich an. Sie senkt nicht den Blick, lächelt nicht, doch an ihren Augenwimpern erkenne ich, dass sie nicht mir, sondern ihnen etwas vorspielt, als sie sagt:»Ich gehe mit dem Kind. Es Ihnen hübsch machen..«

Einer der Männer streicht langsam über seinen Bart und befiehlt:»Packen Sie ihm eine Tasche, ich werde mich um seine Ausbildung kümmern.«

Sie antwortet nicht, ihr Licht wächst um uns herum und hüllt mich ein. Wir sind geschützt: durch ihre ruhige Kraft, vermischt mit meinem Zorn.

Das Schweigen schnürt mir die Kehle zu.

Schwester Blanche führt mich durch die Zimmer, sie geht eine Armlänge hinter mir, hat ihre Hand auf meine Schulter gelegt, ich genieße die Wärme ihrer Finger an meinem Nacken. Ich sollte nachdenken, aber da ist nichts außer dem Schlund, der mein Mund ist und in dem Worte und Speichel ertrinken. Ich habe meine unverdauliche Wut hinuntergeschluckt.

Schwester Blanche weiß es.

Sie sagt. – Alle, Männer wie Frauen, müssen sich der Ordnung der Gesellschaft fügen, die sie wählen. Du bist nicht anders, du bist nicht freier als deine Mütter, nur jünger. Verurteile sie nicht, sie beschützen das, woran sie ihr Leben lang gearbeitet haben, sie spielen die Rolle der Verschleierten, um die Unabhängigkeit ihres Landes zu bewahren. Sie verraten dich nicht. Und auch sich selbst nicht.

Ich erwidere nichts. Ich will mein zähes, schwarzes Schweigen – das Schweigen von einer, die sonst unablässig spricht – gegen die Wände schleudern, gegen das Refektorium. Ich will, dass es Sainte-Sainte-Anne verhüllt und meine feigen Mütter niederwalzt, die sich gerade so lange souverän geben, bis die Schatten ein bisschen näherrücken.

Unsere Schritte haben uns in ein Zimmer geführt, in das von Schwester Blanche, nehme ich an. Der Raum ist düster, die Alte läuft umher, ohne dass ich sie beachte, doch bald liegt auf dem Bett eine große Leinentasche bereit, ein Mantel und ein Kleid, wie sie es trägt.

> Sie sagt. – Du hast die Wahl. Du kannst den Habit anziehen und eine von uns werden. Oder du nimmst den Umhang und brichst mit dem Monseigneur Richtung Cité auf. Wenn du dort bist, verlässt du ihn, er wird dich nicht wieder einfangen können. Es gibt viel zu entdecken in den Städten. Du könntest dir einen Mann nehmen. Einen Mann zu lieben bedeutet nicht immer, sich selbst zu verlieren. Oder du stopfst dir die Tasche voll und brichst auf, gehst das Gesicht deines Vaters bei den Olbak suchen.

Sie lehnt sich vor. Sie küsst mich auf beide Wangen und ich fange ihren Duft von Pfingstrosen, frischen Brotlaiben und Pinienkernen auf; ihre grauen Locken streifen meinen Nacken.

> Sie sagt. – Ich höre die Antwort schon aus deinem Bauch und von deinen Füßen. Du hast nichts zu befürchten, deine Mütter verstehen dich. Sie wissen, dass sie dich wiedersehen werden.

Sie dreht mir den Rücken zu, lässt eine Wanne ein und gibt vor, mich waschen zu wollen, um mir Zeit zu verschaffen. Als ob eine Frau von sechzehn Jahren noch eine andere bräuchte, um sich den Dreck abzuschrubben. Ich bleibe stehen; der dicke, heiße Kloß in meinem Hals schmeckt bitter.

Vom Refektorium her tränken die ernsten Stimmen der Männer die Mauern mit einer Geschichte, die bis jetzt nicht unsere war. Schon beginnen die Steine, von meinem Abflug zu erzählen: Mein Zuhause liegt nicht mehr hier unter Mörtel und

Schiefer. Durch das Fenster singt meine Taiga Schreie von Uhus und Rufe von Wölfen.

Ich nehme gar nichts mit.

Keinen Habit, keinen Mantel und keine Tasche.

Frei vom Gepäck meiner Mütter breche ich auf.

Der Waggon riecht nach Frittiertem, Urin, Alkohol und müden Leibern. Die Gerüche stecken in den Bänken und im Teppich, die grünen Vorhänge dünsten Rauch aus. Vor die Fenster gezogen tauchen sie das Innere des Wagens in ein Licht, das Laure einschüchtert. Von ihm abgesehen ist der Zug leer. Niemand nimmt jemals den *Sort Tog* zurück. Welcher Bergarbeiter könnte schon eine Fahrkarte Richtung Cité bezahlen? Und was würde er dort auch wollen? Die Eigentümer des Bergwerks hingegen reisen ausschließlich per Limousine, weit weg vom widerlichen Arbeitergestank.

Allein im Abteil braucht Laure einen Moment, bevor er sich für einen Platz entscheidet, er vergleicht die Polsterung und die kleinen gebogenen Lampen über den Rückenlehnen und entscheidet sich endlich für eine Sitzbank, die nach Westen hin ausgerichtet ist. Er sieht die Berge, Hügel und Wälder vorüberziehen. Manchmal kreuzt der Zug einen Fluss, oft folgt er den Felswänden. Laure denkt an die Weite der Welt und an ihre Fülle. Die Stunden vergehen und er hat das Gefühl, sich im Kreis zu drehen: Hat er diese Felsspitze nicht eben schon gesehen? Trotzdem beginnt die Vegetation sich zu verändern: Die schlohweißen Bäume der Taiga sind längst moosigen Fichtenwäldern gewichen, zwischen denen bald einzelne Tannen auftauchen, erst noch magere, dann immer vollere. Und zuletzt wird selbst der Tannenwald von weißen und gelben Birken durchbrochen. Der *Sort Tog* rast mit Volldampf Richtung Süden, schwer von Kohle.

Einige Stunden nach Einbruch der Dunkelheit döst Laure schließlich gegen das Fenster gelehnt, seine Stirn vibriert, hebt sich von der Scheibe und schlägt immer wieder zurück. Er erwacht oft und schläft gleich wieder ein; seine Träume sind bevölkert von zerstückelten Kindern, die ihm lächelnd ihren Arm oder ihr Bein hinhalten.

Als er die Augen öffnet, sind die Bäume verschwunden. Der Zug ist langsamer geworden und durchfährt eine Landschaft mit weichen Hügeln, golden, so weit das Auge reicht. Die Sonne geht über den Feldern auf und überzieht das Heu mit einem bernsteinfarbenen Leuchten. Pferde und Kühe grasen auf den

Wiesen, die wenigen Baumgrüppchen stehen voller Äpfel und ihre Blätter zittern, wenn der Wind durch das Gras fährt. Hier und da tauchen Bauernhäuser aus rotem Backstein zwischen den Stoppelfeldern auf, die Sonnenstrahlen fallen auf ihre Blechdächer und machen aus den Getreidesilos Leuchttürme im Feld.

Laure atmet in trockenen Stößen. Seine Finger liegen verkrampft auf der Hose. Keine der Vorstellungen, die er sich je von der Welt gemacht hat, gleichen diesem offen daliegenden Land.

Nach einer Stunde pfeift die Lokomotive, wird noch langsamer und fährt in ein Dorf mit bunt bemalten Häusern ein. Kinder laufen durch die Straßen. Sie tragen graue, braune und schwarze Samtjäckchen, ihre Stiefel sind verstaubt und ihre Hemden haben bauschige Flanellärmel. Etwas, von dem Laure nicht einmal wusste, dass es existiert, löst sich in ihm. Die Bahn hält an, doch er wagt nicht, sich zu bewegen. Der Name des Örtchens steht in vergoldeten Buchstaben auf einem Schild. Er versucht, ihn zu entziffern, ohne Aufmerksamkeit zu erregen: *Kangoq*.

Am Bahnsteig stapeln die Frachtarbeiter Kohlesäcke, diese werden im Güterwagen durch Pakete ersetzt, die dreimal so groß sind wie die Arbeiter selbst und sorgsam in rotes, grünes oder blaues Tuch eingewickelt. Laure beobachtet den Ablauf: Die jungen Männer tauschen volle Ballen gegen gefaltete, leere Taschen ein; neben ihnen steht ein Kontrolleur, der den Lagerbestand auflistet und die Händler entsprechend des Umfangs ihrer Ware und der Farbe des Übertuchs bezahlt. Während die Männer ausrechnen, was sie bekommen, gehen sich die Frachtarbeiter hartgekochte Eier bei einem jungen Mädchen kaufen, das beim Sprechen den Blick senkt. Sie schlürfen heiße Getränke, Dampf steigt aus ihren Tassen und umnebelt ihre Gesichter, dann schließlich kehren sie auf ihre Posten zurück und die Lokomotive setzt sich wieder in Bewegung. Draußen rennen pausbäckige Kinder laut rufend neben dem abfahrenden Zug her.

Laure hat Hunger. Er hätte aussteigen und sich selbst Eier kaufen sollen, doch dazu hätte er die Peinlichkeit hinnehmen müssen, von allen angestarrt zu werden. Er hätte sich an das Mädchen wenden müssen, das vielleicht gelacht oder sich erschreckt hätte. Weder hätte er sich ihr zu nähern gewusst noch die richtigen Worte gefunden.

Eine Stunde später kommt der Güterzug erneut zum Stehen, in Aralie. Der Bahnhof hat zwei Gleise und anscheinend hält auf dem anderen gerade ein Zug mit Reisenden. Nach reichlichen Überlegungen beschließt Laure, den Wagen zu verlassen, ohne sich jedoch zu weit davon zu entfernen, aus Angst, der *Sort Tog* könne ohne ihn losfahren. Auf dem Bahnsteig richten sich alle Blicke auf ihn und bleiben lange an seiner weißen Haut hängen. Es gelingt ihm nicht, Besucher von Bewohnern des Ortes zu unterscheiden. Er weiß nicht, bei wem er Proviant kaufen kann. Ein runder, mürrischer Herr nähert sich ihm:

»Etwas zu trinken für das Gespenst?«

»Eher etwas zu essen …«

Der Alte hebt die Augenbrauen und bricht in schallendes Gelächter aus. »Na dann komm, mein Junge. Keine Ahnung, wo du herkommst, aber wir finden dir was.« Laure blickt sich um. Selbst noch so weit vom klebrigen Staub des Kohlereviers entfernt, mitten unter normalen Leuten – etwas dreckigen, fettigen oder verschwitzten Leuten, die stellenweise glänzen, mit rosiger, gelblicher oder fahler Haut, grau, braun oder mit Blaustich, was seinem eigenen Weiß noch am nächsten kommt – wirkt er wie ein Geist aus Mehl. Plötzlich wird er sich der Lächerlichkeit seiner Aufmachung bewusst, seines unpassenden Akzents, seiner abgespannten Erscheinung und seiner außerordentlichen Blässe, die ihn auch jenseits von Brón hervorstechen lässt. Er hat eine sanfte Stimme, fast noch kindlich. Als er antwortet »nein, danke«, kommt er sich albern vor, errötet und kehrt sehr schnell zum *Sort Tog* zurück, wo er seinen Platz mit leeren Händen wieder einnimmt.

Den ganzen zweiten Tag über folgen Stationen aufeinander, die sich mit ihren pittoresken Fassaden, ihren Schildern und ihren breiten Bretterbahnsteigen alle ähneln. Erst am nächsten Tag, als der Zug sich durch die Vororte der Cité bewegt, beschließt Laure endlich, sich dem Getümmel der Bettler, Trunkenbolde und Dirnen anzuschließen. Er ist ausgehungert, hat kaum geschlafen, taumelt die Treppe hinunter und fängt sich gerade noch rechtzeitig. Die Papiermühlen verpesten die Luft; zwar erkennt Laure den charakteristischen Geruch dieser Fabriken nicht, aber der Gestank dreht ihm den Magen um, Übelkeit schüttelt ihn, aber er hat nichts im Bauch, was er erbrechen könnte.

Mehrere Frauen spazieren zwischen den Güterwagen umher und verkaufen Wegzehrung an die Reisenden: Laure beobachtet sie einige Zeit; er versucht, aus der Gruppe die am wenigsten Furchteinflößende auszuwählen und findet eine, die an der einen Seite ihren Korb trägt und sich an der anderen auf einen Stock stützt. Sie steht allein da: Die Männer umschwirren wie Fliegen nur jüngere Mädchen. Ganz vorsichtig nähert sich Laure ihr, räuspert sich und grüßt sie. Sein »Entschuldigen Sie bitte« ist schrill und lachhaft, er hört es und beißt sich auf die Wangen, aber die Alte hält sich nicht daran auf. Sie schaut vor sich hin, ihre Pupillen sind weiß verschleiert.

»Was willst du, mein Junge?«
»Wieviel kostet das Brot?«
»Die Semmel für sechs Pfennige.«

Laure traut sich nicht zu verhandeln. Er bezahlt die gute Frau, indem er sechs Münzen in ihre offene Hand gleiten lässt. Er zählt sie eine nach der anderen ab, damit sie auch spürt, dass er keinen Vorteil aus ihrer Behinderung zieht. Dann sucht er sich einen Laib aus dem großen Tragekorb, den sie ihm hinhält, und kehrt zu den Schienen zurück. Einen Augenblick lang schlägt sein Herz wie wild, weil er sich nicht mehr erinnert, welcher Waggon seiner ist, doch bald erkennt er die Frachtarbeiter, die nach wie vor Kohletaschen aus dem Güterzug ins Bahnhofslager ausleeren. Er beschleunigt seinen Schritt und erreicht die Kabine.

Trotz des Hungers isst er sein Brötchen in kleinen Happen, er zieht die Mahlzeit über Stunden hin, ohne zu einem Entschluss zu kommen, ob er den strengen Geschmack der Hefe mag oder nicht. Er hat noch nie etwas anderes probiert als

Fladenbrote, die direkt auf der gusseisernen Herdplatte gebacken werden, und dieses runde, weiche, aufgequollene Ding da hat nicht das Geringste mit den dünnen Pfannkuchen gemein, die sein Vater immer zubereitet hat.

Der Zug kommt nun nur noch langsam voran, er hält häufiger und für längere Zeit, da die Menge an Kohle, die es auszuliefern gilt, entsprechend der Bevölkerungsdichte der Wohnviertel zunimmt. Am Ende des Tages passiert der Güterzug die Stadtmauern der Cité durch das Anestine-Tor und Laure entdeckt entlang der Gleise einen ganzen Ort aus Blech und Pappe, bevölkert von Leuten, die endlich denen ähneln, die er kennt, mit Ringen unter den zu großen Augen und ausgezehrten Wangen, die unter Unmengen von Dreckschichten verborgen sind. Hinter den Baracken macht Laure richtige Gebäude aus, die sich hoch erheben, aus roten und gelben Ziegeln oder grauem Mauerstein, durchbrochen von schmalen, langen, völlig gleich anmutenden Fenstern, eins dicht neben dem anderen. Die Stadt ist ein in den Himmel gezeichnetes Flachrelief; einzig das Gesindel aus dem Elendsviertel scheint ihm real; Leute, denen in der Kälte Finger, Zehen und Zähne abgefroren sind. Dann wird plötzlich alles schwarz, als sich der *Sort Tog* auf einer Eisenbahnbrücke einem Dutzend anderer Züge anschließt. Er fährt in den Tunnel unter dem Hauptbahnhof und kommt kreischend zum Stehen.

—

Beim Aussteigen hält Laure die Holzkiste, die ihm als Gepäckstück dient, in beiden Armen. Das Trittbrett bebt unter seinem Gewicht, er fürchtet, er könnte stolpern, also setzt er die Fersen mit größter Sorgfalt auf, den Rücken nach hinten gebogen, das schwere Kofferprovisorium vor sich. Als er endlich festen Boden unter den Füßen hat, stellt er seine Fracht ab und nimmt das geschäftige Treiben an den Bahnsteigen wahr.

Vor ihm, hinter ihm und überall rundherum spucken andere Züge erschreckend große Mengen von Reisenden aus. Sie torkeln aus den Wagen, das Gesicht gezeichnet vom schlechten Schlaf auf den Federkernliegen. Schreie und Pfiffe, quietschende

Bremsen auf den Gleisen: Der ganze Bahnhof dröhnt vor Lärm, der von den Wänden wieder zurückgeworfen wird. Männer laufen zwischen Ladungen und Paketen hin und her und stapeln ihre Koffer auf Gepäckkarren; Kinder flitzen, kaum dass sie aus dem Waggon befreit sind, an allen vorbei Richtung Springbrunnen. Laure bleibt wie betäubt neben dem *Sort Tog* stehen. Arbeiter rempeln ihn an. Er hört nichts. Erst als einer von ihnen sich direkt vor ihn hinpflanzt und schreit: »Beweg dich!«, fasst Laure nach dem Griff seiner Kiste und zieht sie aus dem Weg.

Die Strecke bis zur Bahnhofshalle ist gespickt mit Hindernissen. Menschen tauchen ebenso plötzlich auf, wie sie wieder verschwinden, lachende Jungs durchkreuzen die Wege. Mit Müh und Not ergattert Laure einen geschützten Winkel und lässt sich auf den Koffer nieder. Seine Hände sind klamm und das Hemd klebt ihm an der Haut. Überall um ihn her machen sich Leute zu schaffen, ohne ihn im Geringsten zu beachten. Der Bahnhof ist ein summender Bienenstock, in dem jedermann genauso ist wie er: unwichtig.

Einen Augenblick denkt er daran, wie sein Vater immer so oft von der Überraschung gesprochen hat, die ihn bei der Ankunft mit seinen Eltern in Brón in Schnee und eisiger Kälte überkommen war – und entscheidet, dass sich ihr Erstaunen nicht mit seinem eigenen vergleichen lässt, das ihn betäubt und berauscht zugleich.

Er beruhigt sich, sieht genauer hin. Der Bahnhof ist riesig und von einem Glasdach gekrönt, durch das schillernde Strahlen auf die Menge fallen. Es riecht nach Lilien und Orangen, zwei Düfte, die für ihn keinerlei Ähnlichkeit haben mit irgendetwas Vertrautem aus Brón. Der einzige Geruch, den er klar identifizieren kann, ist der von Urin, der offensichtlich überall im Gemäuer steckt. Blumen- und Obsthändler haben Stände entlang der Schließfächer aufgebaut, ihre Buden sind voll von fremdartigen Angeboten. Um sie herum verkaufen Hausierer ihre Ware an Zugpassagiere, die nach Seiche, Lousniac oder Nan Mei unterwegs sind. Sie halten laut rufend frittierte Pfannkuchen in die Luft und Tüten mit Trockenfisch.

Die Wände zwischen den Türen sind von bunten, beweglichen Silhouetten verdeckt: Dort üben Frauen ihr Gewerbe aus und beugen sich denen entgegen, die kommen und gehen. Ihr Haar tragen sie offen oder unter einer Haube, das Dekolleté weit ausgeschnitten, den Rock bis zu den Schenkeln aufgerollt. Sie verwirren Laure mit ihren zu rosigen Wangen und den von Kajal umrundeten Augen. Schon bald wähnt er sie überall: Sie vervielfältigen sich, ihre Lippen sind bemalt wie Tulpenknospen. Er verwechselt Mütter und Ehefrauen mit Dirnen. Ihm scheint, sie sind geradezu austauschbar: Ihr Geruch nach Parfum und Puder ist stark, ihr Lachen unnatürlich, um Gefallen zu erregen, und sie tragen Handschuhe, in denen sich die Hände als Vögel verkleiden: Die Halle ist eine ungeordnete Voliere, erfüllt von ihrem Gezwitscher.

Doktor Do hat ihn vorgewarnt, auf der Hut zu sein vor Frauen, deren Auftreten zu unverschämt daherkommt, da ihr Körper Pocken, den Weichen Schanker und Syphilis übertrage. Keine von ihnen wirke leidend, und doch seien sie alle gleichermaßen unzüchtig. Lange sitzt er da und beobachtet sie. Inmitten des Chaos aus Abfahrten und Ankünften beginnt er, ihre Kaste besser zu durchschauen: die keuschen und die, die sich verkaufen; die, die sich gerade noch verkauft haben und unlängst einen Ehemann gefunden haben; und die, die sich verkauft haben und nichts finden.

Endlich fällt ihm seine eigene Reise wieder ein und er sucht aus seinen Taschen die Notiz des Doktors heraus, auf der die Adresse der Pension Lugh verzeichnet ist. Er seufzt, knabbert ein paar Bissen von seinem Brotlaib und erkundigt sich schließlich bei einem Kutscher nach dem Preis, dann bei einem zweiten und einem dritten. Anschließend wählt er den günstigsten, wie es ihm sein Vater am Bahnsteig von Brón geraten hat, als er ihm zum Abschied einen Kuss gab. »Lass dich nicht für dumm verkaufen. Denn das werden sie versuchen.«

Kaum hat Laure die Tür des Wagens hinter sich geschlossen, fühlt er sich sicherer, wieder fähig zu denken. Schon jetzt liebt er diese Stadt, wo er mit der Menge verschmilzt. Keiner der drei Kutscher hat seine Blässe kommentiert, sie haben ihn mit Monsieur angesprochen, haben auf seine Fragen geantwortet und sich anschließend anderen potenziellen Kunden zugewendet, ohne ihn weiter zu beachten. Er erlebt die Anonymität wie einen gewaltigen, frischen Atemzug.

Durch das Fenster betrachtet er den Tanz der unzähligen Menschen und die Schönheit der hohen Türme, die Parks, die kurvigen Frauen, die gesunden Männer. Sie gehen alle in dieselbe Richtung: auf der einen Straßenseite nach Norden und auf der anderen nach Süden. Diese Art sich fortzubewegen lässt ihn an das Blut in Arterien und Venen denken.

Er lächelt. Alleen, Dämme und Boulevards sind just wie Gefäße, die die verschiedenen Organe der Stadt mit Arbeitskräften und Materialien versorgen. Und jenseits des kardiovaskulären Systems? Welche Machtverhältnisse herrschen zwischen Eingeweiden, Kopf und Genitalien? Welche Koordination unter den Gliedmaßen? Welche Art von Stoffwechsel? Ein schnell schlagendes Herz mit fieberhafter Energie, Blut, das im Schwall in die Arterien schießt? Ein nervöses Leiden? Ein Übermaß an Magenschleim, klebrige Eingeweide, die aneinanderhaften und sich gegenseitig abschnüren? Und welches Geschlecht liegt zwischen den Schenkeln der Cité?

Dieser letzte Gedanke hätte ihn amüsieren sollen, doch stattdessen verwirrt er ihn. Sein Geist wandert wieder nach Brón mit seinen Kumpeln. Brón kommt einem leichtsinnigen jungen Mann gleich, immer tollpatschig und mit zu langen Gliedmaßen, die sich gegenseitig im Weg sind, voll hitziger Emotionen, der feuchte Minentunnel zieht die Männer in seinen Bann, sie stehen vor seinem schwarzen Schlund wie der Jüngling vor seiner ersten Vulva.

Auf den ersten Blick wirkt die Cité eher wie eine junge Frau. Sie will erobert werden, mit all ihren gewundenen Straßen, den runden Bögen und den vom schönen Geschlecht eingenommenen Bürgersteigen, mit ihren betörenden Gerüchen und Blumenarrangements. Laure bemerkt den katzenartigen Gang der Passantinnen und ihre fließenden Bewegungen. Das ganze Leben scheint sich um die Geschäfte zu drehen: je breiter die Schaufenster, desto stärker der Andrang. Vor den großen Kaufhäusern muss der Wagen seine Fahrt verlangsamen, weil alles voller Menschen ist: Als Prozession von heiratsfähigen und alten, zweifelhaften und bürgerlichen Damen flanieren sie dicht an dicht vorüber, in weich fließender Choreografie, ohne je aneinanderzustoßen.

Nachdem der Kutscher Laure vor der Pension abgesetzt hat, erscheint ihm die Stadt schon weniger suspekt: Hinter der Ausgelassenheit in ihren Parks und der Frivolität unter den Kolonnaden herrscht eine bestimmte Ordnung, die nichts zu tun hat mit der des Kohlereviers, eine weibliche Ordnung, belanglos, elegant, verschlossen. Er fragt sich, ob er sich in den Straßen hier besser zurechtfinden wird als in den Tunneln der *Kô*.

Er läutet an der Tür der Lughs und wird von der Dame des Hauses empfangen, die ihre Stirn mit den feinen Augenbrauen hoch erhoben hält. Er reicht ihr den Brief von Doktor Do und langt in seine Tasche, um ihr auch das Schreiben der Nonnen vorzulegen, die sein gutes Benehmen bestätigen, da wird ihm klar, dass die Kinder am Bahnhof ihn um seinen Kamm und sein Taschentuch erleichtert haben. Mit einem Schlag verschwindet seine Heiterkeit. In seinen Wangen pulsiert das Blut und er spürt, wie ihm die Röte ins Gesicht steigt. Er hat keine Nachsicht für die eigene Naivität. Sein Atem geht schnell und heftig vor Wut über sich selbst und die Diebe. Madame Lugh ist wegen der Eigenheiten ihres Gastes vorgewarnt worden, so beobachtet sie ihn interessiert, aber nicht überrascht. Sie verharrt in der Türöffnung und winkt ihn schließlich herein.

»Ist alles in Ordnung, mein Junge?«, fragt sie. Laure fehlen die Worte, er stammelt etwas von einem Missgeschick, aber schon lacht seine Vermieterin und sagt, dass das nichts macht, dass sie ihm das Nötigste kaufen werde und ihm die Rechnung hinterlege. Er weiß nicht, was er antworten soll, sondern denkt stattdessen an die abgezählten Münzen in seinem Koffer; schon im Voraus spürt er die Demütigung, die grauen Pfennige zusammenzuzählen und nicht genug zu haben, also ist er still und folgt der Frau mit schweißnasser Stirn und heißen Augenlidern einen dunklen Korridor entlang.

Sie kommen durch den Salon, in dem drei kleine Mädchen in pflaumenfarbenen Schürzenkleidchen ihren Puppen Röcke überziehen, die genauso aussehen wie ihre eigenen. Die Puppen haben ihrerseits winzige Puppen, die die Kleinen in Kinderwagen legen, die nicht größer sind als Streichholzschachteln. Madame Lugh ist weitergegangen in einen schmalen Flur, ihr Kopf erscheint wieder im Durchgang, während Laure sich bemüht, das Zimmer zu durchqueren, ohne auf die Miniaturrequisiten zu treten, die überall am Boden verstreut liegen. Sie lächelt und bietet ihm Tee an: Die Älteste habe Butterkekse gemacht, sagt sie.

Und schon, ohne genau mitbekommen zu haben, wie er dorthin geraten ist, sitzt Laure mit einer Tasse Tee in Händen Mutter und Tochter gegenüber. Er hebt das Getränk an die Lippen und muss eine Grimasse unterdrücken. Es schmeckt ganz und gar nicht wie der Zedernholztee, den er gewohnt ist. Er fragt sich, ob es höflich wäre, Zucker oder Milch daran zu tun, oder ob es den Frauen vorbehalten ist, sich ihr Getränk zu versüßen. Vor Müdigkeit fällt er fast um, er ist ausgehungert und hält sich nur mit Mühe davon ab, ein sechstes und siebtes Stück Teegebäck zu essen. Er hat keine Ahnung, wie er da herauskommen soll, er stinkt nach dem Inneren des Waggons, nach Schweiß und Staub, und schafft es nicht, den Augenblick abzupassen, in dem er sich entschuldigen und gehen könnte; er wartet zu lang, das Gespräch füllt sich mit Pausen, unterbrochen nur von den Streitereien der kleineren Mädchen. Schließlich gibt er vor, dringend an seinen Vater schreiben zu müssen – einen Brief, den Joseph wohl kaum würde lesen können –, bedankt sich überschwänglich bei der Gastgeberin und ihrer Tochter, steigt die Mahagonitreppe hinauf, und schließt die Tür hinter seiner anstrengenden Reise.

—

Das Appartement ist winzig klein, aber elegant, mit einer dunkelblau gestrichenen Vertäfelung. Stuck, Fensterrahmen und Boden sind aus polierten Hölzern, und vor dem Fenster, das sich zum Innenhof hin öffnet, hängen schwere Vorhänge. Das Bett ist gegen die Wand geschoben, Kopfkissen und Oberbett scheinen gut gepolstert. Sobald er sein Gepäck darauf abgestellt hat und von der anderen Seite der Zwischenwand die Absätze von Madame Lugh leiser werden hört, entspannt sich Laure. Sein Herz beruhigt sich, für einen Moment denkt er an gar nichts. Er weiß nicht, woher dieses Gefühl des Friedens rührt; er betrachtet die Möbel und findet sie sauber, noch nie zuvor hat er so viele luxuriöse Dinge an einem einzigen Ort gesehen. Er mag den Anblick der Feuerstelle, des Bücherregals, des Teppichs und den der Tischlampe, doch das erklärt nicht seine Ausgeglichenheit. Er setzt sich in den Sessel, schließt die Augen und döst ein. Es ist dieser Moment, da er wieder erwacht, mit dem Abdruck des kurzgeschnittenen Samtflors auf der Wange, als er schließlich versteht.

Hier ist nichts.

Kein Ton.

Weder Explosionen noch Keilhauen, weder Schreie noch Züge, die über die Schienen kreischen, keine Menschen, die sich gegenseitig beleidigen oder betrunkene Männer, die sich um eine Kohlsuppe drängen, kein Weinen, kein Signalhorn, kein Pfeifen, kein dreckiges Lachen und keine Fahrstuhlriemen.

Nichts.

Dieses Nichts ist das schönste Geräusch, das Laure je gehört hat.

Als er drei Jahre später wieder in den Waggon des *Sort Tog* steigt, weiß Laure, dass er den einzigen Ort seines Lebens hinter sich lässt, der still ist. Er betritt den Zug mit dem Gefühl, in einen vereisten See zu tauchen, so trübe ist hier das Licht, so feucht die Luft. Noch einen Augenblick zuvor badete er in der strahlenden Helligkeit der Cité, er bewunderte die Lichtreflexe des Glasdachs auf dem zarten Kleid einer Frau; und jetzt, nur eine Sekunde später, wird er zurückgezogen ins Verderben seiner Kindertage. Die Wirkung ergreift ihn so sehr, dass er sich zum Trittbrett zurückdreht, seinen Kopf und den ganzen Oberkörper aus dem Abteil hinauslehnt, um sich zu vergewissern, dass der Bahnhof auf der anderen Seite der staubschwarzen Fenster noch da ist, mit seinen breiten Marmortreppen, seinen Bäumen im Innenbereich und seinen Mosaiken, die sich zu merkwürdigen Figuren fügen: eine schlangenhaarige Amazone, ein Halbgott, der Löwen zähmt. Nichts hat sich verändert. Auf dem Bahnsteig Nummer acht treffen zwei Welten aufeinander: die eine, in der Laure sich wie ein Hochstapler vorkommt, und die andere, die seiner Jugend, die nicht mehr zu ihm passt.

Aus Angst, von einem ehemaligen Studienkameraden wiedererkannt zu werden, zieht er seinen Kragen bis über die Nase und geht wieder hinein. Der Geruch ist noch derselbe, das Mobiliar ebenfalls, und die grünen Gardinen sind nach wie vor über die Fenster gespannt, um den Schmutz zu verbergen. Allerdings ist der Wagen offenbar baufälliger geworden: Es scheint ihm unbegreiflich, wie dieser schmale, schäbige Waggon jemals das Gefühl von Größe in ihm hervorrufen konnte, von Erregung oder gar Furcht vor dem Unbekannten.

Er geht den Gang hinauf, wobei er nur durch den Mund atmet. Zwei Familien haben sich bereits die vorderen Bänke reserviert. Nachwuchs, Plunder und Bündel stapeln sich rund um die ängstlichen Erwachsenen, die angesichts des Komforts im Zug voller Entzücken sind. Die Mütter haben sich bemüht, die für die Reise notwendige Wegzehrung aufzubringen: auf den Knien der Kinder stinken Proviantkörbe nach frittiertem Teig, Käse und getrocknetem Fleisch. Laure setzt sich nach ganz hinten und hofft, dass es nicht zu viele Rekruten der *Kohle Co.* werden. Immer noch schnürt ihm der Geruch die Kehle zu, er gewöhnt sich einfach nicht daran. Er öffnet das Fenster und hält seine Nase so dicht wie möglich an den Spalt, ohne dabei die Schmutzflecke zu berühren, die das Glas trüben. Die Septemberluft streift sein Gesicht, er zählt die Leute, die geduldig vor dem kleinen Tisch warten und voller Optimismus den Vertrag der Minengesellschaft unterschreiben.

Der Waggon wird wohl nicht ganz voll.

Laure stößt einen langgezogenen Seufzer aus.

Er hält seine Ledertasche gegen den Bauch gepresst, wobei er Acht gibt, ihren Inhalt nicht zu zerknittern: dieses blassgraue Diplom, auf dem sein Amtsarzt-Titel verbürgt ist, verziert mit dem purpurnen Siegel der Fakultät. Es wurde ihm im Rahmen einer Zeremonie verliehen, bei der er ständig fürchtete, einen Fauxpas zu begehen und erkennen zu lassen, dass er nicht hierhergehörte. Nun, da dieses Ereignis hinter ihm liegt, versucht er, ihm ein stolzes Andenken abzugewinnen, er moduliert seine Erinnerung und vergoldet die Konturen, indem er die Ängste des Deplatzierten, des Arbeiterkindes, ausradiert, und nichts als das weiche Hermelin übrigbehält, das seinen Hals streifte, die karminroten Roben der Medizinstudenten, den Dudelsack, die Rede des Dekans und den Schaumwein, die Canapés und die Metallbecher. Das Grinsen von Professor Delorme kann er nicht ganz vergessen, der, als er ihm das Diplom aushändigte, leise murmelte: »Der Schneemann und sein Kohlepatent.«

Es ist wahr, er hat ohne Auszeichnung und ohne das Lob der Fakultät bestanden. Wahr ist auch, dass man ihm klar signalisiert hat, er könne zum Doktorat nicht zugelassen werden. Man hat ihn hundertmal spüren lassen, dass man ihn nur behielt, weil die *Kohle Co.* für die Ausbildung des Schwachkopfs aus Brón teuer bezahlte. Als Laure daran zurückdenkt, beginnen seine Wangen zu glühen, seine Kehle schnürt sich zu und er versteift sich, rasch blickt er sich um und beschließt, dass er in seiner neuen Funktion mit Autorität auftreten muss. Während er beobachtet, wie die Leute ihre Plätze einnehmen, verteidigt er sich selbst: Wie hätte er denn auch die Noten der anderen Schüler erreichen sollen? Diese anderen, die mit Milch und Karamell gepäppelt wurden, mit exotischen Früchten und Wild, das in riesigen Jagdparks geschossen wird, die anderen, die keine Ahnung haben, was ein leerer Magen ist, die nie etwas entbehren mussten, weder als Kinder noch in der Studienzeit. Laure erinnert sich an das ein oder andere Mal, als die Internatsschüler von einem längeren Aufenthalt auf dem Land zurückkamen, ihre Arme voller Lebensmittel, die sie dann im Zimmer lagerten, mit Geschenken für die Hauswirte, die ihnen aus lauter Dankbarkeit zum Frühstück die doppelte Portion Pfannkuchen und Eier servierten.

Für seine große Rückkehr hat er einen Dreiteiler aus Lammflanell und einen Mantel mit Sturmklappe übergezogen, den er einem Großhändler abgekauft hat, der seinen Vorjahresbestand zu Schleuderpreisen verramschte. Seinen weißen Bart hat er kurz gestutzt und das Haar in der Art eines jungen Bourgeois seiner Klasse nach hinten gekämmt. Niemals hätte er während seines Studiums gewagt, sich so zu zeigen, aus Angst, es falsch anzugehen, lächerlich gemacht oder in die Schranken gewiesen zu werden. Er war bei seiner geflickten Wäsche und dem struppigen Barthaar geblieben, ohne Rücksicht auf sich selbst, als könne diese Nachlässigkeit seinen Pigmentmangel überspielen. Natürlich gewann er auf diese Weise bei seinen Kommilitonen keine Wertschätzung, doch ging er so den schmerzhaftesten Kränkungen aus dem Weg, solchen wie »Laborratte«, »Sezierobjekt« oder »Jahrmarktskadaver«. Bei der *Kohle Co.* wird er ein anderer sein, dort ist er besser, und vor allem einzigartig; sein Weiß – als Exempel für das Genetik-Seminar herangezogen und Quell ununterbrochener Spötteleien – wird wieder zum Zeichen eines Schicksals, das größer ist als das der Bergarbeiter. Er will, dass sich dies in seinem Aussehen widerspielgelt, in seinem Gesicht und seiner Art, den Kopf zu halten, das Kinn leicht angehoben, die Brauen zum Zentrum seines Ehrgeizes hin zusammengezogen.

Die Familien, die in den Zug einsteigen, starren Laure an und lassen um ihn herum einige Plätze frei. Er fühlt eine Mischung aus Erleichterung und Scham, weiß nicht, welche Haltung er einnehmen soll und zerknautscht den Hut zwischen seinen Fingern, unfähig zu entscheiden, ob er sich den Fahrgästen vorstellen und dabei seine Position unterstreichen soll: »Guten Tag, ich bin diplomierter Arzt«, oder ob er lieber einen günstigeren Augenblick abwartet. Er dreht sich zu einem Herrn um, der in der Nähe sitzt und mit zwei großen, mageren Jungen reist. Er fragt: »Ist dies Ihr erstes Mal in diesem Zug?«, doch der Mann schaut ihn an, als spräche er eine andere Sprache, runzelt die Stirn und fragt: »Was?«, und Laure versucht es noch einmal: »Haben Sie den *Sort Tog* schon einmal genommen?« Der andere versteht kein Wort, aber seine zwei Söhne prusten los und Laure hört, wie deplatziert er klingt in diesem Arbeiterwagen. Er weiß nicht, wie er sonst reden soll, also hält er den Mund.

Die Lokomotive setzt sich in Bewegung und er wagt nicht, sich nach dem schönen, marmornen Bahnhof umzublicken, der hinter ihm verschwindet. Ohne Freude kehrt er zur Mine zurück – das hätte er auch nicht erwartet –, jedoch auch ohne das geringste Gefühl von Vertrautheit. Gefangengenommen von der draußen vorbeiziehenden Landschaft flüstert er: »Ich bin nirgends zu Hause«. Seine eigene Verzweiflung rührt ihn. Im Unterschied zu den anderen seiner Klasse, die etwa wegen eines schönen Mädchens oder ihres unnachgiebigen Vaters Trübsal blasen, kennt er weder Sorgen um sein Herz noch solche aufgrund seiner Berufung: Selbst, wenn er vor den großen Geschäften oder auf den Kirchenvorplätzen gerne Frauen bewunderte, entfachten diese bestimmt kein Feuer in ihm, weil er doch stets viel zu viel nachzuarbeiten hatte, um einigermaßen mit dem Tempo seiner Kommilitonen mitzuhalten. Und an seinem Beruf zu zweifeln, wäre ihm niemals in den Sinn gekommen: Wie auch? Entkommt er doch, indem er Arzt geworden ist, einem Schicksal als Bergarbeiter. Er gehört dieser Kaste nicht an, die auf einen Schlag zur Rechtsprechung, zur Medizin und ins Ministerium zugelassen wird – und dann ihr Herz an die Poesie verliert.

Auf dem Weg zurück nach Brón hält der Zug nirgendwo an. Es gibt keine Kohle auszuliefern, nur eine Ladung Arbeitstiere, die in den schwarzen Bauch getrieben werden sollen, und so lässt der Schaffner nur seine Pfeife tönen, wenn er Orte durchquert, ohne aber die Fahrt zu verlangsamen. Sind die weitgestreckten Vororte einmal überwunden, rast der Zug mit voller Geschwindigkeit durch Ebenen, die zur Hälfte unter einem regnerischen Nebel verschwunden sind. Laure bekommt keine Gelegenheit, die Dorfhäuser anzusehen, die ihn vormals so bewegt haben. Während er an ihnen vorüberfährt, liegen sie vernebelt da und erinnern ihn an die Puppenhäuschen der Lughs; es scheint, als wären die Wiesen mit Spielzeugbauernhöfen übersät.

Und dann fällt ihm wieder dieses Spielbrett ein, an dem sich die Töchter seiner Vermieter ununterbrochen gezankt haben. Er überträgt die Spielfelder in seine eigene Welt und stellt sich eine Stufenleiter vor, die aus den Tiefen der *Kohle Co.* bis an die prestigeträchtige Fakultät der Medizin reicht. Er fragt sich, auf welchem Feld seine Spielfigur steht. Am Rande des Lochs? Drinnen? Und wo werden seine Kinder stehen? Wird er überhaupt welche haben? Hat Doktor Do Nachkommen? Wo stehen die? Hat sich Joseph umsonst abgemüht? Im Grunde hätte er zweifellos auch ohne die Geburt eines weißen Sohnes wohl kein so anderes Leben geführt, höchstens ein noch sinnloseres. Hätte er aber womöglich mehr davon gehabt? Was wird er sagen, wenn er sieht, dass sein Sohn zur Mine zurückgekehrt ist? Hat Doktor Do ihn vorgewarnt? Hat er ihm auseinandergesetzt, dass die so mühsam angesammelten grauen Münzen außerhalb von Brón fast nichts wert sind?

Die Fahrgäste werden allmählich unruhig, es ist eine lange Fahrt und seit Stunden weint ein kleines Kind, es schreit sich die Seele aus dem Leib und hört nur auf, um Schleim auszuspucken, pfeifend wieder einzuatmen und sein unerträgliches Schluchzen fortzusetzen. Laure denkt an seinen Vater. Was wäre wohl schlimmer? Dass dieser ihn nicht wiedererkennt oder dass er ihn gleich auf den ersten Blick wiedererkennt, als hätte seine Zeit in der Cité nichts verändert? Er hört nicht, als jemand sagt:

»*Tá an leanbh seo gorm!*« Er reagiert auch nicht, als derselbe Mann am Ärmel einer Frau zerrt und wiederholt: »Ihr Baby! Ihr Baby ist blau!« Erst als die Leute aufstehen und sich im Kreis um das Kind herum drängen und alle ihre Gespräche unterbrechen, erst da reißt die Stille Laure aus seinen Gedanken.

Plötzlich überschlägt sich alles. Eine innere Stimme befiehlt ihm, Augen und Ohren aufzusperren und sich seiner Sinne zu bedienen, um die Situation zu analysieren, sein ganzer Körper verkrampft sich beim Gedanken an Professor Rondeau und dessen Diagnose-Seminar. Die zahllosen Demütigungen lassen ihn wie gefesselt in seinem Platz sitzenbleiben. Nicht enden wollendes Lachen von Studenten klingt ihm in den Ohren und er hört den nasalen Tonfall des Professors: »Monsieur Hekiel, Ihre Einschätzung?« Endlich findet er die Kraft, sich zu erheben, er horcht auf den Atem des Babys, auf seinen Husten, der wie Hundegebell klingt, hört, dass es keucht wie ein alter Mann. Ihm kommen Dutzende Krankheiten in den Sinn, deren Namen sich verheddern und überlagern. Das Kind weint nicht mehr, es röchelt. Laure wickelt sich den Schal um die Nase und zieht seine Reisehandschuhe an. Er tritt näher und murmelt einige undeutliche Anweisungen. Die Leute bewegen sich nicht, also spricht er lauter, schickt sie alle zurück auf ihre Plätze. Er öffnet seinen schönen neuen Arztkoffer und seine Hände zittern. Wenn er die Fläschchen betrachtet, kommt ihm vielleicht eine Idee. Er greift wahllos eines heraus – »*Lassen Sie die Patienten niemals sehen, dass Sie keine Ahnung haben, was Sie tun*« –, verabreicht die Arznei, ohne sie zu dosieren, er träufelt die Flüssigkeit zwischen die Lippen des Kindes und wartet und wartet, bis der Junge sich schließlich krümmt und erbricht. Laure wippt mit dem Fuß – ist das gut oder schlecht? Er weiß es nicht –, doch bald atmet der Kleine besser, die Luft strömt in seinen Mund ein und aus wie durch ein winziges Röhrchen. Laure dreht sich zur Mutter um, mit gerunzelten Brauen, genau wie er es vor dem Spiegel geübt hat, aber dieses Mal, ohne etwas vorzugeben. Er sieht aus wie ein Arzt, weil er ein Arzt ist. Seine Worte formen sich von selbst, ohne dass er versteht, woher sie kommen, und er verkündet ihr:

»Es ist der Krupp.« Noch während er es sagt, überlegt er, woher er das weiß, und vor allem, wo in seiner Erinnerung all die anderen Informationen über diese Krankheit versteckt sind. Er hört sich die Fahrgäste anweisen, nicht in ihr Gesicht zu fassen, nicht mit den Fingern an den Mund zu kommen, und dann fällt ihm ein: Krupp ist ansteckend, Pseudokrupp ist es nicht. Doch wie er sie unterscheiden soll, ist ihm nicht klar. Er zieht wieder sein Halstuch über die Lippen und wendet sich dem Baby zu. Lungenerkrankungen erfordern häufig ein Ausschwitzen. Also versucht er sein Glück, obwohl er nicht viel zur Hand hat. Er wickelt den Kleinen in Mäntel, kann sich nicht dazu durchringen, seinen neuen dafür zu verwenden, da man ihn im Anschluss womöglich würde verbrennen müssen, doch das macht keinen Unterschied, denn es bieten so viele Freiwillige ihre eigenen Mäntel an, dass der Kleine im Nu unter dicken Schichten geflickter Wolle verschwindet. Laure jedoch zittert und versucht sich zu erinnern, was er sonst noch gelernt hat – Umschläge, Dampfinhalation mit Wollkraut, nichts davon hat er dabei. Er beruhigt die Eltern: »Bis Brón wird er durchhalten, dann übernimmt Doktor Do.« Die zweite Hälfte der Fahrt verläuft schweigend. Nicht ein Ton ist im Waggon zu hören, außer den Rädern auf den Metallschienen und dem Atem des Kindes, seinem Weinen und Husten und dem Schleim, der in seiner Kehle gurgelt, wenn er sich übergibt. Laure übersteht die Reise wie er auch sein Studium überstanden hat: durch Mutmaßungen, den Geschehnissen hinterherhinkend.

Als die Erschöpfung ihn für eine Sekunde übermannt, fällt er in einen unruhigen Schlaf, er träumt von verschiedenen Behandlungen, die er im Begriff ist durchzuführen, und wundert sich halb schlafend über seine Handgriffe; er verdoppelt sich, ist sowohl er selbst – der Junge, der in den Zug gestiegen ist – als auch dieser Mann dort, der in den Augen der anderen ein Arzt ist, Doktor Hekiel gar, denn Gesundheitsbeamter ist er ja eigentlich nur für sich selbst.

Endlich steigt der *Sort Tog* unter Pfeifen die hohe Küste von Cusoke hinauf. Laure hat die Sorgen wegen seines Vaters ganz vergessen, nun tauchen sie vage wieder auf, bleiben jedoch zweitrangig, denn etwas Dringenderes zwängt sich in seinen Verstand, eine klare Erinnerung an die bittere Demütigung einer Abfrage vor dem versammelten Seminar: »*Welches ist das wichtigste Symptom einer Diphterie, Monsieur Hekiel?*«, und Laure fühlt seine Zunge klebrig werden, fühlt den Schweiß ausbrechen an Armen, Rücken, selbst an den Schenkeln, und merkt, dass er, weißer als weiß, nicht in der Lage ist, zu antworten. »*Der Krupp, Monsieur Hekiel! Und der Krupp kündigt eine Seuche an!*« Er hört den Klassenchor anstimmen: »*Schwachkopf, Schwachkopf, Schwachkopf*« und richtet sich mit einem Ruck auf. »Der Krupp kündigt eine Seuche an.«

Der Zug wird langsamer. Draußen ist ein schöner Tag und die Lokomotive kommt vor den Güterhallen zum Stehen. Wie immer vernebeln die Ausdünstungen des Kohlereviers das Licht und der Himmel ist blassgrau, aber auf der anderen Seite des Qualms kann Laure deutlich die Sonnenscheibe ausmachen. Er geht nach vorn zur Spitze des Waggons. Schon sammeln die Familien ihr Zeug ein und machen sich bereit auszusteigen. Er richtet sich an sie mit einer Stimme, die er von sich noch nicht kannte, die aber von nun an die seine sein wird. Er weist sie an: »Setzen Sie sich und bleiben sie ruhig. Es wird nicht lang dauern«, und alle kehren zu ihren Sitzen zurück. Sie schauen ihn müde an, besorgt, genervt oder gar nicht; die Reise hat jedermann mitgenommen, wie auch die Stille, die den anderen Kindern seit Stunden im Hals kratzt …

»Lassen Sie mich den verantwortlichen Arzt konsultieren. Ich bin gleich wieder da.«

—

Am Bahnsteig geht Doktor Do auf und ab. Laure hat keine Zeit zu bemerken, dass nichts, aber auch gar nichts sich verändert hat während seiner Abwesenheit. Das Kohlerevier scheint in der Zeit steckengeblieben, als hätte es einfach nur auf seine Rückkehr gewartet. Als der Arzt seinen Nachfolger wiedererkennt, hellt sich sein Gesicht auf und er macht einige

Schritte nach vorn, um den Jungen in seine Arme zu ziehen, doch Laure weicht sofort zurück und hebt abwehrend die Hände: »Im Zug ist ein Fall von Krupp. Wir müssen in Quarantäne.«

Einen Moment lang fürchtet er, Doktor Do könne in Tränen ausbrechen, hier, wo die Leute aus den Fenstern des Waggons auf sie herunterblicken. Der Mann erbleicht und starrt Laure an: »I've been waiting for three years! Das ist wohl a bad joke, no?« In seinem guten Mantel steht Laure am Gleis und schlottert. Einige Schritte vom Doktor entfernt: drei hübsch saubere Überseekoffer und ein kleines Köfferchen, ein Proviantkorb, ein Reisebeutel. Do war darauf vorbereitet, die Fackel einfach so abzugeben, zwischen zwei Lokpfiffen. Erst schickt sich Laure zu einer Entschuldigung an, doch dann hält ihn der Mediziner in seinem Inneren, jener Mann, als der er sich in seinem Wachtraum gesehen hat, davon ab. Es ist schließlich nicht seine Schuld, dass ein krankes Baby in den Zug gestiegen ist. Und wenn er die Fahrgäste aussteigen ließe, sodass sie sich unter die anderen mischen würden und es zu Ansteckungen käme, dann wäre es an ihm, die Seuche wieder einzudämmen.

»Quarantäne ist unumgänglich. Mich eingeschlossen, versteht sich.«

»I am gone, I don't care. Do what you want, du bist doch jetzt der ›Doktor‹.«

Er wirft ihm einen Schlüsselbund zu und will ihm gerade einen Umschlag und einen kleinen schmalen Kasten reichen, da zögert er; es wäre ja dumm, mit Krupp in den Ruhestand einzutreten. Er legt die Dokumente auf den Boden und deutet mit dem Finger darauf. Dann gibt er dem Schaffner ein Zeichen und geht mit ihm Richtung Lokomotive. Ausgeschlossen, dass er sich in einem kontaminierten Waggon niederlässt. Die Zugbegleiter werden sich um sein Gepäck kümmern.

»Und mein Vater?«

»I told you, dass er dein Comeback nicht mehr sehen würde. He died vor acht Monaten vielleicht ... You can ask the Nonnen, sie können dir mehr sagen als ich.«

Laure bleibt am Bahnsteig stehen.

Einige Frachtarbeiter leeren die Waggons, in denen die Essensvorräte einer ganzen Woche für die Bergleute stecken, während andere im Inneren des Zugs Kohlesäcke stapeln. Im gleichen Maß, wie ein Güterwagen von Lebensmitteln geleert wird, füllt er sich mit Brennstoff. Eine perfekte, effiziente Choreografie.

Joseph ist tot.

Laure ist sich nicht sicher, ob er etwas empfindet.

Er weiß nicht, wie man eine Quarantäne organisiert.

Aus weiter Ferne ruft ihn jemand.

Er kehrt zum Wagen zurück. Das Baby ist blau angelaufen, aufgedunsen und starr. Hier gibt es nichts mehr zu tun.

Ich höre, wie meine Mütter nach mir rufen; ihre Wolfsschreie, Hündinnen, schmerzgeplagte Katzen.

Der Zorn knebelt mich in die Flechten.

Ich habe keine Lust, ihre Gesichter schon wiederzusehen.

Die großen Herden verwüsten mir Farne und Süßgräser zwischen den Beinen. Meine Zehen verwurzeln sich, obwohl ich vom Scheitel bis zur Sohle nichts anderes will als rennen, den Karibus als Bison dicht auf den Fersen folgen, gierig von der Feuchtigkeit ihrer Haut trinken, die schweißgesättigte Luft um die erschöpften Rudeltiere einsaugen. Ich stelle mir vor, eins von ihnen zu sein, eine gute Mitläuferin, weder Leittier noch Nachzügler, einfach austauschbarer Körper innerhalb der Ordnung des Verbands.

Doch mein Herdentrieb macht vor der Realität halt.

Ich bin übriggeblieben, ohne Verbindung zu den Exemplaren meiner Spezies.

Als Herrscherin regiere ich von meinem felsigen Thron herab, zerrissen zwischen der Zärtlichkeit meiner Bäume und der lebhaften Kraft des Wilds, das auf seiner Stirn den Wald trägt.

Ich ritualisiere.
Ich verbanne.
Ich rufe.
Ich weihe.
Ich opfere.

Seit langem kenne ich die Trankopfer der schwarzen Sonnenwende, ich weiß, wie man für die Reserven, die in meinen Baumstümpfen, meinen Vertiefungen und Gräben verborgen liegen, Danke sagt.

Das Wasser der Bäche mauert sich unter winterlicher Transparenz ein. Um zu trinken, muss ich Steine so groß wie Schädel finden oder meine Fäuste benutzen, dann Schwung holen und das Eis brechen. (Klamme Hände, Finger mit Frostbeulen, angeknackste Gelenke.)

Wenn ich das Blut betrachte, das frei herabrinnt und an den Handgelenken anhält, muss ich daran denken, wie meine Mütter sich gekümmert haben, an ihr sanftes Lied für kleine Wehwehchen: »*Minushiss, mein Harzkind, meine große Waldbärin.*«

Ich fühle ihre feuchten Küsse; warme Lippen auf meinen Tagesabenteuern.

Ich höre auf, meine Wunden zu lecken.

Ich zähle die Monde ihrer Abwesenheit.

Adler, die hoch steigen, fliegen weit.

Sie erzählen mir von einem Land der Kälte jenseits meines Nadelbaumreiches: Sermeq, Land des Wollgrases, der Weidenröschen, der Brombeeren, des Fettkrauts, ein Reich außerhalb meines Hoheitsgebiets, der Länge nach von schwarzem Wasser umsäumt, das das Eis schmelzen lässt.

Ich ziehe als Nomadin los: die Füße voll Schlamm, Schlick und aufgetautem Tundramoor, Füße, die die Felsen und Kiefernzapfen entlang der Wege zum Singen bringen. An der Stelle, wo keine Glocken mehr läuten, bleibe ich stehen und sammle mich: Die Entfernung hat sie zum Schweigen gebracht, die letzte Stimme meiner Mütter.

Ich laufe.

Wanderschaft indigener Sprachen; langsamer Anstieg.

Ich höre graue Wölfe, Hirsche, Raben, *Pashpashteu*, Feldhasen und *Tmakwa*, Schwarzbären, Polarwölfe, *Atik*, Eiderenten, Schneeeulen, Wühlmäuse, Bärenmader, Eisbären, *Ussuk* und *Aataaq*.

Ich treffe auf neue Idiome und verlerne die Sprache meines Geschlechts.

Ich verstehe die Art und Weise nicht, wie die Worte versiegen: ausgesiebt, nicht jedoch von meinen Lippen, die sie formen, sondern direkt in meinem Kopf, der sie immer weniger denkt, und in meinem Weibchenbauch, der sie nicht mehr in sich trägt.

Manchmal färben sich die Wildgräser vor Erschöpfung rostrot.

Ich beobachte die prachtvolle Entfesselung des Nordens; Sermeq entledigt sich seiner Fauna in großen Schwärmen von Stockenten und *Nishk*, von Krickenten, Sperlingen und Gänsen.

Ich spreche nur noch innerlich.

Äußerlich bin ich ganz Kälte, undurchdringlicher Schnee und donnernder Wind.

In Winterruhe – ein Zustand zwischen Traum und dumpfen Erdgeräuschen – erreichen meine erstarrten Zehen die Grenze des überwindbaren Raums.

Dann, aufgehalten einerseits von der Verflüssigung der Böden (Land der Robben, Narwale und riesigen Bartenwale) und andererseits von einer Wand aus Eis (jenseits davon das Land des Nichts), stehe ich dort, wo beides zusammenfließt: das Nass und der Winter, und bin ein unbeweglicher Baum, vor beides hingestellt.

Als ich umkehre, von einem Nebel verschluckt, von dem ich nicht weiß, ob er aus meinem Kopf kommt oder von der großen Kälte, bin ich zwar nicht am Ende meiner Kräfte, aber am Ende meiner Sehnsucht.

Meine Schritte dröseln ihren Weg ganz allein auf.

Ich bin neunzehn Jahre alt.

Während meiner Abwesenheit sind einige getreue Kiefern auf die stille Seite des Waldes gewechselt: Von ihnen bleiben nichts als Skelette, graue Gespenster auf dem grünen Grund der Lebenden.

Und meine Mütter, haben sie ihre Körper hiergelassen? Ich erblicke die steinernen Mauern und die silbrige Spitze des Glockenturms. Ich bleibe fest auf meinem Stein sitzen: Füße, Beine, der lange Torso eines Tieres, weit ausgedehnt, vom Ende der Welt bis hier her.

Ich bin ausgewachsen.

Ich kehre nicht in die Frauenhöhle zurück.

Was könnte ich ihnen noch sagen, das sie nicht schon längst verstanden hätten?

In meiner Verwilderung betäubt mich die Stille meines Mundes. Ich habe allen Sprachen von Ina Maka zugehört außer meiner eigenen. Wenn ich Lieder erfinde, die mich an die Hymnen und Opfergesänge meiner Mütter erinnern, wird meine Stimme heiser: Ich habe nichts mehr in der Kehle außer Krähenharmonien.

Die Monde nehmen zu und wieder ab, der Schlamm bildet eine Kruste auf meinen Armen, Harz verklebt die Haut und meine Hülle wird zur Nadelbaumrinde; meine Haare wachsen wie Bartflechten, die von toten Ästen wuchern.

Ich weiß nicht mehr, ob ich eine menschliche Frau bin oder ein bewohnter Baum.

Laure führt einen Flaschenkalender: Montag Gin, Dienstag Whisky, Mittwoch Obstler, Donnerstag Sherry, Freitag Scotch, Samstag Weinbrand, Sonntag blauer Absinth. Er trinkt nicht wie die Säufer aus der Mine – die Kohle gegen Alkohol tauschen und jeden Tag an Dynamit oder falschen Bewegungen sterben –, aber nach einem harten Arbeitstag mag er es, sich in seinen Stuhl zurückzulehnen und von den Schnäpsen zu trinken, die ihn an die Tanzlokale der Cité erinnern. Beim Aufstehen genügt es ihm, sich zu erinnern, welche der Flaschen ihn am Vorabend abgeschaltet hat, um den Wochentag abzuleiten. Und indem er durch das Fenster beobachtet, wie lange die Sonne scheint und wie hoch der Schnee liegt, macht er sich eine halbwegs klare Vorstellung von der Jahreszeit. Wie sonst sollte er das Verstreichen der Zeit, der ununterbrochen sich wiederholenden Stunden messen? Jetzt sind es zehn Jahre, dass ein Patient nach dem anderen kommt, ohne dass er sich auch nur an einen von ihnen noch erinnert, sobald der Abend anbricht. Einmal die Aufzugtür durchschritten, entfallen ihm ihre Namen und ihr Alter, er weiß nichts mehr von ihrem Leiden oder von den Verletzungen, die er im Lauf des Tages behandelt hat.

Er sitzt in einem Schaukelstuhl, dessen Kufen er abgesägt hat – die Schaukelbewegung harmoniert auf ungute Weise mit der Wirkung der Spirituosen – und streicht seinen Bart mit einem Holzkamm glatt, den die Schwestern von Sainte-Sainte-Anne von den Gebeinen seines Vaters am Gemeinschaftsgrab geborgen haben. Manchmal stellt er sich vor, seine Mutter hätte die Mondglyphen, die den Griff zieren, selbst eingeschnitzt. Das Gestirn darauf wächst zu seiner vollen Größe an und nimmt dann viermal ab. Irgendwann hat man ihm erzählt, dass junge Frauen das Motiv benutzen, um ihre Schwangerschaftsmonate zu zählen. Laure betrachtet die Gravur: Neun scharf gezogene Kreise. Er trinkt. Er denkt an all die jungen Mädchen, die er entbindet, und knüpft wieder an Brielles Abwesenheit an, er lässt den Kamm durch seinen Bart gleiten und stellt sich diese Mutter vor, die damit früher womöglich durch den Bart seines Vaters strich, schwanger mit einem vollkommen weißen Sohn. Er fegt den Gedanken mit der Hand beiseite, kommt sich lächerlich vor, sich über die eigene Vergangenheit zu erregen. Er trinkt. Warum hat Joseph einen Wertgegenstand wie diesen Kamm behalten, er, der all sein Hab und Gut gegen das Kleingeld anderer Leute eintauschte? Laure glättet sein Barthaar und der Abend verstreicht.

Er trinkt von einem Becher aus Kunstkristall, den ihm eine Frau geschenkt hat, obwohl es ihm unmittelbar zuvor nicht gelungen war, ihre Tochter während einer Jugendgeburt zu retten. Er konnte das Baby herausziehen und das pausbäckige Kind seiner Großmutter in die Arme legen, aber die starke Blutung des Mädchens konnte er nicht stillen. Die Frau wiederholte so oft »Danke«, dass er es nicht mehr aushielt; er war im Begriff zu gehen, als sie aus ihrer Küche mit diesem Glas zurückkam – einziges Überbleibsel aus dem Grauen Viertel, wertvollster Gegenstand im Haus – und es ihm reichte. »Unseren allerverbindlichsten Dank.« Laure nahm das Geschenk an sich, ohne zu wissen, was er antworten sollte, ohne zu verstehen, warum die Alte mit solcher Beharrlichkeit auf das Scheitern seines Eingriffs hinweisen musste. Jeden Abend färbt der Alkohol den Kunstbecher neu und Laure wäscht die angetrockneten Überreste, die den Boden verdunkeln, nie aus. Eines Tages würde man durch das falsche Kristall nichts mehr erkennen können, das Behältnis wäre vollständig mit zuckrigem Teer ausgefüllt. Die Gläser aus echtem Baccarat – die ihm einer der Direktoren der *Ko.* aus der Cité mitgebracht hat, nachdem er sehr rasch eine Pockenepidemie eindämmen konnte, die die Produktivität der Mine bedrohte – setzen währenddessen auf der Fensterbank Staub an. Laure bringt es nicht fertig, sich darin einzuschenken, er trinkt aus dem Kunstkristall, »um nicht zu vergessen«: So erklärt er es den Schwestern von Sainte-Sainte-Anne, als er sie besucht.

Seit er aus der Cité zurückgekommen ist, nutzt er jeden Monat seine zwei freien Nachmittage samstags nach den Beerdigungen, um dem Konvent Besuche abzustatten. Dort geht er mit den Botanikernonnen Heilpflanzen sammeln und lässt sich im ruhigen Gesang ihrer Messen treiben.

Während der letzten zehn Jahre haben die Schwestern ihn mehrmals aus Krisen gerettet, die er allein kaum hätte bewältigen können. Sie waren es, die an diesem ersten Tag am Bahnsteig, als er den ganzen Zug unter Quarantäne stellen musste, einen Lagerschuppen freiräumten und ihn so herrichteten, dass die Kälte darin weniger beißend war, ein fast schon angenehmer Ort. Er sieht sich noch, wie er, der ärztliche Novize, in der Nähe des *Sort Tog* umherirrte, ohne zu wissen, wie er den gesamten Waggon unter Verschluss halten sollte. An diesem Tag nahm er, nachdem er Schwester Nigel die Situation erklärt hatte, die Dokumente und die Schatulle an sich, die der geschiedene Doktor ihm auf den Bahnsteig gelegt hatte. Selbst jetzt, zehn Jahre später, erinnert er sich gut an den kleinen Funken Hoffnung, der beim Öffnen der Schachtel in ihm aufstob, und an seine Niedergeschlagenheit, als er darin die Pistole mit dem schwarzen Lauf und dem polierten Walnussholzgriff entdeckte. Im Rückblick muss er darüber lachen, wie hastig er den Kasten wieder verschloss, als könne schon der Anblick des Revolvers ihn kontaminieren. Ihm fallen wieder Doktor Dos genaue Worte in diesem kaum leserlichen Brief ein, der bei der Waffe lag: »*Vergiss den Eid des Hippokrates, act like a good man and stop the pain, wenn man dich bittet. Medikamente sind zu expensive für die Ko. Du wirst nie die haben, that you need. Shoot between the eyes and make sure, dass du immer eine Schachtel mit Patronen dabeihast, in back up.*«

Die Anwesenheit der Nonnen im Wirrwarr der Quarantäne war eine Erleichterung gewesen. Ihre Schleier verliehen ihnen eine Autorität, die er selbst erst viel später erlangte. Außer dem Kind war damals niemand anderes mehr der potenziellen Epidemie zum Opfer gefallen, und je größer die Gereiztheit gegenüber dem neuen Arzt wurde – der die Eingesperrten daran hinderte, den Lohn einzunehmen, für den sie alles aufgegeben hatten –, desto mehr bemühten sich die Nonnen, mit allen Mitteln neue Beschäftigungen zu finden, um die Zeit vorübergehen zu lassen. Hier brachten sie Stoffreste zum Nähen eines Quilts, »der Ihr neues Haus freundlicher wirken lässt!«, dort boten sie Kreidestifte an, damit die Kinder an die Wände malen konnten, oder sie schoben allen, wenn wirklich gar nichts mehr half, Alkohol und Karten zu. Ihre natürliche Art, für das Gemeinwohl zu sorgen, ohne Rücksicht auf kirchliche Regeln, verschaffte Laure einen ersten Einblick in das biegsame Verhältnis der Nonnen von Sainte-Sainte-Anne zur Religion. Er begriff mit der Zeit die besondere Beschaffenheit ihres Glaubens, der sich weder nach einem Dreifachen Gott richtete – Vater, Sohn, Heiliger Geist – noch nach dem Glauben der Olbaks, sondern der einfach auf Frieden aus war, weitab von den Männern.

Weil er sie deshalb weder verurteilt noch verrät, empfangen sie ihn sehr hübsch, mit Briochebrot und Marmeladen auf dem Tisch, einer Flasche Honigwein aus ihrem Bienenstock und Käse von ihren Ziegen. Er kümmert sich um die kleinen Sorgen der alternden Damen und untersucht diejenigen, die aus der Stadt kommen und sich der Gemeinschaft anschließen. Sie sind jung und oft trägt ihr Fleisch noch die Spuren des Missbrauchs, der sie in die Flucht getrieben hat. Für die bestmögliche Nachsorge informiert er die eine oder andere der Ältesten über die Misshandlungen, die die Postulantin erlitten hat, dann trinkt er einen letzten Schluck Met und macht sich wieder auf den Weg nach Brón.

—

Als Schwester Blanche sich im hohen Alter bei schwacher Gesundheit in ihr Bett niederlegt, geschwächt, doch frei von Traurigkeit oder Wut, einzig mit der Bitte um ein offenes Fenster zum Garten hin, nimmt Laure ihren Zustand zum Vorwand, um häufiger den Weg zwischen Bergwerk und Konvent auf sich zu nehmen. Er marschiert schnell und geräuschvoll, ohne sich im Wald jemals ganz wohlzufühlen, pausenlos von dem Gefühl heimgesucht, beobachtet zu werden. Er scheucht Eichhörnchen und Sperlinge auf, springt auch schon einmal vor einem Rebhuhn zurück und blickt sich fortwährend nach anderen Tieren um, die ihn sonst noch überraschen könnten. Im Refektorium angekommen, zupft er an seinem Hemd, damit es nicht zu sehr am Körper klebt, und es ist Schwester Blanche, die, als er ins

Zimmer kommt und sich neben sie setzt, seine Stimmung eruiert: »Wieder der Geist der Taiga? Hast du schon mal daran gedacht, ihn nach seinem Namen zu fragen, mein Junge?« Laure muss lächeln, räuspert sich und schlägt die Augen nieder. Die Alte tätschelt seine Hand und ergeht sich dann in der minutiösen Beschreibung der Pflanzen, die draußen wachsen, einer Biene, die Nektar sammelt, eines Maulwurfs oder Murmeltiers, das, zum großen Leidwesen der Gärtnerinnen, alles zerwühlt.

—

Als er eines Abends in der Dämmerung nach Hause läuft, pfeift er laut und hält die Wegränder fest im Blick auf der Suche nach einem Tier, das ihn erschrecken könnte. Die Sonne geht sehr spät unter, der Sommer ist lau, die Luft ohne Feuchtigkeit. Es ist die Stunde der Mücken, die in Wolken über den Weidegräsern aufsteigen. Manchmal trifft er genau in Gesichtshöhe auf einen Schwarm, dann schließt er die Lippen und hört auf zu atmen in der Hoffnung, dass keine Stechmücke ihn bei seiner Durchquerung angreift. Ansonsten ist der Abend ruhig. Der Wind verjagt die Bartmücken, Kriebelmücken haben keine Saison mehr. Laure geht mit flauem Gefühl im Magen Richtung Brón. Er würde gerne das Zittern erklären können, das ihn zwischen den Bäumen überkommt, und dieses Lampenfieber, das ihn außer Gefecht setzt, wie während der öffentlichen Behandlungen an der Fakultät. Aber er ist sich der völligen Lachhaftigkeit seiner Furcht bewusst und strengt sich genauso sehr an, sie zu unterdrücken, wie er versucht, sie zu verstehen.

Ein an Bohnenpflanzen sattgefressener Hase hüpft träge quer über den Weg. Laure hat ihn kommen gesehen und beglückwünscht sich zu seinem scharfen Blick. Einige Zeit amüsiert er sich über die Sprünge des Hasen und bewundert sein hellbraunes Fell, fühlt sich an den Mantelkragen einer Frau erinnert, Danaé, mit der er während seiner Zeit in der Cité verkehrte. Und wie er gerade an die langen, durchscheinenden Strümpfe denkt, die ihre Beine umschlossen, da reißt ihn ein furchtbares Krachen aus seinen Träumen, das Splittern brechender Äste und schließlich das dumpfe Geräusch eines schweren Körpers, der auf dem Boden aufschlägt. Laure springt hoch, vermutet einen Bären, einen Luchs oder gleich einen Puma, der sich ungeschickterweise selbst verraten hat.

Instinktiv bereitet er sich darauf vor, abzuhauen, ohne zu wissen, zu welcher Seite hin er losstürzen soll – zum Konvent? in die Stadt?; seine Gedanken überschlagen sich, während er versucht, sich die Überlebenschancen der einen oder anderen Richtung auszurechnen. Einen kurzen Moment wundert er sich darüber, wie immer der Instinkt die Oberhand gewinnt, doch da erzittern die Himbeersträucher und Farnkräuter am Ort des großen Krachs, und er weiß immer noch nicht, wohin er fliehen soll.

Er steht wie angewurzelt am Rand der Sträucher, die eine scharfe Grenze zwischen dem Weg und der schwarzen Masse des Waldes ziehen. Er hält seine beiden Arme seitlich am Bauch, bereit sich zu verteidigen oder aber zu flüchten, je nach Körperkraft der Bestie.

Ich dummes Tier, leichtsinnig wie ein Eichhörnchenjunges, das aus seinem hohen Nest purzelt: Atemlos liege ich auf dem Rücken, unfähig mich auch nur zu bewegen, geschweige denn hinter meiner Flechtentarnung zu verschwinden.

Ich ärgere mich über die Äste, deren Stärke schon Luftsprünge und schlimmere Arabesken ausgehalten haben, und ich bin wütend auf meine Mütter, deren süße Köder – Honig, Gerste, Wein, Milchprodukte – mich schwer und linkisch gemacht haben.

Mein Knochenbau hat sein volles, erwachsenes Ausmaß erreicht, mit dem weiblichen Gewicht von Brüsten, Hüften und Schenkeln. Die Pinien meiner Kindheit hätten damals versucht, mit all ihren Armen meinen Sturz zwischen ihren Stämmen abzufangen.

»Ookpik, taye'ndiara's.«

Die Stimme erstaunt ihn so sehr, dass er zuerst nicht weiß, was er tun soll; er blickt nach hinten und in jede Richtung, um zu sehen, ob vielleicht eine der Nonnen oder eine Arbeiterin ihn von ihrer Seite der Welt her gerufen hat. Da ist niemand. Als endlich das Blut aufhört, gegen seinen Schädel zu hämmern, hört er zwischen den Zweigen ein Keuchen, das er unter tausend Geräuschen wiedererkannt hätte, weil es seine Ohren tagtäglich hören: das Atmen mit gebrochenen Rippen.

Er dreht sich zum Wald. Die Mücken bilden eine kleine Wolke rund um seinen Kopf und wenn er sich bewegt, tun sie es ebenfalls. Er lauscht nach dem spröden Atemgeräusch, dann macht er sich, um näher heranzukommen, daran, unter Kletten und hüfthohen Trieben hindurchzutauchen. Er kommt auf der anderen Seite bei den Kiefern wieder heraus, mit Kletten überall an seiner Kleidung, wie am Fell eines Tiers. Er kneift die Augen zusammen, unter dem Deckmantel der Bäume liegt alles bereits im abendlichen Schatten. Die Dunkelheit der

Ich weiß nicht, woher diese Frauenstimme in mir kommt, eine Stimme meiner Spezies, meines Geschlechts, nach drei Jahren der heiseren Zwiesprache mit Seeadlerweibchen, Hirschkühen und Fähen.

Unter meinem Rücken spüre ich Steine und tote Zweige, nichts weiter Schlimmes außer drei angeknacksten Rippen, eine altbekannte Verletzung, seit dem ersten Sturz sind es immer die gleichen drei, die brechen. Das Luftholen ist ein schmerzhafter Schraubstock, ich fühle mich wie eine geschlagene Katze, rasend, aber harmlos. Ich bleibe mit geschlossenen Augen auf dem Boden liegen und halte Rücksprache mit jedem meiner Organe, mit dem Schädel, der als letzter aufgeschlagen ist und gar nicht blutet, mit den Lungenflügeln, die sich mit Luft vollpumpen, ohne dass welche entweicht, mit dem Herz, das keine Blutung hat, mit dem Magen, der Leber, dem Gedärm: alle gut durchgeschüttelt, alle an ihrem Platz. Ich richte mich nicht sofort wieder auf. Auch ohne organische Verletzungen bleibt mein Körper ganz in Alarm-

Taiga weckt Urängste in ihm, misstrauisch bewegt er sich voran, einen Schritt nach dem anderen, genau auf die Stelle bedacht, wo er seinen Fuß absetzt, und immer die Umgebung im Blick behaltend, er ist ebenso auf der Hut vor einer imaginären Falle wie vor der verletzten Kreatur. Die Dunkelheit wird immer dichter und Laure hat keine Ahnung, wie man sich mit den Ohren orientiert, er geht tastend voran, bis er hört:

bereitschaft, zuerst müssen die äußeren Gliedmaßen überprüft werden: Ringfinger und kleiner Finger links: gebrochen; die anderen Finger: unversehrt; Handgelenke, Ellenbogen, Schultern: beweglich, kaum ein Stechen; Zehen und Fußknochen krümmen sich, wenn ich ihnen zusetze; der rechte Fußknöchel dreht sich um seine Achse. Es ist mein schwaches Bein, mein linkes, das mich mit definitiv nicht verlorengegangener Stimme sagen lässt:

> »Von Baum gekracht Jagdhündin
> erlegen Zuchteber.«

Das Etwas liegt in einigen Schritten Entfernung, ungefähr in der Richtung, die er genommen hat; es liegt ausgestreckt zwischen drei sehr hohen Bäumen, die Umrisse sind von Büschen verdeckt. Er nähert sich, indem er seine zwei Hände offen vor sich hält, wie vor einem unberechenbaren Tier:

Ich atme scharf durch meine Lippen und will ihn sehen, den Knochen, der aus meiner Haut ragt, der Muskeln und Fleisch durchdrungen hat, doch vor Schmerz dreht sich mir der Kopf, sobald ich mich bewege, um fußwärts das Bein anzuschauen, das Blut verliert.

> »Ist alles in Ordnung? Ich werde jetzt etwas näherkommen,
> erschrecken Sie nicht.«

Die Frau trägt einen abgetragenen Tuchrock und eine lederne Umhängetasche. Ihre Beine, ihre Arme und ihr Bauch scheinen von schwarzem Pech bedeckt zu sein, über das das Blut sickert. Niemals zuvor hat Laure eine derart zugespachtelte Haut gesehen. Manchmal pinseln sich die Bergleute mit Schlamm ein, vor allem, wenn sie während der Kriebelmückensaison draußen arbeiten müssen. Aber mit Harz, nein, nie.

Er geht in die Hocke, beugt sich über den Körper, beschaut sich die Rippen von Näherem, die Prellungen und Beulen, die braun und weiß gesprenkelte Haut, von tausend Insekten zerstochen und schwielig bis zu den Schultern. Er wendet sich ihrem Bein zu und kramt in seinem Beutel nach Handschuhen, die es ihm erlauben würden, die Wunden zu untersuchen, ohne sich selbst schmutzig zu machen, doch ihm fällt ein, dass er sein Reisepaar bei den Bienenstöcken liegengelassen hat, nachdem er den Schutz übergestreift hatte, den Schwester Dénea ihm für die Pollenernte gegeben hatte. Er ärgert sich

Der Schmerz zerfaltet meine Gedanken, zieht mich auf die graue Seite des Waldes; ich könnte leer ausgehen und hier umkommen, vollständig von Oma Nunaks Würmern aufgegessen werden. Doch ich wüsste gerne, wie der blasse Kern menschlicher Knochen aussieht, also versuche ich, mich aufzusetzen, doch das Blut schwillt seitlich meiner Rippen an, ich schaffe es weder, mich hochzuziehen, noch mich aufrecht zu halten, steifes Vieh. Das Parfum Ookpiks steigt mir zu Kopf, sein Seifenduft zieht die letzten Pikush und die Hirschfliegen an, mit jeder Geste durchspült er die Luft und Mücken umkreisen seine Ohren wie meine Wunde. Der Abend bricht herein, die Nacht wird bald mit großen Schlucken alle Farben verschlingen, ich muss schlafen, Ookpik bleibt so durchscheinend wie ein Glühwürmchen, noch in der schwärzesten Stunde so blass wie mitten am Tag. Als er mein Bein berührt, kommt ein Schmerz, mit dem mein Gehirn nichts anzufangen weiß; meine Säugetierqualen werden über meinem Kopf von drei fetten Krähen über sich selbst und wickelt seine Hand in sein Hemd, um die Patientin anzufassen.

belauert und unter mir von einer Armee von Ameisen.

»Ich bin Laure Hekiel, der Arzt der *Kohle Co.*
Ich werde Sie jetzt untersuchen.«

Das Wadenbein hat offensichtlich den Unterschenkel durchschnitten. Obwohl der Stoff, der ihm als Handschuh dient, ihn behindert, beginnt Laure instinktiv, wie bei einem Grubenunglück vorzugehen: so, wie es in der Cité nicht gelehrt wird, da seinen Gesten jede Erhabenheit fehlt. Zunächst müssten die Wunden gereinigt werden, einer Infektion vorgebeugt werden, dann müsste die ganze linke Seite des Körpers für längere Zeit ruhiggestellt werden. Während er noch darüber nachdenkt, wohin er die Patientin am besten bringen könnte – ins Kohlerevier oder zum Konvent –, richtet sie sich mit einem Ruck auf und wendet sich ihm zu:

Eine fröstelnde Hitze legt sich mir über Wangen, Augen, Stirn und Mund. Ich richte mich mit einem Ruck auf und übergebe mich, und der Schmerz dieser Bewegung lässt mich noch mehr erbrechen, über Schuhe und Hosen von Ookpik, der zu spät ausweicht. Mir ist schwindelig und übel, ich bin ein großes abgebrochenes Schilfrohr. In diesem Zustand, als geschwächtes Tier, will ich meine Mütter nicht wiedersehen.

Halb aufgerichtet und schwankend klammere ich mich in den Boden und an die Wurzeln und höre mich mit vor Schmerz, Dummheit, Verzweiflung und Scham jähzorniger Stimme sagen:

»Nicht Sainte-Sainte-Anne.«

Sollte ich mit den Verletzungen gelaufen sein, erinnere ich mich nicht mehr daran. Ich liege in einem Traum, der nach Ookpik riecht, meine Haut, meine Haare und meine Nägel nehmen seinen Geruch an; ich weiß nicht, ob ich es mag, wie eine Verlängerung des Anderen zu werden: denn seit ich schlafe, stelle ich mir keine Fragen. Haut und Knochen heilen, unnachgiebige Äste, geschmeidiges Fleisch. Mit geschlossenen Augen dirigiere ich das Blut zu den Stellen meines Skeletts, die meiner Pflege bedürfen: Finger, Bein, Rippen; auch zum Herz, das auf eine neue Weise selbst noch im Schlaf bebt, wenn auf der anderen Seite des Fiebers Laure Hekiel die Tür zu seinem Zimmer aufdrückt, sich über das Bett beugt und mich langsam und präzise wäscht.

Der Tagesablauf ändert sich nie. Wenn die Glocken von Sainte-Sainte-Anne her durch die Taiga das Morgenlob läuten, fährt Laure aus dem Schlaf hoch, dann nickt er noch einmal ein, bis das erste Signalhorn der *Kohle Co.* sechs Uhr verkündet und ihn endgültig aufweckt. Er streckt seine steifen Glieder und den verkrampften Nacken, denn seitdem er sein Bett der verkrüppelten Frau überlassen hat, schläft er nur noch im Sitzen. Er streift sich ein sauberes Hemd und seinen Kittel über, holt den Holzkamm hervor und kämmt sich Bart und Haar. Sein Spiegelbild blickt ihm voll Zuversicht entgegen, es zeigt kaum Spuren der zu kurzen Nächte. Er spült sich den Mund aus, spuckt Staub ins Waschbecken und geht dann ins Schlafzimmer, er hört seine Patientin ab, prüft ihre Wunde, desinfiziert sie und vergewissert sich, dass ihr Schlafzustand noch anhält. Er gibt Acht auf ihre Vitalzeichen, denn den Umgang mit betäubenden Schlafschwämmen ist er nicht gewohnt; wenn möglich, benutzt er Schnee, um die Verletzungen zu vereisen, und ansonsten werden bei Notfällen im Stollen Eingriffe auch so vorgenommen. Dieser Schlaf, durch Medikamente herbeigeführt, die er normalerweise für die Bosse der *Ko.* aufhebt, ist für ihn eine neue Praxis, die er akribisch aufzeichnet. So notiert er morgens und abends die Körpertemperatur wie auch den Fortschritt der Wundheilung – doppelt so schnell wie bei den Arbeitern. Nach der Untersuchung stellt er die Hydrierung seiner Patientin mit Kochsalzlösung, Zedernholztee oder Milch sicher, die die Schwestern ihm wortlos anbieten; er zerdrückt Eier und lässt sie zwischen die Lippen der Frau gleiten. Ihre Flecken, die sie vom Innern der Ohren bis unter die Füße bedecken, verwirren ihn. Er weiß nicht, welche Hautkrankheit, welches rezessive Gen dem Körper eine solche Zeichnung verleiht. Er bestaunt den Wald von Narben unter ihren Brüsten, kleine, glatte Steinchen haben sich unter das Fleisch geschoben und deuten grüne Bäume inmitten der angeschwollenen Schnitte an. Indem er sie umsorgt und wäscht, entwickelt er eine detaillierte Kosmografie ihrer Haut: Hier eine Konstellation, die sich an dem Tag formte, als sie in ein Wespennest gelaufen ist, dort ein runder Stern, dessen Spur entstand, als sich ihr ein Ast geradewegs in den Arm gebohrt hat. Er reinigt sie mit einem Schwamm, trocknet sie ab und deckt sie zu. Dann geht er. Er geht zu den Arbeitern, die sich vor dem Tor drängen, vollkommen weiß in dieser schwarzen Masse von Bergleuten, und somit leicht zu erkennen. In der Regel kommt er jedoch nicht einmal bis zu der Gruppe. Ein paar von ihnen warten schon in der Nähe seines kleinen Hauses auf ihn: »Es geht um meinen Sohn, Doktor Hekiel, er kann nicht mehr aufstehen, seitdem er auf den Nagel getreten ist.« »Mein Mann, Doktor Hekiel, spuckt jeden Morgen Blut.« »Ich bin schon wieder schwanger, Doktor Hekiel, ich will nicht mehr Dinger auf die Welt bringen, die tot sind, bevor ich sie überhaupt zu sehen bekomme.« Er verbringt seinen Arbeitstag als Minenarzt wie im Halbschlaf. Explosionen, Keilhauen, kreischende Ketten, die über die Seilrollen laufen, alles erreicht sein Ohr wie aus weiter Ferne, sodass er immerzu das Gefühl hat, Wachspfropfen vor sein Trommelfell gedrückt zu haben.

Die *Kohle Co*. hat ihm beide Praxen von Doktor Do übergeben, die tief im Stollen und die andere in der Nähe der Schornsteine, in der auch einige Betten zur Verfügung stehen für Fälle, die eine längere Behandlung erfordern. Zwei Lehrlinge wechseln sich über Tage an den Krankenbetten ab und werden einmal die Woche von den Nonnen abgelöst. Doch weder zu ihnen noch zu den Jungen sagt Laure etwas über die Frau, um die er sich zu Hause kümmert. Er hält sie geheim, zunächst, weil sie es am Tag ihres Sturzes mit solcher Vehemenz ablehnte, nach Sainte-Sainte-Anne zu gehen, dann, weil er für sie seine pharmazeutischen Vorräte leert, und schließlich, weil er zum ersten Mal in seinem Leben den Eindruck hat, dass ein Ereignis ganz allein ihn betrifft.

Laure versorgt also Kranke und Verletzte. Seine klare Neigung zu ersteren lässt ihn die oberirdische Krankenstation der unterirdischen vorziehen, obwohl er sich so oder so eigentlich zweiteilen müsste. Er hasst den Stollen. Immer noch verläuft er sich oft in ihm, und findet er den richtigen Weg, dann nur, um im Epizentrum einer bevorstehenden Krise anzukommen.

Die Enge der Blindschächte nimmt ihm die Luft zum Atmen. Unter Tage ist jedes Drama blutig; er bevorzugt Erkrankungen, die sich durch einen Salbenverband, einen Aderlass oder einen Sud behandeln lassen. Das Zusammenstückeln und Annähen widert ihn an. Trotzdem rennt er den ganzen Tag von einem Ende des Kohlereviers zum anderen, stürzt überallhin, wo er gebraucht wird, bis endlich das Horn sechs Uhr tönen lässt und die Arbeiter aus dem schwarzen Bauch auftauchen, eine Horde staubbedeckter Leute. Nun hat er noch drängende Angelegenheiten zu klären, für die er tagsüber keine Zeit aufbringen konnte. Und um neunzehn, zwanzig Uhr schließlich kommt er zurück in sein Steinhäuschen, eins der wenigen der Stadt Brón, das nicht aus Blech ist.

Nachdem er sichergestellt hat, dass sie immer noch daliegt, macht er eine Suppe oder tunkt Brotschnitten in Öl, streicht Ziegenkäse darauf und frittiert sie auf dem Herd. Eine der Scheiben zerkrümelt er und setzt sich neben seine Patientin. Er füttert sie und stärkt sich selbst, ein Ritual, das zuerst in Stille vor sich ging und sich dann nach und nach mit Worten füllte, je mehr er sich an die andere, an ihre heftige Präsenz gewöhnt. Jeden Abend, wenn er die Tür öffnet, staunt er, wie bewohnt sich sein Haus mit diesem gleichgültigen Körper darin anfühlt: Die Energie eines entsetzlich lebendigen Tiers, die zwischen den Wänden pulsiert und die Gegenstände, Klänge und selbst noch Bewegungen im Umkreis verändert.

Ich finde keine Worte für die Erregung, die mich von oben bis unten abschert – keine in meiner Sprache als weitverzweigter Baum und keine als furchtloses Weibchen, das sich seit inzwischen vier Jahren allem entgegenstellt, was auch nur entfernt zur dumpfen Welt der Menschen gehört.

Ich existiere in der Lethargie meiner Genesung, viel zu lange bettlägerig für die Raserei meiner Glieder, die, obgleich beweglich und lebendig, nicht losstürzen können, rennen oder klettern, sondern ihre Tage mit Trübsal blasen verbringen.

Ruhend und gelangweilt übe ich mich in der Kunst der Toten, dazuliegen wie ein glatter See, ohne jede Erregung, wenn Ookpik mich wäscht. Alles, was mein Körper an Elan übrighat, richtet sich auf den einzigen Halt in meiner Nähe, Laure Hekiel, der kommt und geht und am Abend wiederkommt, während ich, die nirgendwohin geht, mir ganz neue Fragen stelle wie zum Beispiel: Vergisst er mich, wenn er seine Höhle verlässt?

Ich hatte einen derartigen Gedanken nie kommen sehen, den Gedanken an eine andere Person, die an mich denkt.

Die Tage vergehen.

Ich werde zum Tier einer neuen Art.

Laure lächelt. Etwas im Rhythmus der Zeit hat sich verändert. Etwas, das den spätabendlichen Genuss von Gin, Whisky, Pflaumenschnaps, Sherry, Scotch, Weinbrand und Absinth schmälert. Schon bald zieht er die Stunden am Krankenbett der Frau den alkoholisierten vor, die normalerweise seine Abende beenden. Als er beim letzten verfügbaren Schlafschwamm angekommen war, ist sie aufgewacht; seitdem fixiert sie das Fenster des grauen Raums, zwar noch nicht in der Lage, auch nur einen Schritt zu tun, doch lotrecht in ihrem Weißblechbett sitzend. Sie sagt nichts. Und das so lange, bis Laure sich fragt, ob sie ihn am Abend des Unfalls tatsächlich gerufen hat oder ob er sich ihre raue Stimme nur eingebildet hat. Er jedenfalls spricht. Die Stille macht ihn verlegen, er würde gerne die rohe Kraft einordnen können, die sich zwischen Becken und Stirn der Fremden zurückzuhalten scheint. Um sein Unbehagen zu verschleiern, füllt er den Raum mit Worten über sein eigenes Leben. Am Anfang begnügt er sich damit, von der gleichbleibenden Ordnung seiner Tagesabläufe zu erzählen, der Aneinanderreihung vergeblicher Handgriffe, doch schon bald sind es ganze Jahreszyklen, die helfen, die nächtlichen Stunden von Brón zu überbrücken. An einem Abend zieht er gar den Schaukelstuhl neben die Matratze, spricht, bis seine Patientin fest schläft, und spricht immer noch, als sie auf der anderen Seite der Nacht wieder auftaucht.

Die Wochen ziehen gleichmäßig dahin: Wenn er nach Hause kommt, bereitet er Essen vor und setzt sich dann. Die Frau nimmt die Suppenschale, verschlingt Hände voll frittierter Brotstreifen und Graupen und schlürft die Brühe. Laure geht das Geschirr einweichen, nimmt sich wieder seinen Stuhl, holt den Kamm heraus und streicht seinen Bart glatt. Und spricht. So still, wie die andere ist, hat er bald das Gefühl, nur mit sich selbst zu sprechen, und die Artikulationen seines eigenen Mundes beruhigen ihn, es ist so lange her gewesen, dass er sich selbst gehört hat. Als er jung war, fand er seine Stimme zu hell, zu schrill, aber inzwischen hat das Bergwerk ihr eine herbe Textur gegeben, die ihm gefällt. Jeden Tag rollt er einen neuen Teil seiner Geschichte auf, getrieben von dem Bedürfnis, alles loszuwerden, und nichtsdestoweniger präzise in der Beschreibung seiner Abenteuer, der Erschütterungen seiner Kindheit und Pubertät. Er schildert die Demütigungen während des Studiums, wird mutiger und spricht von Frauenkörpern, davon, wie er bei austauschbaren Arbeitermädchen lag und seinen männlichen Part erlernte, und vom beschwerlichen Werben um die hübschen bourgeoisen Bürgerinnen der Stadt. Fast hätte er eine von ihnen geheiratet, doch sobald der Vater herausfand, dass er mit der *Kohle Co.* in Verbindung stand, sagte er die Hochzeit ab. Laure beschreibt, wie erleichtert er sich gefühlt hat, entbunden von der Verpflichtung, ein doch recht launisches, empfindliches Fräulein lieben und unterhalten zu sollen. »Denn was wäre nur hier aus ihr geworden?«

Die Nächte vergehen und so auch der Sommer; bald verkürzt die rote Tagundnachtgleiche die lichten Stunden. Laure drösel seine komplette Vergangenheit auf bis hin zu Joseph, der ihm die ganze Kindheit hindurch wiederholt: »Du wirst einmal Chirurg an einer Klinik.«

Bis hierhin hatte er noch nie die Mühe auf sich genommen, sich von sich selbst zu erzählen. Freilich ist diese Reise bis zurück zu seinen Ursprüngen für ihn wohl eine berauschendere Angelegenheit als für diese Frau, die ihn niemals anschaut. Den ganzen Tag überlegt er, was er heute Abend wieder enthüllen wird, sortiert dieserart all seine Erinnerungen und beobachtet, wie seine Existenz unter seinen Worten Konturen annimmt. Nach sechs Wochen des Sprechens kommt er zu dem Schluss: »Darüber hinaus gibt es nichts.«

Ich habe zum Sprachgebrauch der Menschen zurückgefunden durch die Worte von Laure Hekiel. Nach vier Jahren harter Böden und tierischer Sprachen und nach zehn Tagen Schlaf hatten meine Ohren und mein Hals die Sprache meiner Mütter verloren. Mich wieder an die Intonation meiner Rasse zu erinnern, die unter meiner Wut verschüttet worden war, brauchte seine Zeit: Ookpik hat alle meine Dämme aufgebrochen, einen nach dem anderen, trotz meines Schmollens, trotz meines stechenden Schmerzes. Lange habe ich mich hinter meinen versiegelten Lippen verschanzt, mich geweigert, ihn auch nur anzusehen, weil er mich unter Narkose gehalten hat, obwohl ich ihn um nichts gebeten hatte.

Jetzt habe ich seine Widerspenstigkeit und seinen Eigensinn kennengelernt, ich erkenne seine Gefühlsschwankungen, wenn er von einer Erinnerung zur nächsten traurig, vergnügt oder stolz klingt, besonders die, wenn er beschämt von seinem Leben als armes Kind und milchweißer Mann spricht.

Ich wünschte, meine Haut würde die Beschaffenheit seiner Hände vergessen, ihre Art, den Schwamm an meinen Schenkeln entlangzuführen, wenn er mich während meiner Betäubung waschen musste, sachte meine Schamlippen zu öffnen, um mein Geschlecht zu reinigen, dann unter dem Gewicht meiner Brüste innezuhalten und weiter die lange Linie meines Halses emporzustreichen, bis ich ihm schließlich Schwamm und klares Wasser selbst aus der Hand nehmen konnte.

Jetzt ist der Sommer lange vorüber, mein Bein zittert in seiner Schiene, ich bin auskuriert und lebendig, muss mich auf meine Füße stellen, wieder laufen lernen, und vor allem will ich nicht länger dieses ergebene Tier sein, dieses Weibchen, das nicht besser ist als das Huhn im Hof – zum Fressen darauf angewiesen, dass andere ihm Körner hinwerfen.

Laure betritt das Zimmer und findet die Frau im Bett sitzend vor, ihre Beine baumeln vom Rand der Matratze. Die ovalen, weit geöffneten Augen heften ihren Blick auf ihn, der Haarschopf ist gebündelt wie Zweige am Palmsonntag. Das Wolltuch bedeckt ihren Unterkörper, bis auf die verkrüppelte Wade, die an der Luft bleibt; die geschlossene Wunde ist rosa und geschwollen. Obenherum trägt sie das Hemd, das Laure ihr geliehen hat, und das er oft wäscht und auswechselt. Er hatte sich vorgestellt, dass das Kleidungsstück locker an ihr säße, aber es passt ihr gerade einigermaßen, zu eng um die Brust, zu weit am Bauch.

Sie blickt ihn streng an, dann sagt sie mit ihrer rauen, halb verärgerten, halb autoritären Stimme: »Ich finde nicht richtig, dass du mich eingeschläfert hast.«

Laure lacht sein helles Lachen und antwortet: »Nur, damit Sie keine Schmerzen haben und schneller wieder gesund werden«, aber die andere bleibt still, sitzt aufrecht, fest und entschlossen da, sie hat das glatte Gesicht ihrer Kindheit, als sie noch mit zwei geballten Fäusten oben auf ihrem Felsen stand. Erst da nimmt er den finsteren Blick, die horizontale Linie der Augenbrauen, die Haut, die schwarzen Augen und die hohen Wangen wahr. Er beißt sich auf die Lippen, lacht weniger, und lacht überhaupt nicht mehr, als sie sich vorbeugt und seinen Bauch berührt.

Ich will Ookpiks Weiß und seinen sauberen Duft, ich will Herrscherin und Mittelpunkt der Geschichten seines Munds sein, einzige Beschäftigung seiner Hände, Verlängerung seines Denkens, das weibliche Geschöpf unter ihm und der große Nordwind, der ihn reitet.

Meine Lippen kümmern sich um alles; ich breite mich aus, weite meine Schenkel.

Zum ersten Mal wird aus mir großes, gepflügtes Land.

LITHA

Daã Volkhva, genannt Harzkind, genannt Bärenauge, genannt *Minushiss*, genannt »meine Frau« – für Laure Hekiel, der sie zwar nicht geheiratet hat, aber sie der Einfachheit halber »meine Frau« nennt, aus Ermangelung eines besseren Ausdrucks –, Daã Volkhva steigt am Bahnhof von Kangoq aus dem Zug *Sort Tog*. Als die Menschen, die am Bahnsteig warten, sie sehen, fehlen ihnen die Worte, um ihre ganze Erscheinung zu beschreiben und um sie in das natürliche Erzählmuster ihrer Tage einzupassen.

In seinem Brief hat der Schöffe Laure bedeutet, dass er sie am Bahnhof erwarten würde, seine Gattin und ihn. *Sie sind herzlich eingeladen, in Begleitung des Herrn Bürgermeister und der örtlichen Honoratioren ein Willkommensmahl zu nehmen.*

Daã erscheint ohne Mantel auf dem Trittbrett, trotz der schneidenden Aprilluft. Unter ihren Schuhsohlen erbebt das Metall; die sauberen, schnurrbärtigen Männer schrecken auf, als sie mit einem Sprung Sand und Schmutz aufwirbelt. Dann taucht Laure auf, eine große, lichte Gestalt in der schwarzen Tür des Waggons. Er hält mit der Hand einen kleinen Koffer umklammert und betrachtet das Ortsschild, das im Wind klappert, dann steigt er die Stufen hinunter und stellt sich neben Daã in ihre ockerfarbene Wolke.

Auf der anderen Seite des Staubs scheint das Empfangskomitee erstarrt zu sein, wie auf einer der Fotografien in den Zeitungen der Cité. Kein Mensch spricht, und doch wird Laure noch im selben Augenblick der »Weiße Arzt«: sein unumstrittener, regelrecht offenkundiger Spitzname. Schon beginnt der Bürgermeister zu überlegen, wie er seiner Frau von der außergewöhnlichen Erscheinung des Doktor Hekiel und seiner ... Er gerät ins Grübeln. »Gattin des Weißen Arztes« passt nicht zu diesem hoch aufragenden Geschöpf zur Rechten des Doktors.

Der Lärm des Bahnhofs legt sich auf Daãs Ohren: Geräusche von Metall, Dampf und Kohlesäcken, die über den Randstreifen geschleift werden; das Krächzen der Krähen, die sich über die vom Zug erfassten Feldmäuse hermachen; das ausgehöhlte Husten der Lokomotive; das Heulen des Südwestwinds über dem verschneiten Brachland, das sie an das Zischen des

Meeres am Rand der Tundra erinnert; und dann auch dieses Schweigen von Menschen, die miteinander kommunizieren, ohne dass ihnen ein Wort über die Lippen kommt, die sich durch Blicke verständigen, deren Kehle zugeschnürt ist, Fäuste geballt, Kiefer zusammengepresst, und deren Wimpern flattern, wenn sie sich schweigend unterhalten.

Laure geht voran und schützt sein Gesicht vor der Sonne, indem er eine flache Hand visierartig an die Stirn legt und die andere vor sich ausstreckt. Seine Augenringe sind tief und violett, immerhin hat er seinen Bart gekämmt, als die Lokomotive allmählich langsamer wurde. Einen Augenblick lang konzentriert sich Daã auf ihn, auf seine quarzige Blässe, seinen Geruch, seine gemessenen Gesten. Wie aus weiter Ferne hört sie seine ruhige Stimme, die sagt: »Vielen Dank, dass Sie sich zu unserer Ankunft hier eingefunden haben. Laure Hekiel. Das ist Daã.«

Die Männer am Bahnsteig geben sich große Mühe. Sie scheinen alle den gleichen Mantel zu tragen, der aus verschiedenfarbigen Stoffen zusammengeschnitten ist. Sie sind in Handschuhen und Mützen hergekommen und tragen rote Pelze an Kragen und Handgelenken. Einer nach dem anderen treten sie vor Laure, der mit seinem hellen Wollparka, seinem Schal und den Handschuhen fehl am Platz wirkt, und begrüßen ihn. Sie versuchen, ihr Unbehagen zu kaschieren, indem sie ihren Blick auf seine strohgelben Augen heften und auf die schwarzen von Daã. Bei alldem vermeiden sie es, sich gegenseitig anzusehen, sie sinnieren über ihre Schuhe, ihre Uhren und über die weiße, unter dem Ortsnamen aufgemalte Gans, die zu fliegen scheint, wenn das große Schild im Wind schaukelt.

– Es ist uns eine Freude, Sie kennenzulernen, Monsieur Hekiel. Sédèche Nalbé: Wir haben korrespondiert.
– Joséphé Delorgue. Bürgermeister. Willkommen in Kangoq.

Laure betrachtet die Honoratioren, die sich nach und nach vorstellen, und versucht, sich ihre Gesichter einzuprägen; er passt seine Bewegungen den ihren an und schüttelt ihre Hände mit mehr oder weniger Kraft, je nach dem Händedruck seines Gegenübers.

– Pierre Arquilyse. Ich bin der Notar.
– Er ist auch unser Schulkommissar. Und ich bin Groll, von der Groll-Bettfedernmanufaktur, zertifizierte *Kangoq Daunen*. Man sieht sie nicht von hier aus, aber ich habe zwei große Fabriken an beiden Seiten des Farouk, und Warenlager noch weiter das Ufer hoch. Wählen Sie Groll, wenn es um Ihre Bettwäsche geht, Madame.

Er beugt sich etwas vor und fügt in vertraulichem Tonfall hinzu:

– In unseren Daunen werden Sie wie im siebten Himmel schlafen.

Der Südwestwind bläht Daäs Röcke auf, sie lässt ihn ihre Pelze liebkosen. Sie lauscht: Der Wind in Kangoq kommt von weit her, er zieht andere Bahnen als der in Cusoke: Im Norden streift der Meereswind an den unberührten Hängen der Berge entlang, er beugt die Bäume oder erstirbt zwischen ihnen. In Kangoq schwellen die Windböen über den Feldern an, peitschen mit voller Wucht gegen die Häuser, brechen sich an ihnen und finden dann über den Brachflächen und Wiesen auf der anderen Seite des Bahnhofs zu ihrer vollen Gewalt zurück. Wenn die Brise abflaut, bleibt nichts als Staub und von weither gewehte Samen.

– Idace Morelle, Ihr Nachbar. Mir gehören Gänsedaunenländereien rings um den Ort.
– Er tut so bescheiden, aber in Wahrheit gehört ihm die Hälfte aller profitablen Unternehmen. Jédéas Frigg, Geschäftseigentümer. Meine Frau organisiert die Kirchenfeste. Vielleicht würde sich Madame dort gerne einbringen?

Hier müsste man zustimmen, das hört Laure, er nimmt Friggs Anspannung wahr und wieviel Überwindung den Kaufmann sein Entgegenkommen kostet. Gleichzeitig sieht er dessen Worte über Daã hinwegrinnen, die nichts antwortet. Denn sie hört immer noch nach dem Wind, der hier auf keine Hindernisse stößt, außer auf die Hütten von Kangoq. Er ist es auch, der die großen Schneegänse zwei Drittel ihrer Wanderung bis hierher zu ihren Rastplätzen trägt.

Die Männer vor ihr beschließen, dass die Frau ihres neuen Arztes entweder stumm oder blöde ist. Sie machen weiter, als wäre nichts. Innerlich jedoch verzeichnen sie ihr Schweigen und auch ihre Hand, die lang und unbeweglich bleibt, wenn sie sie ergreifen und schütteln, die sich nicht um ihre Finger schließt. Sie werden es ihren Frauen erzählen, wenn diese nach Details fragen; und sie werden hinzufügen: »Sie ist mit dem Kopf woanders«, »Sie hat keine Ähnlichkeit mit irgendwas, das ich kenne«, »Ihre Haut ist heiß wie ein Ofen«, »Ich kann dir eigentlich nicht sagen, ob sie hübsch ist«, »Du solltest ihr einen Honigkuchen vorbeibringen, dann kannst du dir selbst ein Bild davon machen, was los ist.«

– Théo Cédée, zu Ihren Diensten. Mir sind alle Weberinnen in Kangoq unterstellt.
– Ubald Viks. Ich führe ein Restaurant, gleich gegenüber vom Geschäft.
– Und er destilliert den besten Gin weit und breit!
– Erinnert ja nicht Vater Hénoch daran. Sonst hält er mir wieder eine Predigt von seiner Kanzel.

Allmählich tauen sie auf. Laures Erscheinung irritiert sie schon nicht mehr so sehr, und je länger seine Frau schweigt, desto leichter fällt es ihnen, sie zu ignorieren. In ihrer Festtagsgarderobe stehen sie vor dem Zug; sie herrschen über Kangoq; Kerle, die sie sind, finden sie zu ihrer Selbstsicherheit zurück, und Laure lacht aus Nervosität und Erleichterung mit.

Als sie sich schließlich in Bewegung setzen, bemerkt Daã mit Erstaunen den langsamen Gang der Männer in Kangoq. Es ist das erste Mal, dass sie Stadtmenschen begegnet. Die Männer schreiten überfrachtet von ihren eigenen Körpern voran. Sie beobachtet ihre gebeugten Schultern und den vorspringenden Bauch, ihre platten Füße und die defekte Federung ihrer Knie. Sie halten, während sie die Neuankömmlinge aus dem Bahnhof geleiten, ihren Bauch vorgestreckt, als trügen sie das Gewicht ihrer Verdienste und ihrer großen Siege auf dem Unterleib herum. Der Bürgermeister und der Notar schnaufen, errötet vom Anstieg des Weges; Katzen, Hunde und Nagetiere um sie herum sind genauso aufgedunsen, so als seien sie noch mit Winterfell ausgestattet, obwohl es April ist und der Sommer sich schon ankündigt.

Laure geht in der Mitte der Gruppe. Er begutachtet die Häuser, die kreuz und quer verstreut entlang der Straße stehen. Er versucht, sich sein Leben im Ort vorzustellen, er, der niemals von etwas anderem geträumt hat als von der Cité, von ihren breiten Boulevards, ihren steinernen Fassaden und den Innenhöfen, die geradezu geheimnisvoll verborgen liegen, wie ein Ruheraum, ein Unterschlupf. Hier sind die Gärten von überallher einsichtig, jeder Haushalt ist den Blicken der anderen ausgesetzt. Immer wieder dreht sich Laure nach einzelnen Heimstätten um, wo hinter Spitzenvorhängen Damen und junge Mädchen stehen und ihn anstarren. Ihm scheint, dass die Frauen dieser Haushalte allesamt am Fenster versammelt sind, sie sind zu sechst oder siebt und drücken die Stirn gegen die Fensterscheibe oder recken sich auf ihren Zehenspitzen. In den Fenstern der oberen Etagen tauchen gar noch mehr von ihnen auf. Da senkt er den Blick, berührt seinen Bart und seine Brauen, richtet den Kragen und verliert für eine Sekunde den Faden der Unterhaltung. In der Cité hatte die schiere Dichte sein Weiß gemildert. So viel war zu sehen gewesen in den Straßen: Da war er selbst nur eine Kuriosität neben anderen. Im Kohlerevier war es nackte Notwendigkeit, die dazu führte, dass sein Gesicht akzeptiert wurde. Die endlosen Unfälle und die Erschöpfung der Arbeiter ließen seine Blässe willkommen erscheinen, da er so mit Leichtigkeit in der Menge auszumachen war. Aber er hat keine Ahnung, wie er sich in einer Stadt wie Kangoq verhalten soll, ohne die Massen, in denen man sich verstecken kann, ohne Verletzte, ohne Tote, die es ihm erlauben würden, eine Situation zu beherrschen.

Daã geht in einiger Entfernung. Ihre Röcke schleifen auf der Erde und wirbeln den Straßenstaub auf. Sie scheint die ganze Zeit aus einer rotbraunen Wolke herauszuragen. Ihr Schultertuch lässt sie weit offen, der Shetland-Pullover darunter ist tief ausgeschnitten und ihre Sohlen hinterlassen deutliche Abdrücke hinter ihr. Auf ihrem gerichteten Bein humpelnd, folgt sie der Prozession mit einigen Schritten Abstand. Während sie geht, beobachtet sie die Häuser aus Ziegel und Stein, ihre hohen Fenster, die bunten Fensterläden mit grün, rot oder blau angestrichenen Rahmen, die Türen selbst – jedes Haus in seiner eigenen, sorgsam gepflegten Farbe –, die Balustraden und fein gearbeiteten Gesimse.

Die Delegation geht die Hauptstraße entlang, Groll und Frigg kommentieren die Gebäude und zählen die Familien auf, die den Kern des Orts bevölkern.

– Der Eisenwarenladen ist vor zwei Jahren an den Ältesten der Morelles verkauft worden. Vorher gehörte er den Bourraches, aber der gute Mann hat bloß eine einzige Tochter, die sich strikt geweigert hat, zu heiraten. Ohne Schwiegersohn blieb Arel gar nichts anderes übrig, als zu verkaufen, nachdem sein Rücken ihn irgendwann im Stich ließ. Sie wohnen zusammen im blauen Haus, an der Ecke des Lotier-Damms. Er geht inzwischen nicht mehr viel raus, und sie fährt oft nach Brume zu ihrer Cousine.

Wenn Laure, statt seinen Weg zu Fuß zurückzulegen, fliegen könnte wie eine der Gänse, könnte er die Morphologie von Kangoq erkennen, den breiten, robusten Spalt, der die Hauptstraße bildet, und die Eisenbahnschienen, dann die beiden Landarme, von denen sich der eine bis in die fernen Wälder erstreckt und der andere, kürzere bis an den Farouk reicht und von Fabriken gesäumt ist. Er würde feststellen, dass dieser Arm, der am Handgelenk gekrümmt ist, auf Höhe der Stofffabrik wie ein Klopfholz aussieht, und sich nach der Brücke in fünf schmächtige Finger aufteilt, die von den Feldern verschluckt werden. Er würde die Beine von Kangoq in Augenschein nehmen – die Iya-Straße und den Lotier-Damm –, beide gesäumt von Häusern mit vogelkotverschmierten Dächern. Ihm würden die Gebäude aus der Höhe betrachtet schmutziger vorkommen als vom Boden aus gesehen, aber auch größer; er würde über die Weitläufigkeit der Grundstücke staunen, die von der Straße aus schmal wirken und sich doch weit genug ausdehnen, um hier einen Teich und dort eine zusammengeflickte Gartenlaube zu beherbergen. Zwischen den Schenkeln dieser Stadt würde er schließlich den freistehenden Glockenturm der Kirche erblicken, sehr gerade hingestellt, mit einer Spitze und zwei großen Glocken, und er hätte sogar das Haus des Bürgermeisters bemerkt, die kleine Schule, das Pfarrhaus und die Feuerwehr, die um den Kirchenvorplatz aufgefädelt sind.

Doch er geht zu Fuß, und überall, wo er hinsieht, stößt er auf Katzen und eingeschlafene Hunde, die vor ihren im Ton der Hausfassaden bemalten Hundehütten liegen. Ein paar steife Wäschestücke, im vorigen Herbst vergessen, hängen auf Kordeln und werden nicht abgehängt, bevor nicht ein Regenschauer sie gewaschen und die ersten Maisonnenstrahlen sie wieder getrocknet haben. Auf den Verandas und in den Höfen unterbrechen Kinder ihr Spiel, wenn sie ihn vorbeigehen sehen.

Die Führung endet vor der Kirche. Die Notre-Dame-de-Kangoq hat die Größe eines geräumigen Wohnhauses; im Westen und Osten sind ihre Mauern mit weiß behangenen Fenstern versehen; die Hauptfassade zählt drei purpurrot gestrichene Türen, drei bunte Glasfenster und eine kleine Rosette. Die beiden Dachschrägen sind mit silbrigen Platten gedeckt und der gedrehte Glockenturm reckt sich wie eine Flamme gen Himmel. Drei Apfelbäume mit knorrigen Ästen ruhen neben einer Bronzestatue von Maria Magdalena.

Vater Hénoch trifft auf dem Kirchenvorplatz mit dem Komitee zusammen, er stellt sich Laure mit weit ausgebreiteten Armen vor. Sollte das Aussehen des neuen Arztes ihn überrascht haben, lässt er sich nichts davon anmerken.

Zwischen den Ausdünstungen von Gusseisen und denen der Straßen und Häuser, die nach Biskuit, Zucker und saurer Sahne riechen, macht Daã den Geruch eines geschlagenen Tiers aus, Blut, Hunger, getrockneter Urin. Sie wittert ein Kind irgendwo jenseits der Kirche, und schon in der nächsten Sekunde taucht das kleine Mädchen in ihrem Blickfeld auf, es weint still und hält die Beine beim Gehen auseinander, passt auf, dass seine Schenkel nicht aneinander reiben.

Daã steht so konzentriert vor der Kirche, dass sie auf den Priester einen geradezu andächtigen Eindruck macht, und er erkundigt sich bei Laure nach dem Glauben seiner Gattin. Der neue Arzt runzelt die Stirn, dann erklärt er knapp, dass seine Frau im Kloster großgezogen worden ist. Immer noch bewegt sie sich nicht; sie versucht, jedes Detail über den Gang des Mädchens herauszubekommen, den brennenden Schmerz der Haut unter seinen Kleidern, die Demütigung, den Hunger und auch die Wut.

Bald ist das Kind verschwunden. Jemand warnt Daã: »Schenken Sie dem Gesindel nicht allzu viel Aufmerksamkeit, sonst lässt es Sie nicht mehr in Ruhe.« Die Duftspur der Kleinen verliert sich zwischen den aufdringlichen Gerüchen von Kuchen und Süßigkeiten, von Geflügel, Wild, Pasteten und Fisch, zubereitet von jeder Familie, die hier etwas auf sich hält – zu Ehren des neuen Herrn Doktor von Kangoq.

Ich liege in einem Grab.

So sage ich es zu Laure.

Ein getäfeltes Grab mit geblümten Vorhängen. Die Matratze verschluckt mich mit weit aufgerissenem Maul. Meine Knochen sind für den Schlaf auf Moos, gestampftem Boden, Pelzen und Fichtennadeln gemacht. Diese Decke aus Federzeug verschlingt mich: Ich ersticke darin, hingestreckt wie am Boden eines Sargs, mit Decke, Quilt und Laken über meiner Stirn als Leichentuch.

Der kleine runde Spiegel über der Kommode reflektiert die Schatten auf unseren Gesichtern, das Alter in Ookpiks Augen und die Schwärze in meinen.

An der Wand hängen getrocknete Blumen in Bilderrahmen hinter Glas und liegen im Sterben, halb erstickt, mit ausgeblichenen Farben.

Im Schlafzimmer des Hausherrn kann ich ganz und gar nicht schlafen.

Ich will weder Teil eines Herbariums noch eines Bestiariums werden.

Ich bin jung, ich bin kein Stück Inventar inmitten toter Dinge.

Auf der anderen Seite des Fensters umgibt Nacht das Grünland, den Glockenturm und die Häuser von Kangoq.

Ich strecke mich aus und entspanne mich; ein Tier, das zu lang in der ranzigen Luft des *Sort Tog* eingesperrt war und dann gemästet wurde von Menschen, die uns willkommen geheißen haben und die mich gerade so beobachteten, wie einst meine Mütter die Hühner begutachtet haben, wenn sie herausfinden mussten, welches von ihnen sich zum Eierlegen eignete und welches zum Essen.

Ich öffne die Fensterflügel weit, setze meine nackte Haut der Kälte und dem Südwestwind aus, dann kehre ich zu Ookpik zurück, umarme seine Müdigkeit und lege die meine auf seinen Bauch.

In der undurchdringlichen Stille toter Blumen küsst er meine oberen Lippen und küsst meine unteren. Ich beiße an seiner unbehaarten Blässe, er kostet mich vom Hals zur Nympha und wieder zurück.

Die Vorsehung des Vollmonds: Einmal mehr werde ich Höhlentier, ein unermesslicher Körper, der genommen wird, eine junge Bärin, riesige Wölfin, Häsin, Fähe, Hündin. Das Blut meiner Mütter, aller Frauen, wallt in meiner schwarzen Höhle, wölbt mein Rückgrat. Flüssig von Ende zu Ende erstehe ich wieder auf, die Kraft des Weiblichen. Aus fleischlichem Rausch und herben Sekreten erblüht der Ursprung eines Waldes zwischen meinen Schenkeln.

Mitten in der Nacht zerspaltet mich der Schmerz. Es ist, als würde sich ein Nagel, groß wie die aus dem Stollen, in meine rechte Seite bohren.

Der Schmerz kommt von meinen weiblichen Organen. Er strahlt überallhin aus, von der Wurzel bis zur Krone: Oberschenkel, Hüfte, Eierstöcke, Darm und Bauchmuskel. Ich weiß, dass es das Leiden einer Nullipara ist, die in ihren Tiefen befruchtet wurde.

Ich stelle mir ein Spinnennetz vor, das die Schmerzen im Bauch für den Kopf sichtbar werden lässt, und folge allen Fäden, einem nach dem anderen, bis ich zum Auslöser meiner Beschwerden komme. Ich atme ein und aus, sehe den Atem in mir und schicke ihn von meinem Mund bis in die schlummernde Gebärmutter. Laure schläft neben mir, ohne sich zu bewegen, die Arme über dem Oberkörper gekreuzt, sein ganzer Seifenduft, sein Parfum ist verschwunden hinter dem Geruch des unter Tage arbeitenden Mannes, seines Samens, der Nacht. Seine Albträume erzählen vom Bergwerk, ich liebe ihn in seinem gequälten Schlaf. Ich liege neben ihm; die Schwärze rollt über mich hinweg. Ich kenne die Worte, die es braucht, um Schmerz wegzusperren – den der Rippen, den des Beins und den der Stellen, wo mich kalte Tage an Fichtenzweige denken lassen, die unter meinem Gewicht nachgeben. Meine Knochen sind nie vollständig wieder geheilt: Ich bin ein Schmerzempfinden gewöhnt, das man ignorieren muss, bis es einen durchbohrt, und das man selbst dann noch sanft umschmeicheln muss, wenn es so heftig donnert, dass alles andere zum Schweigen gebracht wird. Nach demselben Rezept gehe ich bei meinen Bauchschmerzen vor, und schon bald lassen sie nach und ich kann aufstehen.

—

Die Wände des Hauses berichten von unzähligen Geschichten – seitens der Praxis von Generationen an Hustenleiden und noch mehr Generationen an Schwindsucht und Schnupfen, und seitens des Salons Geschichten von Kaufleuten, die abends außerhalb der Hörweite ihrer Neider konspirieren.

Wie die Glühfäden meiner Schmerzen verlaufen auch die Heizungsrohre von einem Raum zum anderen, um an ihrem Herd zusammenzutreffen: dem gusseisernen Ofen, der stets gefüttert werden will. In den Leitungen hallt das Lied des Feuers wider. Ich liebe den Augenblick in der Nacht, wenn Töne an die Stelle von Farben treten.

Ginge ich nach dem Knistern, könnte ich auch daheim in Brón sein, in Sainte-Sainte-Anne, oder, wenn ich an meinen Ursprung zurückdenke, im Schoß meiner Mutter, als sie noch einzig war, ihre Sanftmut jedoch vielfältig.

Ich visualisiere den Schmerz, der in meiner Gebärmutter schlummert.

Forelle, Natter, Aal – ein Tier auf jeden Fall – schmal und länglich, das scheinbar durch mein Geschlecht hineingekommen ist und nun rechts gegen meinen Eierstock zappelt. Ganz laut sage ich: »Du Unterleibs-Fisch« und stelle mir einen Lachs vor, der meine Seite hinaufsteigt, sich zwischen die Gonade und den harten Hüftknochen schlängelt, bis zu den Eingeweiden schwimmt und dann verschwindet, verschluckt zwischen den meterlangen Därmen und Arterien, die im dicken Wasser meines Unterleibs baden.

Ich werfe ein Holzscheit in den Heizkessel, das Funken wie Glühwürmchen aufwirbelt. Als ich »Glühwürmchen« denke, schaue ich nach dem Mond draußen, dessen Bauch viel kugeliger ist als meiner. Er zieht einen blassen Streifen über die flachen Ackerfurchen. Ich möchte zu diesem weiblichen Mond hinrennen; meine Große, meine Runde, meine Weiße.

Ich gehe hinaus.

Die gerade aufgetaute Erde unter meinen Fußsohlen bildet einen Kontrast zu den rauen Dielen der Veranda. Bei jedem Schritt verschluckt der weiche Boden meine Fersen und Zehen und spuckt sie nur widerstrebend wieder aus.

Die Morgenfrische dringt durch meine Haut, die nasse Erde isst von meinem Fleisch. Ich denke an den Podsol meiner geliebten Taiga, der zu dieser Zeit hart ist und noch nicht so bald besät werden kann. Die Welt vor dem Sonnenaufgang ist dämmrig und voll raschelnder Geräusche, die das Erwachen der Kangoqer Tierwelt in einer oder zwei Stunden verheißen. Nebel umhüllt Wald und Wiesen. Ich versuche, mir hinter dem Dunst eine Armee stolzer Bäume vorzustellen.

Ich kneife die Augen zusammen. Ich sehe nichts. Laure sagt, dass das Heideland von Kangoq das letzte im hohen Norden ist, das sich noch weithin bis zum Wald erstreckt. Wenn ich der Eisenbahn folgen würde, würde ich irgendwann Wald sichten, und auf der anderen Seite der Wiese würden dann Kiefern, Ahornbäume, Birken und Tannen sich gegen meine malvenfarbenen Berge erheben und sanft hin- und herwogen. Würde ich noch weiter gehen, die ersten Eichen hinter mir lassen und die Nadelhölzer meiner Taiga, weiter noch als bis zu den letzten Fichten, dann käme ich wieder zurück nach Sermeq, in die Tundra meiner siebzehn Jahre, in ihre eisige Strenge.

Es beruhigt mich, dass ich den Weg zu dem Teil in mir noch kenne, der wild ist und frei.

Mein neues Territorium ist umschlossen von Weiden und Nachbarszäunen. Ich ziehe Spuren durch den unberührten Morast, gehe von der Veranda zum angebauten Schuppen, von den Fässern mit geschmolzenem Schnee zum Zaunübertritt, der in einer Ecke schlummert.

Ich laufe, denke an Ina Maka, Jahreszeiten, Säfte, Kokons, Tierweibchen und Wildgeburten.

Ich treibe meine Schritte in den Humus, während sich vor mir der Zyklus abspielt, der Menschen- und Tiervölker formt. Ein Bauchgespräch, nicht mit dem werdenden Etwas, sondern mit den Frauen, die mich ins Leben geholt haben.

Ich sehe nun nichts mehr außer dem dichten Nebel, doch innerlich schmiege ich mich in die Wärme ihrer uralten Arme. Ich erinnere mich wieder an den Atem ihres Mundes, an die sich überlagernden Düfte der Schwestern, und ich erinnere mich an Marmorierungen auf ihrer Haut, an die dunklen Wangen und Gesichter schwangerer Mädchen, an Lippen, lose Zähne, leere Brüste. Meine Mutter hat vierundzwanzig Gesichter und einen vielfachen Bauch, ihre Mutter Nunak hält die Welt auf ihrer Flanke. Ich entfalte mein Erbe, das des Säugetiers, in meinem Geist. Lange Zeit drehe ich Kreise. Meine Zehen harken die Erde auf. Ich träume von Olbak-Nomadinnen und von einer Gemeinschaft frommer Mütter, ich träume ein Frauengemisch: aus der, die entbindet, und denen, die aufziehen.

Ich halte inne.

Ich beuge mich vor.

Ich sage zu meinem bewohnten Bauch: »Ich will mein eigenes Volk.«

Ich habe die Mitte von dem erreicht, was wohl mein Garten sein wird, um mich herum ist der Boden von konzentrischen Kreisen durchfurcht; ich stehe im Zentrum von allem.

Ein Tag voll Regenschauer. Durch das Gewitter dringt kaum Morgenröte.

Ich gehe über Stoppelpfade, die von einem Gewirr umgeknickter Halme verdeckt sind. Rechts und links warten schläfrige, schlammige Felder auf die Scharen der *Uapishk*. Daunenpflücker haben hier trockene Körner über die Weiden gestreut, über die sich Krähen hermachen, so lange, bis die Gänse eintreffen. Von irgendwoher jenseits des Farouk kommen sie in großen Wolken: Der Wind trägt ihre Rufe weit.

Ich laufe durch den Sturzregen und durchs Stroh. Den Ackerboden meide ich: Ich gehe in den stoppeligen Gräben, die dazu dienen, die Felder zu unterteilen, und von niemandem je angerührt werden, außer vielleicht von Hasen und Murmeltieren. Bluse, Rock, Unterrock und Mieder verfangen sich in den Halmen und wiegen allmählich so viel, als hätte ich einen toten Hirsch auf dem Rücken. Sie sind derart durchnässt, dass sie an meinen Bewegungen kleben: Doch Schritt für Schritt erleichtere ich mich, ich säe hinter mir Wolle und Stoff aus. Bald trage ich nur noch die Unterwäsche und überlasse mich ganz den Liebkosungen des Strohs, das über meine Schenkel reibt, und der Kälte des Nieselregens.

Ich liebe meine Nunak im Frühling, meine Oma, die mit reichlich Wasser Überreste des Winters abwäscht.

An den Ufern des Flusses stürmt es, bis das Heu flachliegt. Hier gibt es nichts, so weit das Auge reicht: Die graue Wand des Wolkenbruchs löscht selbst noch jeden Anschein von Häusern, Kirche oder Kühen aus; ebenso ausgelöscht sind der Lagerschuppen für das Gefieder, die Metallwarenfabrik und die dunklen Umrisse der Groll-Manufaktur.

Eine Zeitlang folge ich dem Rauschen von Wasser auf Wasser, bis ich die großen Windungen des Farouk erreiche. Ich klettere auf einen glitschig-grünen, gewölbten Felsen; ich denke an mein Inneres, das sich ebenfalls wölbt und entledige mich, um der ungestümen Nunak meinen Bauch zu präsentieren, auch noch der letzten Schichten meiner häuslichen Kleidung.

Die Sturmböen beißen nach mir und zerzausen mein Haar; ich setze mich auf den Stein, den moosigen Thron, tauche meine Zehen in die Wellen ein, dann die Knöchel, dann die Waden, dann die Knie; die rosafarbene Narbe ist einem dicken Aal gleich über mein Bein gezeichnet. Ich beobachte, wie der Wind mein Unterkleid fortweht; dann befeuchte ich meine Schenkel und meine Frauenflechte und stoße mich endlich kräftig ab.

Das Gewitter weckt Laure im leeren Schlafzimmer. Regen prasselt gegen das Fenster, Windstöße lassen das Glas scheppern und pfeifen in den Rohren.

Er legt Daãs Kopfkissen zurück an seinen Platz, zieht die Decke über beide Seiten des Betts, geht dann hinunter in die Küche und sucht in den Kartons nach der verzinnten Kupferkanne für den Kaffee. In der Absicht, seine neuen Arbeitsräume zu erkunden, setzt er Wasser auf. Die Praxis grenzt ans Haus, man gelangt von beiden Seiten hinein, sowohl von den Wohnräumen durch die Doppeltür am Ende des Flurs im Erdgeschoss als auch von außen über die Treppe und die große Veranda. Ein dritter Ausgang führt an der Rückseite in den Kräutergarten, ist jedoch nicht für die Patienten gedacht. Wenn vorn jemand läutet, ertönt die Glocke sowohl im Arbeitszimmer als auch im Salon, sodass der Arzt, wo immer er sich aufhält, alarmiert wird. Dreimal zieht Laure am Klingelzug und lauscht den Akkorden des Glockenspiels. Schließlich kehrt er in die Küche zurück, schenkt sich einen Kaffee ein und geht mit der Tasse in der Hand an Wohnstube und Esszimmer vorbei Richtung Apotheke.

Lange betrachtet er die Theke, die Kommoden, ihre Schubladen mit den kupfernen Griffen, die Regale voller Gläser, Becher und Holzkisten. Bei einem Mahagonischrank hält er inne und sieht sich die gleichmäßige Anordnung von glasierter Keramik und Pillendosen an, die der vorige Arzt zurückgelassen hat. Auf halbem Weg zwischen Behandlungsraum und Labor stößt er die Tür zum Sprechzimmer auf und bewundert von der Türschwelle aus den breiten Sekretär, die gepolsterten Stühle, die Bibliothek mit ihren Flügeltüren aus Glas, die Urkunden an den Wänden und die Gravuren, auf denen Knochen, Muskeln und Organe dargestellt sind. In einer Ecke erlaubt eine Untersuchungsliege hinter einem gelben Tuchvorhang die vor Blicken geschützte Behandlung der Patienten. Das glänzende Holz und der Duft nach Zitronenöl und Wachs erinnern ihn an die Arbeitsräume seiner Professoren in der Cité und an die unzähligen Treffen »im Interesse der Wissenschaft« mit jenen, die einen neugierigen Blick auf seinen Albinismus erhaschen wollten.

In der Apotheke sortiert er die Verbände und Medikamente aus, die zu schimmeln begonnen haben seit dem plötzlichen Tod des Doktor Thary. Er leert und desinfiziert die Behältnisse, in denen Präparate ranzig geworden sind und organisiert den Raum so, dass er Spritzen, Kanülen und Theriakgefäße leicht wiederfinden kann. Als er sich seine eigenen Kisten vornimmt, sieht er durch das Fenster, dass der Regen den Graben überflutet hat. Er holt einen Tonkrug nach dem anderen hervor mit getrockneten Blumen, lang ausgekochtem Sud, Phiolen, Pflastern und flüssiger Arznei. Seine Töpferwaren sind nicht von der gleichen Feinheit wie die Keramik des vorigen Arztes, daher räumt er sie nach hinten, ins Labor: Später wird er Porzellan aus der Cité bestellen und damit den Bestand ergänzen, den seine Patienten zu sehen bekommen.

Ich tauche in die Wogen wie das Kind von einst, das Kind meiner Mütter, ein dunkelhäutiger Aal, eine Fischin, ein Hydrometer, das den ganzen Sommer in den Haaren der Flüsse herumtollte.

Der eisige Schraubstock der Strömung ist wie eine zu enge Krone, die mir die Stirn quetscht. Eingetaucht bis über den Kopf, werde ich wieder zur Herrscherin und gewinne – durch den einfachen Druck einer Zehe, durch *Katajjaq*, Loblieder, Anrufung, durch meine Mähne, frei und ungebändigt in den Wellen – die Ergebenheit der Fluten zurück.

Ich lasse Blasen aufsteigen, die den Wirbel vergrößern, ich werfe mich in die Stromschnellen, ich führe meinen Körper mit den Händen an den Kieseln entlang, manchmal verschluckt der Schlamm meine Fäuste bis zu den Handgelenken. Ich spüre die Kälte nicht mehr. Der Regen hämmert auf die Oberfläche. Der Fluss ist voller Wasserfälle und kleiner Becken, ich sitze dort, wo das ruhige und das lebhafte Wasser ineinanderfließen und spalte die Fluten zwischen meinen Fingern, ich flechte flüssige Bänder, meine Arme sind untergetaucht, auch mein Rücken, meine Schultern und mein Hals, bis zum Kinn. Ich befehle Nunak: »Bring mich weg« und die Strömung unter meinem Bauch wird kräftiger und trägt mich mit.

Meine Freude schwillt, wie die Wasser schwellen.

Ganz unten in einem Karton findet Laure den breiten Umschlag, der die einsortierten Samenkörner enthält, die Daā vor ihrer Abreise aus Brón gesammelt hat. Den ganzen Herbst über hat sie Cusoke nach Samen jeder Pflanze durchkämmt, die ihr für die Bedürfnisse der Menschen nützlich erschienen. Auf dünnen Tüchern hat sie Achänen, Flügelnüsse und Schoten ausgebreitet und trocknen lassen, jetzt liegen sie hier, angehäuft in den braunen Papiertüten, die Laure für sie bestimmt hat: Schafgarbe, schwarzes Karmin, Wegwarte, Preiselbeere, Mutterkraut, Labkraut, Honigklee, Vogelmiere. Doch die Beschriftungen sind überflüssig, Daā erkennt jedes Korn an seiner Form, seiner Größe und seinem Geruch: Sie braucht keine Erinnerung, um sie auseinanderzuhalten. Laure nimmt den Umschlag und legt ihn auf den Tresen der Apotheke.

Hinter dem Fenster verhüllt das Gewitter die Straße bis auf wenige Schritte. Wenn er in den Keller hinunterginge, würde Laure den gestampften Boden schlammbedeckt vorfinden. Er verharrt im Labor. Zum ersten Mal fragt er sich, wo Daā bleibt. Aus einer Kiste mit Instrumenten holt er die Schürze heraus, die Schwester Lénie für sie genäht hat. Der Stoff riecht noch immer nach den Gärten von Sainte-Sainte-Anne und dem Gewächshaus. Die Baumwolle ist makellos, höchstens etwas zerknittert von der Reise: Daā hat niemals Kittel getragen, sie wischt sich die Hände an den Röcken ab, ihrer Bluse oder ihren Ärmeln.

Laure denkt an die Aufregung der Nonnen, an diesem Tag, als er ihnen ihr Mädchen wiedergebracht hatte. Den ganzen Weg über knurrte Daā widerspenstig, vom Haus in Brón bis zum Konvent, und stützte sich auf ihr gutes Bein und einen Stock. Oft half er ihr an den Abhängen oder wo Wurzeln den Weg kreuzten. Sie gingen still, ohne sich anzusehen, doch als die erste Schwester ihre Kleine am Ende des Wegs erkannte und vor Freude und Schmerz einen Schrei ausstieß, drehte sich Daā sehr schnell zu Laure um und warf ihm einen nervösen Blick zu, der niemand anderem galt als ihm. Der Augenblick währte gerade so lange, bis Schwester Alcée die Schritte überwunden hatte, die sie von ihrem Kind trennten, die Spanne eines Atemzugs, nicht länger. Dann verschwand Daã unter Küssen und Armen, eingehüllt in einen Chor von *Minushiss, Harzkind, Schwarzer Schlingel.*

Laure streicht sich über den Bart, ohne es zu merken. Er sieht Daã vor sich inmitten ihrer Mütter, eine erstaunliche Synthese jeder ihrer Hauttöne. Er seufzt und ertappt sich dabei, wie er sich diese Haut gegen die anderer Männer gepresst vorstellt. Er kneift die Lippen zusammen und zählt die Monde, die in seinen Kamm eingraviert sind. Er kann sich seine plötzliche Verärgerung nicht erklären. Während er seine Instrumente desinfiziert, gibt er die Schuld den Honoratioren, die vor zwei Tagen gekommen sind, um sich nach seiner Frau zu erkundigen. Sie hatten vorne beim Salon geklingelt, eine kleine Delegation dreier Schnurrbärte und Kappen, die Laure hereinließ und in die Wohnstube führte. Er hatte nicht sofort verstanden, was die Herren bei ihm wollten, und während er ihre Mäntel aufhängte und ihnen einen Kaffee anbot, versuchte er, sich an ihre Namen zu erinnern. Als der Schöffe dann schließlich fragte, ob es irgendwelche Schwierigkeiten gebe, zog Laure seine weißen Augenbrauen weit hoch.

> DER SCHÖFFE. – Denn ich würde mir nicht wünschen, dass Sie so weit gereist sind, nur damit ein Unglück über Sie hereinbricht.
> LAURE. – Schwierigkeiten? Welche Schwierigkeiten?
> DER NACHBAR. – … ihre Gattin, die ja schon vor Tagesanbruch das Haus verlassen hat.
> DER SCHÖFFE. – Hat sie eine schlechte Nachricht erhalten?

In der Stille des Labors benutzt Laure eine kleine Bürste und Alkohol, um seine Phiolen zu sterilisieren; er trocknet sie mit Sorgfalt ab und reiht sie dann der Größe nach auf. Doch empfindet er angesichts der makellosen Ordnung der Glasröhrchen keinerlei Befriedigung, zu sehr nimmt ihn das vorgestrige Gespräch ein.

LAURE. – Sie brauchen sich nicht zu sorgen, Daã geht es gut.
DER HÄNDLER. – Wo ist sie?
LAURE. – Ich habe keine Ahnung.
DER SCHÖFFE. – Und das beunruhigt Sie nicht?

Er war nicht beunruhigt.
Er suchte nach einer Rechtfertigung, nach etwas, das Kangoqs Neugierde stillen und Daã erlauben würde, nach Belieben zu kommen und zu gehen.

LAURE. – Sie kümmert sich darum, Pflanzen zu sammeln, mit denen ich meine Salben zusammenstelle. Sie muss früh los, weil sie einen langen Weg zurücklegt.

Die Männer entspannten sich wieder und nickten: Dies war eine Antwort, die sie ihren Frauen würden vortragen können. Sie tranken den Kaffee und noch einen Preiselbeerschnaps, dann gingen sie wieder hinaus und bedankten sich beim Herrn Doktor für seinen frühmorgendlichen Empfang. Laure blieb allein zurück und wartete. Daã kam zur Abendbrotzeit nach Hause, hungrig und mit roten Wangen. Sehr ruhig hatte sie zu ihm gesagt: »Du bekommst einen Sohn.«
Laure wendet sich wieder seiner Aufräumarbeit zu und stöhnt etwas, als er die großen Säcke zählt, die Daã aus Cusoke mitzunehmen verlangt hatte. Sie sind mit einem dehydrierten Schaum gefüllt, den Daã *Urjuq* nennt. Er erinnert sich an die Reise, die sie unternommen hatte – Tage der Abwesenheit, während derer er nichts zu befürchten hatte – und an ihre Rückkehr mit den dicken Bündeln, die sie sich auf den Rücken gebunden hatte. Sie ließ die Pflanzen auf dem Dach des Hauses trocknen, holte sie jedes Mal, wenn sie Regen witterte, herein und breitete sie, sobald der Schauer vorüber war, von neuem aus. Sie schilderte Laure die saugfähigen Eigenschaften und die hygienischen Qualitäten der Pflanze, geeignet für die Belange sowohl von Frauen als auch von Babys, und setzte ihm

die Art auseinander, wie man sie in Windeln und während der Menstruation in Unterhosen stopfte.

»Du bekommst einen Sohn.«

Laure runzelt die Stirn, während er acht Säcke abzählt: Er wird sich etwas überlegen müssen, um die Vorräte zu lagern, ohne dabei einen Brand zu riskieren, vielleicht neben dem Schuppenanbau, direkt beim Garten?

Einen Sohn.

Er wüsste nur zu gerne, wo Daã hin ist.

Ich schwimme zügig, getragen von der Strömung. Ich tauche weit hinter den Grenzen von Kangoq auf, an einem Ort, wo der Fluss sich in einem See ausruht, bevor er sich wieder in seine ausgedehnten Windungen stürzt.

Beim Auftauchen entdecke ich Bäume, die bis zu den Ästen überflutet sind, Enten, die zwischen panischem Federvieh umhertreiben, Bauernhütten, die vom Fußboden bis zu den niedrigen Fenstern unter Wasser stehen.

Die Heftigkeit des Regenschutts hat das gestört, was tief unten im Flussbett schlief, nun ist der Farouk erwacht und wütend.

Ich ziehe mich aus dem Schlick und entreiße mich der Milde des Wassers, das mir anfangs so eisig vorgekommen war. In meinem Schlammgewand biete ich mich den Winden an.

Ringsumher hat sich der Sturm beruhigt und der Regen wäscht mich ab.

Ich gehe den Fluss zu Fuß wieder hoch, nackt und frei, zurück in meine häusliche Verfasstheit.

Laure ist gerade dabei, seine alte Ledertasche zu entstauben und zählt leise für sich die Sekunden zwischen Blitz und Donner, als die Türglocke der Praxis ertönt. Er springt auf, noch nicht an die Klingel gewöhnt, doch noch bevor er sich wieder fassen kann, schlägt jemand mit der Faust gegen die Tür und schreit: »Doktor Hekiel, Doktor Hekiel!«

Von der Apotheke aus versucht Laure zu erkennen, wer die Person auf der Türschwelle hinter der Fensterscheibe ist. Dies ist eine der großen Lektionen, die er während seiner Jahre im Stollen erworben hat: immer Abstand wahren zwischen sich selbst und der Panik. Der Regen trommelt auf das Dach der Veranda und fließt in Strömen über die Dachrinnen. Es ist so dunkel, dass es Laure nicht gelingt, mehr als den breiten, hohen Schatten eines Mannes auszumachen, von dem er vermutet, dass es der Riese Nils Oftaire ist, Idace Morelles rechte Hand.

Er öffnet. Nils ist bis zu den Oberschenkeln voll Schlamm. Er tritt ein, ohne die Tür hinter sich zu schließen und schreit, um das Unwetter zu übertönen: »Die Flößerjungs! Sie haben das Hochwasser nicht kommen sehen! Sind bei der Wiese westlich von den Aslings auf Grund gelaufen.«

Die Tür schwingt im Wind auf und zu. Nils tropft auf den Fußboden, während Laure Desinfektions- und Schmerzmittel in seine Tasche wirft, eine Flasche starken Alkohol und ein Stück Brot. Er schlüpft in die Fischerhosen des ehemaligen Doktors und stellt gleichzeitig Fragen zu den Verletzten. Anzahl. Zustand. Der Mann weiß nichts. Er sagt nur, dass einer von ihnen mit dem halben Körper unter den Holzblöcken begraben ist. Laure packt an Verbandszeug ein, was er tragen kann, trinkt in einem Zug den schwarzen Kaffee aus, der in seiner Tasse kalt geworden ist, und verschwindet dann im Sturm.

Ich laufe. Der Wind streicht die Halme platt, ich kann Unterrock, Unterwäsche und Wollkleid nirgends finden: Also bleibe ich bis an die Veranda in meiner Tierhaut.

Die wechselhaften Winde peitschen von allen Seiten, ich zergliedere den erdigen Geschmack des Frühlings, entdecke das Aroma von Staub wieder auf meiner Zunge und die Textur der verwelkten Kornhalme. Spucke sammelt sich entlang meines Zahnfleischs. Humus, frische Triebe, geschlossene rote und grüne Knospen, vollgesogen mit Saft. Speichel steigt gegen den Damm meiner Zähne. Der anschwellende Fluss wird in meinem Mund nachgespielt.

Ich stelle mir vor, wie das Wasser irgendwo zwischen meinen Wangen kreist. Meine Zunge nimmt den Platz des schroffen, überfluteten Bodens ein.

Ich koste:
toten Weizen
Federn
Sand
Splintholz
Erde, Rost, Stroh
hartes Eis, geschmolzenes Eis
feuchtes Kälberkleid
Holzblöcke
zartes Grün
Kaninchenjunges, Löwenzahn
keimende Flügelsamen.

Ich laufe. Als ich die Treppe zur Apotheke hinaufsteige, halte ich den ganzen Frühling in meinem Mund.

Daä kommt schlammbedeckt nach Hause, sie beobachtet das Wasser, das aus ihren Haaren die Haut hinabrinnt und unter ihren Füßen eine bräunliche Pfütze bildet.

Um sie herum liegen Fliegen auf dem Fußboden verstreut. Zwanzig oder vierzig von ihnen kommen jeden Tag im Haus um. Laure wirft sie in den Kamin, doch Daä sammelt sie auf, bettet sie in ihre Handfläche und sagt: »*Andesquacaon*«, dann verwahrt sie sie in einem Krug in der Absicht, daraus eine Art Gartendünger zu machen. Zwischen dem Durcheinander von Kartons und Kisten, die noch ausgeräumt werden müssen, sammelt sie sie eine nach der anderen ein, verschrumpelte Kügelchen unter Möbeln und Vorhängen, in den Ritzen der Sessel, zwischen Fläschchen im Labor, im Algenglas, im Destillierkolben, in den Schuhen. Jedes Mal tot. Nahrung für den Boden, die im durchgehackten Kompost untergegraben werden muss.

Die Fliege, die eingeklemmt zwischen den zwei Scheiben des Fensters surrt, ist das erste lebende Exemplar, dem sie im Haus begegnet. Sie drückt ihr Ohr gegen das Fensterglas und lauscht dem Brummen der Flügel, dem Aufprall der schwarzen Stirn gegen das Glas.

Als Laure eine Viertelstunde später nach Hause kommt, steht sie dort noch immer. Eine Königin inmitten von Kisten, beide Füße in einer Matschpfütze, das Gesicht gegen das Fenster im Salon gelehnt. Ihre linke Wange ist kalt und gerötet, die Unebenheiten der Fensterscheibe haben Abdrücke auf ihrer Haut hinterlassen. In der rechten Hand hält sie zwischen steifen, knotigen, geschwollenen Knöcheln ihren provisorischen Zopf. Um sich aufzurichten, zieht sie sich an ihrem eigenen Haarschopf hoch: Schläfe, Kiefer und ihr ganzer Schädel folgen.

Laure sieht sich nach einem Platz um, wo er seinen Arztkoffer abstellen kann, ohne die Möbel und die makellos dunklen Fußbodenplanken zu ruinieren. Er wirft ihn auf eine geschlossene Kiste, Wasser perlt vom Leder ab und durchtränkt den Karton. Später wird er sich furchtbar ärgern, wenn er den Atlas und die feuchten Pharmaziewerke in der Bibliothek verräumt. Und weitere zwanzig Jahre später werden die Seiten der großen

Enzyklopädie aufgequollen sein und nur noch schwer voneinander zu lösen. Doch für den Moment tropft der Arztkoffer.

Er zieht die Wathose aus, geht zur Wanne, nimmt eine Scheuerbürste und wäscht mit viel Wasser Schlamm, Blut und die Jodtinktur ab, mit der der Stoff verschmiert ist; dann wäscht er seine Arme, Hände und Nägel, verreibt die schwarze Seife in seine Handflächen, fährt mit den Handflächen über das Gesicht, schäumt seinen Bart und seine Augenbrauen ein. Er ist versucht, noch bei den Haaren weiterzumachen, hält sich jedoch zurück, spült sich ab und wickelt den Kopf in ein sauberes Handtuch. Seine geölte Hose hängt er am Eingang auf. Neben ihm hat Daã die Fliegen auf dem Tisch abgelegt. Sie hat sich hingesetzt, das Haar fließt ihr über den Rücken. Sie zählt die Insekten und verliest sie. Laure reicht ihr das Handtuch und führt sie zum Bottich. Sie hat ihre Wäsche nicht wiedergefunden, aber was sie davon noch bergen konnte, hat sie auf dem Boden neben dem Eingang liegen gelassen. Laure bückt sich, um die Kleidung einzusammeln, und öffnet die Tür, er geht bis zum Ende des Flurs, streckt sich über die Beete hinweg, wringt Unterrock, Mieder sowie lange Damenstrümpfe aus und hängt die Kleider dann über das Geländer. Als er zurückkommt, ist Daã ein nackter Schatten am Ofen, sie hat sich den Morast mehr oder weniger von Rumpf und Armen abgewischt; die Reste des Schlamms zeichnen dunkle Linien auf ihre Beine.

Laure kramt in der Speisekammer, er holt die gute Pfirsichmarmelade hervor, die dem Paar vor der Abreise von den Schwestern Sainte-Sainte-Annes geschenkt worden ist. Sein Backenbart tröpfelt auf den Fußboden, er wischt sich mit dem Ärmel die Tropfen vom Hals. Daã ist den Mörser aus dem Labor holen gegangen, sie zerkleinert Stück für Stück sechs Handvoll Fliegen, die sie anschließend in einen Glaskolben schüttet, dessen Transparenz sich allmählich pudrig-grau trübt. Sie singt Worte, die Laure nicht versteht. Er betrachtet ihre Haut, die unzähligen Verletzungen an ihrem Fleisch, die Geschichten, von denen die Narben sprechen, und die er nie alle kennen wird. Als er die Konfitüre öffnet, taucht sie ihren Zeigefinger ins Glas;

er bestreicht einen Fladen, schenkt den Kaffee aus und setzt sich endlich hin.

– Die Hühner hat es im Käfig erwischt.

Ein Sonnenstrahl trifft auf den Tisch, die Brotkrümel zeichnen Landschaften aufs Holz. Staub schwebt durch das Licht. Die Küche riecht nach Eisen, Feuer und Bienenwachs. Daã isst mit den Fingern von der Marmelade.

– Ich habe sie rausgeholt, damit sie Fuchsfressen werden, anstatt nur nasse Tote.

Hinter dem Fenster sieht der Frühling grau und braun aus. Laure denkt an den Fluss. Der war genauso grau und braun. Er ist erwacht wie ein Untier. Das letzte Eis aus dem Norden, das am Ufer mitgerissen oder von den Fluten verschlungen wurde, scheuerte das Kieselbett ab und wirbelte den Schlamm auf, zusammen mit Algen und toten Dingen, die unter der Strömung schliefen. Das Treibholz der Flößer geriet über- und untereinander, große Felsbrocken lösten sich unter dem Druck von Eis und Holz. Dieses Chaos trug der Farouk bis zu seiner schärfsten Biegung am Rand der Lotier-Damm.

Als Laure im Feld der Aslings angekommen war, war das Pferd, das sich abmühte, einen der Flößer zu befreien, gerade steckengeblieben. Es regnete so stark, dass fast nichts mehr zu sehen war. Der Gutsherr versuchte, das Geschirr abzunehmen, damit sich der Percheronhengst selbst herausziehen konnte, aber im Schlamm verrutschten die Holzstämme und brachen ihm die Beine. Laure holte den Revolver von Doktor Do hervor und erschoss das Tier. Blut spritzte über das gesprenkelte Fell und die Schneereste. Er wandte sich dem Flößer zu, den das Vieh nicht hatte befreien können. Sein Körper lag zerquetscht unter einem Baumstamm, die Beine schlaff auf der einen Seite, Arme, Hals und Kopf verkrampft auf der anderen. »Was soll ich für dich tun?« Der Mann versuchte es mit ein paar Worten, ohne Erfolg, also deutete er mit dem Kinn auf den toten Wallach neben ihm. Laure lud die Trommel nach. Der Mann starrte in seine strohgelben Augen, verzog das Gesicht zu einem Lächeln und wandte den Blick nicht ab, als der Arzt in die Hocke ging und die Waffe gegen seine Schläfe drückte. Laure sagte: »Ruhe in Frieden, tapfere Seele.« Und erschoss den Flößer. Blut spritzte über seine Stirn, verschmutzte seinen Bart, seine weißen Hände. Mit dem Ärmel hatte Laure die Lider über den leeren Augen geschlossen.

– Die Hühner haben wie wahnsinnig gegackert, und die Enten haben gierig nach den Körnern geschnappt, die überall vom Boden aufgeschwemmt worden sind. Sie sind mit dem gestiegenen Wasser weit weggetrieben von den Käfigen.

Laure isst einen Keks, der sich zwischen seinen Zähnen auflöst. Er fixiert die rosigen Wangenknochen von Daã, ihren Zopf und ihre Lippen, die sich öffnen und schließen. Eine Fliege ist neben dem Marmeladenglas aufgetaucht. Sie liegt auf dem Rücken, ihre Beine so dünn wie Fäden in der Luft. Er zeigt mit dem Kinn auf den Kadaver, Daã nimmt ihn, sagt irgendetwas zu ihm und wirft ihn in den Mörser.

Der Pistolenschuss unterbrach das Treiben der Männer, die sich, blut- und schlammverkrustet, verzweifelt abmühten, Tiere und Verletzte zusammenzutreiben. Laure spürte ihren Blick auf seinem Nacken, seiner Stirn und seinen Wangen. Unter seiner Zunge begannen die Drüsen, Speichel zu produzieren, als hätte er einen bitteren Saft geschluckt. Noch auf den Knien im Morast, steckte er den Revolver wieder ein, er ging methodisch vor, als wäre nichts geschehen, aber selbst inmitten dieser Sintflut, die nicht klar sehen, nicht klar denken ließ, ahnte er, dass Entscheidungen, die in den Tunneln der *Kohle Co.* im Notfall getroffen werden mussten, vielleicht nicht in der gleichen Form hierhergehörten, in diese Gemeinschaft, die im Rhythmus ihrer Lasttiere lebt. Er erhob sich, erteilte den Männern ringsum klare, etwas schroffe Befehle und nahm seine Arbeit wieder auf.

Jeder Schritt trieb seine Füße in den Schlamm, dreckiges Wasser umspielte seine Knie. Ganz in der Nähe des Flusses lag eine alte Frau im Schlick, gestorben durch Ertrinken, oder am Herzen. Laut dem Asling-Gutsherrn war ihr Name Damielle Ronce. Laure nahm sich keine Zeit, sie genauer zu untersuchen. Er stellte fest, dass kein Puls mehr vorhanden war, dann zog er die Leiche mit Hilfe des jüngsten Sohns der Morelles landeinwärts, um sicherzustellen, dass die Strömung sie nicht fortspülen konnte. Nun versammelte er seine Patienten alle auf einem Haufen, die stärkeren nahmen die schwächeren hoch, einige kamen auf dem Geröll ins Rutschen. Nach einer halben Stunde hatte er sie alle im Stall aufgereiht: sieben Flößer und einige Nachbarn, die zur Hilfe geeilt waren. Drei der Asling-Söhne wuschen sich in der Box des Percheron den Schmutz von Armen und Beinen. Laure vernahm das Geflüster im hinteren Teil des Pferdestalls. Er öffnete seine Tasche, holte eine Flasche Alkohol heraus und ließ sie herumgehen, er selbst trank den ersten Schluck und den letzten, dann machte er sich an die Arbeit. Das Gewitter hatte aufgehört.

Der Schnaps machte die Verletzten träge. Einer von ihnen weinte und sagte immer: »*Bean Sìdhe*«. Erhitzt, aber unversehrt wiederholte er einige unverständliche Dinge, die ein anderer schließlich entschlüsselte: »Er sagt, er ist einer *Banshee* begegnet, als die Strömung ihn erfasst hat.« Laure blickte ihn an und runzelte die Stirn. »Ich weiß nicht, was das ist.« Die Lippen des Jungen zitterten. Sein Gesicht war rund und von rotbrauner Färbung. Ein Flößer antwortete an seiner Stelle. »*Bean Sìdhe*. Die Weiße Frau. Sie erscheint denen, die sterben werden.« Der Halluzinierende stand gebeugt da, zwischen den anderen mit ihren Knochenbrüchen, stumpfen und blutigen Wunden. Laure machte sich daran, den Sand, der im Fleisch klebte, auszuwaschen, wobei er immer wieder die Doggen abwehren musste, die sich herandrängten, um die Wunden abzulecken. Asling jagte die Tiere schließlich fort. Der Junge war noch immer aufgebracht, ihm machten die Hunde, die Mistgabel des Alten und das Blut, das ins Stroh rann, Angst. Laure suchte in seiner Tasche nach Bleiessig, fand es nicht und verabreichte ihm stattdessen drei Tropfen Laudanum, um ihn zu besänftigen. Er hielt seinen Kiefer so lange geschlossen, bis der Kleine den Trank schluckte und sich beruhigte. Er fragte sich, wie alt er wohl sein mochte. Unter den Spuren der Flößerarbeit fand er Zeichen von Kindlichkeit: einen spärlichen Bart, weiche Haut, volle, rote Locken. Am Eingang der Scheune tröpfelte das Wasser die Dachrinne hinunter und landete dumpf auf dem Boden. Laure war wieder zu denen mit schwereren Verletzungen zurückgekehrt.

Daã sitzt am Kamin und verdaut ihre Marmelade. Sie spricht nicht mehr. Mit halb geschlossenen Lidern und ruhigem Atem dreht sie den Hanffaden, der ihre Haare zusammenhält, zwischen den Fingern. Laure betrachtet sie. Wie der kleine Flößer hat auch sie diese Wimpern, diese Haut, diese runden Wangen und Lippen, Überbleibsel ihrer Kindheit. Ihr Bauch ist noch nicht rund, aber ihre Brüste schwellen schon an und verraten, dass ihr Schoß tätig ist. Der Wasserkessel pfeift und holt sie aus ihren Gedanken, ihre Augen flattern, als wäre sie aus einem Traum erwacht.

– Oh! Eine Fliege, im Fenster, hat noch gelebt.

Laure stopft seine Pfeife. Die Worte des Asling-Mannes kommen ihm wieder in den Sinn. »Der Schlamm des Farouk bedeutet drei Jahre Reichtum für den Boden.« Seite an Seite auf einem Holzpflock sitzend hatten sie den von Matsch überschwemmten Boden betrachtet. In der Scheune stöhnten die Verletzten oder unterhielten sich leise miteinander. Die Mutter reichte Brotschnittchen herum. Als jeder etwas zu essen bekommen hatte, kam sie zu ihnen zurück, zu ihm und dem Alten, schob sich zwischen sie, neigte sich vor und flüsterte: »Ich glaube, der rothaarige Junge ist tot.«

Das war er.

Mit nichts als einem Kratzer auf der Schulter und einem anderen auf der Hand.

Am Kamin wirft Daã Blätter, Blüten und trockene Knospen in einen Krug, der als Teekanne dient, bis sie das Fayence-Geschirr aus den Kartons geholt haben. Sie übergießt die Pflanzen mit Wasser, schaut Laure an, der nichts sagt, wühlt in den Kräutergläsern und fischt zwei Weißdornknospen hervor, die sie dem Kräutertee hinzufügt und ziehen lässt.

– Eine dicke Fliege, die ständig mit dem Schädel gegen die Scheibe schlug. Ich habe das Fenster ein bisschen aufgemacht, damit sie raus konnte, aber sie war nicht besonders geschickt und ist immer weiter gegen die Scheibe.

Laure stellte den Tod des Jungen fest, dann lief er hinunter ans Ufer. Er wollte die Hydrografie des Dorfs erkunden, sich ein Bild davon machen, ob dieser Fluss ein Verbündeter oder ein Feind seiner Arbeit war. Das Geräusch des Strudels wurde lauter, bis er schließlich nicht mehr näher herankonnte. Die Gischt schäumte, das Hochwasser riss Bäume mit sich, die zu nahe am Flussufer wuchsen. Er ging den Farouk hundert Meter hinauf. Ausgerissene Sträucher, Holzstämme, Eis und Getier wälzten sich durch die braunen Fluten.

Zwischen zwei Felsen, die abseits des großen Stroms standen, entdeckte er die Weiße Dame des kleinen Flößers. Eine lange Damenbluse, ohne Zweifel vom Sturm hierher gefegt. Das Schwemmgut, das sich bei ihr angesammelt hatte, mochte ihr vielleicht menschliche Formen verliehen haben: Laure konnte sich nicht vorstellen, dass der Junge ein Stück Stoff mit einer Person verwechselt haben sollte, nicht einmal während der Eisschmelze. Ein Teil seines Gehirns erkannte Daãs Kleidung, ihr tiefausgeschnittenes Hemd, das Schwester Selma genäht hatte. Doch ein anderer Teil in ihm entschloss sich dazu, dieses Detail zu vergessen, wie er auch das über seine Haut verspritzte Blut des Pferds und des zerquetschten Flößers vergaß.

Er kehrte nach Hause zurück, die Arme müde und die Finger schmutzig und eiskalt vom Schlamm, von Wind und nasser Aprilluft.

– Und dann: *oheonh*. Gestorben, aufrecht, am Glas festgehalten. Sie ist irgendwie langsam gefallen, so als ob sie von einer unsichtbaren Hand zwischen den zwei Scheiben abgelegt worden wäre. Ist auf dem Rücken gelandet. Ich habe in den Schultern und im Rückgrat gefühlt, wie sie stirbt. So als hätte ich auch Flügel, die auf dem Fensterbrett zerknittern, zur gleichen Zeit wie ihre.

Solange er Daãs lange Finger anschaut, muss Laure nicht an den Flößer denken, den er aus nächster Nähe erschossen hat. Sie versucht, ihre Haut dort zu reiben, wo sich die Schulterblätter treffen. Er möchte gar nicht verstehen, wie Damielle Ronce tot im Schlamm enden konnte. Er will nicht wissen, auf welche Art der Asling sein Land von Holzstämmen und Schwemmgut befreien wird. Das ist nicht seine Aufgabe. Daã serviert den Kräutertee, dann kommt sie näher, kniet sich nieder vor seinen Stuhl und legt ihren Kopf auf seine Schenkel. Ihre Hand sucht Laures Bauch, ihre Finger öffnen seine Hose Knopf für Knopf. Ihre Haare kräuseln sich in alle Richtungen, sie riechen nach Moos und Schlick. Laure massiert ihr die Schultern an der Stelle, wo ihre Flügel angewachsen wären, wenn so etwas möglich wäre. Er denkt an den halluzinierenden Jungen, gestorben ohne ersichtlichen Grund. Das Laudanum konnte ihn nicht getötet haben. Er versteht es nicht. Wenn er mit Daã darüber gesprochen hätte, würde sie ihm sagen, dass es die Angst war, die von ihm Besitz ergriffen hatte, ganz einfach. Aber als sie ihn, bevor sie seine Schenkel und sein Geschlecht küsst, fragt: »Und wie war der Morgen bei dir?«, da antwortet er: »Schlammig«, und bleibt gefangen in seinem rätselhaften Geheimnis.

Die drei Toten ähneln sich. Das Laken unter ihnen ist grau-beige, genau wie das Leichentuch über ihnen. Durch den Stoff zeichnen sich die Umrisse der Körper ab. Am Geruch erkennt Daã, dass es Tücher sind, die wohl im Winter zum Schutz der Rosensträucher gedient haben. Sie stinken immer noch nach Pilzen, Moos und Feuchtigkeit, obwohl der Geruch der Salbung und heiligen Öle noch stärker ist. Die behelfsmäßig in Leinentücher gehüllten sterblichen Überreste erinnern Laure an die Leichen im Bergwerk, die in Planen gewickelt in den Gruben hinter den Tunneln der *Kohle Co.* verscharrt wurden. Die wenigen Wochen, die er bisher in Kangoq verbracht hat, haben nicht gereicht, um all die Gesichter auszulöschen, die im Ruß verschwunden sind, die Explosionen und Schreie, die Trommeln der Spitzhacken, die Verkrüppelten und Toten. Es ist eine Krankheit, die keine Arznei und keine Zeit je heilt. Der Staub hat sich in seine Haut gefressen: Er wird die Kohlejahre nie loswerden.

In der Mitte der Kirche ist die Hitze drückend, nahe der Mauern lässt sie nach. Der Stein hat die Kühle von draußen gespeichert, aber die Leute, die sich unter der Kuppel drängen, heizen das Kirchenschiff auf. Laure stützt sich mit beiden Händen auf die Rückenlehne der Bank vor ihm. In den Tunneln der Mine gab es genau die gleiche Eigenartigkeit: Die Innenwände kalt, die Luft heiß. Manchmal wurden Bergarbeiter unter herabfallenden Trägerbalken eingeklemmt, wenn sie Blindschächte verbreiterten. Dann musste er also in den schwarzen Bauch hinabsteigen, sich vom Tor verschlucken lassen, die Querstollen nehmen und die nie enden wollenden Treppen bis zu den Verletzten und Toten hinabsteigen, dorthin, wo sich Schweiß und Kälte vermengten. Laure schließt die Augen und öffnet sie wieder. Die Kapelle ist sauber und erleuchtet durch ein fahles Licht, das sich an den Buntglasfenstern bricht. Die Strahlen treffen auf den Mund Vater Hénochs, seinen Oberkörper und seine Hände. Mit erhobenen Armen zählt er die Dahingegangenen auf.

»Übergeben wir die Seelen unserer Mitmenschen dem Himmel:

Laurier Athilas, Floßherr;
Fynn der Ire, Schwemmer;
Und Damielle Ronce, die aufgebrochen war, um ihren Ehemann Jovite und ihre Tochter Miora zu finden.«

Daã wiederholt im Stillen die Namen. Laurier Athilas, Fynn, Damielle Ronce. Sie möchte zu den Leichen hingehen, ihnen ihre Hand auf das Gesicht legen, über Kinn und Augenbrauen, und in ihrer Handfläche durch den Stoff hindurch an ihrer Todeserfahrung teilhaben. Sie reckt den Hals, versucht, über die Köpfe der anderen hinwegsehen zu können. Die Männer, die der Stele am nächsten stehen, kneten ihre Hüte in den Händen; sie sitzen Schulter an Schulter, drängen sich aneinander, halten sich so weit wie möglich von der Grabplatte entfernt, auf der die sterblichen Überreste ausgestellt sind. Daã dreht sich zu Laure um und sagt leise: »Sie haben Angst vor den Toten!«

»Der Eisgang hat ihre Körper eingefordert, und doch hat das große Gewässer sie glücklicherweise nicht in sein Bett eingesperrt. Gesegnet sei der Farouk, der unsere Brüder und unsere Schwester nicht verschluckt hat. Ihre Seele wird nicht zwischen Schlamm und Kieseln verfaulen ...«

In der *Kohle Co.* wurden Beisetzungen samstags gefeiert, doch hin und wieder musste eine zweite Messe für Mittwochabend ausgerufen werden, um dem Tempo der Unfälle zu entsprechen. Zwischen zwei und zehn Personen wurden jede Woche beerdigt. In aller Eile hergerichtet durch die Nonnen aus dem Wald, wurden die Leichen für die Zeit eines Rosenkranzes auf einem Brettertisch aufgetürmt, dann wurden sie auf einem Karren von zwei Ochsen zum Grab gezogen. In Kangoq werden richtige Leichentücher aus weißem Garn gewoben, das eigens aus der Cité importiert wird. Die Frau des Frisörs, die sich, wenn nötig, als Thanatologin zur Verfügung stellt, weigerte sich jedoch, mehr als einen Leichnam zur gleichen Zeit aufzubereiten, aus Furcht, ihr Schicksal herauszufordern. Als die drei Toten in ihrem kleinen Salon ankamen, fragte sie in der Manufaktur nach, ob die Grolls ihr zwei zusätzliche Laken für die Aufbahrung anbieten könnten, aber man antwortete ihr, dass der Popeline für die Daunendecken aus Seide und Wolle hergestellt würde, zu fein für zwei Flößer, die wer weiß wo geboren sind.

»… und so ist das weiße Licht des Eises zum Spiegelbild des Jenseits geworden, nach dem wir alle streben …«

Dreizehn Jahre lang folgte in der Mine ein Verletzter auf den anderen, ohne dass sich Laure abends noch an sie erinnern konnte. Sobald das Adrenalin einmal sank und er sich auf seinen Stuhl fallen ließ, wusste er nichts mehr, weder den Namen oder das Alter seiner Patienten noch die Schäden oder Verletzungen, die er den Tag über versorgt hatte. Die Monate schmeckten nach einer Mischung aus Kohle, Quecksilber und Schnaps. Er verlor den Überblick über all die durchgeführten Behandlungen, hätte nicht sagen können, wie viele Frakturen, Amputationen, Nähte, Schlagwetterexplosionen, wie viele Fälle von Emphysemen, Atemwegserkrankungen, Bronchitis, Fieber, Ödemen es gewesen waren. Er brachte Familien und Krankheiten durcheinander, erinnerte sich genauso wenig an die Zahl versorgter wie an die getöteter Personen seit Beginn seiner Karriere.

Oft, wenn der Kaplan des Kohlereviers die Dahingeschiedenen aufzählte, fiel Laure plötzlich einer von ihnen wieder ein. Jedes Mal fragte er sich dann, ob es seine Vergesslichkeit war, die den Tod verursacht hatte, oder ob umgekehrt sein Gehirn den Namen aus der unendlichen Liste von Patienten natürlicherweise ausgestrichen hatte, gerade weil der Tod eingetreten war.

In Kangoq ist der Tod ein Ereignis. Die Kirche ist nicht annähernd für so viele Menschen ausgerichtet. Selbst aus den umliegenden Dörfern sind Bewohner angereist, um der Bestattung beizuwohnen. Laure nimmt Freundschaften und Spannungen wahr, die im Raum liegen, doch er versteht sie noch nicht. Er denkt an seinen ungeborenen Sohn, der in einer Gemeinschaft aufwachsen wird, wo der Tod nicht als Schlachthaus daherkommt, wo sogar noch das Dahinscheiden von alten Menschen Gefühle hervorruft. Hier gibt es keinen Zug, der die Bevölkerung von Kangoq laufend erneuert, der *Sort Tog* versorgt das Dorf nicht mit frischem Fleisch, sondern mit Seidenfäden und weicher Wolle. Der Wert des Lebens ist hier ein anderer.

Neben ihm betrachtet Daã die an die Decke gemalten, vergoldeten Sterne. Sie denkt an die ausgebreiteten Arme von Ina Maka, die die Organe der Kadaver, ihr Fleisch, ihre Körpersäfte und Knochen empfangen wird, um Wurzeln und Maden davon zu nähren.

»Verstorbene Seelen, mögen die großen Schneegänse euch tragen bis in die wahren Daunen …«

Die Worte Vater Hénochs rufen das Heilige in einer Art an, die sie an ihre ersten Lebensjahre erinnert, als sie ihre Mütter, auf eine der Hüften gehoben, noch zu den täglichen Waschungen begleitete. Und auch die Toten selbst versetzen sie nach Hause zurück, zu ihren Kindheitserinnerungen, den Mündern, Zungen und glatten Mulden anstelle fehlender Zähne, dem Wulst zugenähter Augenlider, der rauen Haut der Minentoten.

Sechzehn Jahre lang, während sie in Sainte-Sainte-Anne lebte, sah sie dabei zu, wie in dem angebauten Schuppen neben dem Konvent die Toten der *Kohle* und die des Waldes zusammenkamen. Hier wurden sie von Mutter Aina, Mutter Silène und Mutter Maglia vorbereitet, sie rezitierten ihre Namen, während sie Haare schnitten und Wunden schminkten. Mutter Elli hatte erklärt: »Das Sprechen ist ein Zauber, der Dinge zum Leben erweckt«, also begann Daã, die Namen der Toten zu skandieren, laut heraus oder in ihrem Kopf, und fügte danach hinzu: »*uapikun*«, damit der Boden sie aufnehme und in Blumen umwandeln würde.

Und so beunruhigen sie die drei kleinen Toten vom Fluss, die in Kangoq mit Orgelklimbim und Chorgesang zu Grabe getragen werden, nicht stärker als die Hunderten anderer, die durch Sainte-Sainte-Anne kommen, bevor sie ins Massengrab der Mine gebracht werden. Sie kehren in den warmen Schoß von Nunak zurück, die sie schon erwartet. In den Sermon des Predigers hinein flüstert sie: »Laurier Athilas – Rosenstock, Fynn – Kamille, Damielle Ronce – Farnkraut; Laurier Athilas – Rosenstock, Fynn – Kamille, Damielle Ronce – Farnkraut«, so leise, dass nur Laure sie hören kann. Vielleicht glauben die Leute um sie herum, dass sie betet.

Er schaut sich die Gemeinde an.

Die Männer tragen lange Sakkos, die noch zwei Faustbreit über ihr Gesäß reichen. Weder im Kohlerevier noch unter den Medizinstudenten war dies je modern gewesen. Die Wollstoffe schillern im grünlichen Licht der Fenster. Laure sieht ihnen nicht ähnlich, sein Anzug ist kurz geschnitten und sein Hemd weniger kleidsam als die ihren. Seit seiner Zeit in der Cité beschäftigt die Bekleidung ihn oft. Er hat viel Zeit damit zugebracht, genau zu studieren, wie er Westen, Hüte und Sakkos tragen muss, um sich auf der Straße, unter Kollegen oder neben den anderen Mitbewohnern der Lughs besser in seine Umgebung einzufügen. In der Mine dagegen verfolgte er die umgekehrte Strategie, nämlich sich abzuheben, sich durch seine Kleidung abzugrenzen, um vorzubeugen, dass man ihn anzweifeln könnte ob des improvisierten Charakters seiner Eingriffe. Hier in Kangoq weiß er noch nicht, ob er sich eher einfügen oder abheben will. Er sieht sich um. Die Frauen verbergen ihre Gesichter unter einem Tüll, der einen am Haarknoten festgesteckten Hut ziert und der ihre Augen verschleiert. In der Kapelle der *Kohle Co.* musste man beim Eintreten die Kopfbedeckung abnehmen. Daã, mit ihren selbstgeschneiderten Röcken und ihrem dicken Kinderzopf, fällt auf. Sollte er ihr Kämme und Kleider aus Popeline bestellen? Er selbst mag sie so, wie sie ist, das zerzauste Geschöpf, doch jetzt, wo sie die anderen zu irritieren scheint, ist er nicht mehr sicher, was zu tun ist. Er denkt an den Sohn, der nichts anderes kennen wird als Kangoq. Zum ersten Mal in seinem Leben betet er, mit aller Kraft. Er betet, dass sein Sohn nicht sein Aussehen erben wird.

Zu seiner Seite setzt Daã ihre stille Rezitation fort. Die Menschen um sie herum werfen gelegentlich Blicke nach ihr, dann wenden sie sich wieder den Leichentüchern zu. Von den beiden Dingen, die ihre Besorgnis schüren, obsiegt die Angst vor den Leichen, die sich unter dem Tuch verbergen.

» … gehet hin in Frieden, lasset eure Knochen zu Staub werden und eure Seelen ziehen. Wendet euch nicht um nach euren untröstlichen Brüdern …«

Kangoq fürchtet sich vor den Toten.

» … zu bald schon werden sie euch an die Tafel des Königs aller Könige folgen.«

Das Kind wird ohne diese hinderliche Furcht erzogen werden müssen.

»Du bekommst einen Sohn.« Was Laure eigentlich wissen wollte, hatte er nicht gewagt, sie zu fragen. Einen normalen Sohn oder einen wie er? Er seufzt und es hallt laut durchs Kirchenschiff, seine Nachbarin dreht ihm ihr braungebranntes Gesicht zu, er sieht nicht, ob sie ihm zulächelt oder ihn ausschilt. Er hätte gern einen Stadtjungen, einen, der sich zwischen den Dämpfen aus der Kanalisation und den großen bewaldeten Parks wohlfühlt.

Die Kirche riecht nach Schweiß und Kerzenrauch. Laures Kopf sinkt auf seine Brust, er schließt die Augen. Und plötzlich sieht er sich in einer anderen Kapelle, vor einer Versammlung, die nicht so anders ist als die hiesige in Kangoq: dreckiger, weniger geordnet, aber doch vergleichbar in ihrer stillen Betroffenheit. Die Eigentümer der Mine hatten seine Kündigung angenommen, sie hatten keine andere Wahl gehabt: Sein Vertrag hat ihn für zehn Jahre an die *Kohle Co.* gebunden, und er war im elften. Die Bosse akzeptierten seinen Rücktritt unter der Bedingung, dass er selbst ihn bekanntgeben sollte. Und hier ist er nun, bei der Mittwochabend-Beerdigung, zwischen dem Ende der Predigt und dem letzten Abschied von den Verstorbenen, und spürt Übelkeit in sich aufsteigen. Die Arbeiter sind für einen Freund hergekommen, für ein Elternteil. Er sieht sich der hundertfachen Variation seines erschöpften Vaters gegenüber. Selbst die Jungen wirken alt, ihre Gesichter sind zerfressen von Kohle, Hunger und Tagen ohne Sonne. Er sagt sich immer wieder, dass Joseph nicht gewollt hätte, dass sein Sohn in den Tiefen des schwarzen Rachens endet, aber er kann sich beim besten Willen nicht vorstellen, wie er das diesen Leuten erklären soll, die sich hier versammelt haben, um Tote zu betrauern, die er, Laure, nicht hatte retten können. Er steht vor ihnen und hüllt sich in Schweigen. Dann, ohne zu wissen wie ihm geschieht, hört er sich die Worte aussprechen. Er kann nicht sagen, woher sie kommen oder wie sie den Weg über seine Lippen finden: Eine ruhige Person hat in seinem Körper das Ruder übernommen, während er selbst sich von außen dabei zusieht, wie er den Bergleuten die Einzelheiten seines Weggangs auseinandersetzt.

»Aber wer wird sich um uns kümmern?«

»Ich habe vier Lehrlinge in sechs Jahren ausgebildet, sie sind bereit, mich zu ersetzen.«

»Aber das sind doch keine richtigen Ärzte!«

Er hätte gute Lust, ihnen zu antworten, dass die Arbeit, die er jeden Tag erledigt, die eines Metzgers ist. Dass Gliedmaßen wieder anzunähen, vergebliche Fälle selbst zu töten und Kranke einzusperren, damit sich ansteckende Krankheiten nicht ausbreiten, nicht die Medizin ist, die man in den Schulen unterrichtet. Er schweigt. Er wusste schon immer, dass das Kohlerevier ein Dschungel ist, wo gegenseitige Unterstützung gerade so lange hält, bis der eigene Vorteil winkt. Jeder von ihnen täte exakt dasselbe wie er, wenn sich ihm die Gelegenheit böte. Ohne diese Hoffnung auf ein besseres Leben wären sie wohl gar nicht erst in den Norden gekommen. Der Weiße Arzt verlässt den Saal, wohlwissend, dass er sie alle einem Schicksal als Kohlenfutter überlässt.

Ein Knall, fast wie ein abgefeuerter Schuss, reißt Laure aus seinen Gedanken. Wahrscheinlich jemand, der sich von seinen Knien zu ungestüm erhoben hat. Neben ihm hat Daã ihren Kopf gehoben. Sie heftet ihren Blick auf einen Punkt ganz rechts, genau in der zweiten Bankreihe. Hinter dem Altar segnet der Priester gerade Brot und Wein. Nichts bewegt sich mehr im Kirchenschiff. Einzig Daã ist eine Wölfin auf der Lauer. Es vergehen noch einige Sekunden, dann bricht der Sturm los, vorn in einer Bank unter dem Buntglasfenster, das die weinenden Frauen darstellt.

Cléo Oftaire verschränkt ihre Arme über dem Bauch und umklammert zu beiden Seiten ihres Oberkörpers die Zipfel ihrer Kleidung mit den Fäusten. Ihre Schreie erinnern an die der

Männer, die in der kohlegesättigten Luft den Verstand verlieren.

Laure sieht sie nur von hinten. Ihr strähniger Zopf ist zur Hälfte aufgelöst, das Hutband fällt ihr bis aufs Kreuz herunter. Ihr Kleid ist grau und gefältelt, durchgehend geknöpft, weder in der Mode eines Kindes noch einer jungen Frau, verziert mit schwarzen Borten zwischen den groben Stoffbahnen. Sie zieht an ihrer Schnürbrust, doch der Stoff hindert sie. Laure kommt es so vor, als kämpfe ihr ganzer Körper gegen die Nähte an, um aus dem Gewand herauszukommen.

Nils Oftaire, bekannt als der Riese, zwängt sich aus der kleinen Kirchenbank hervor, packt seine Tochter unter den Achseln und hievt sie sich, wie einen Sack Mais in den Feldern der Morelles, über die Schulter. Sie ist ein langes, mageres Kind mit Händen so groß wie Kellen, die gegen den Rücken ihres Vaters trommeln. Ihre heiseren Schreie hallen durch die Kapelle und verfangen sich in der Kuppel. Der Priester steht noch immer mit erhobenen Händen da, stiller als seine Toten, als die Kirche sich langsam mit Gemurmel und Stimmen füllt. Die Tür geht auf und schließt sich wieder hinter Nils und seiner Tochter.

Daã steht auf, ein Wasserfall aus Haaren und Wollstoff. Laure schaut auf ihren Po, über dem der Rock erbebt, dann auf ihre Taille und ihre langen Arme, während sie sich über den Mittelgang entfernt.

Es dauert eine Weile, bis ihm einfällt, ihr zu folgen.

Das Mädchen ist verdreckt, aber nicht von der Taiga oder dem Fluss, sondern von Angst, einer feuchten Scheune und Hunger. In dem Oftaire-Kind erkenne ich ein Tier, das mir verwandt ist und doch verschieden: keine freie Bärin, sondern eine Wölfin, aus der man eine Hündin zum Ziegenhüten machen will.

Die Kleine brüllt und weint verängstigt hinter den drei Apfelbäumen der Kirche. Ihr Vater versucht, den Ausbruch zu ersticken, indem er auf sie herunterschreit. Laure hält sich auf Abstand. Er bemerkt die schmutzige Haut, den Schorf rund um Ohren und Mund des Kindes, den Rotz, der auf seiner Wange verkrustet und die Tränen, die gar nichts reinigen, sondern Bahnen in den Schmutz ziehen und seinen Kragen verschmieren. Er denkt an das Kohlwasser und an die schmierigen Blätter, die er heruntergeschlungen hatte, um den Aufruhr in seinem Bauch zu beruhigen. Er erkennt sich in Cléo Oftaire wieder, und doch gleicht sie ihm nicht: Alles, was er jemals kannte, war die Armut der Bergarbeiter, das Elend der Massen, das so gleichmäßig auf alle verteilt war, dass es kaum in Erscheinung trat. Die Kleine erlebt etwas anderes, schmachvolle Hungersnot, abstoßend und verstörend.

Ich spüre, dass das Kind mich spürt. Auf dem Kirchenvorplatz fühle ich mich wie zurück in meiner Taiga. Ich nähere mich mit gehobenen Händen, unbedrohlich, im langsamen Takt von Beute und Jägerin zugleich.

Ich sage: »Tote Dinge werden in deinen Augen wieder lebendig.«

Laure stellt sich zwischen Vorplatz und Weinkrampf auf. In den Fenstern der Notre-Dame-de-Kangoq senken einige den Kopf, durch das Entsetzen Cléos abgelenkt von ihrer eigenen Angst.

Laures Blick fällt auf Daäs Brüste, die unter ihrer Bluse angeschwollen sind. Er hat das Gefühl, dass sie wächst. Nicht nur, dass sie runder wird, sie nimmt vielmehr an Größe zu, sie dehnt sich aus. Er denkt an seinen ungeborenen Sohn. Er sieht in Cléo das Kind, das er selbst gewesen ist. Sie klammert sich an ihrer Wäsche fest, verschluckt sich beim Weinen. Er erinnert sich an den Knoten im Hals, der die Tränen unterdrückt und an den Hunger, den allgegenwärtigen Hunger, den er für sich behielt. Ihm fällt der Unterschied auf: die große Stille kollektiver Armut und der große Lärm einsamer Not.

Cléo schluchzt. Sie ist in sich zusammengesunken und hält ihren Kopf zwischen den Händen.

Ich sage: »Sie sind nicht gefährlich.«

Ich lasse den Worten, die aus meinem Mund kommen, Zeit, sich irgendwo dort in ihr niederzulassen, wo sie noch in der Lage ist, zu hören.

Eines Tages auf meiner Wanderschaft, zwischen der Zeit meiner Mütter und der von Laure, kam ich zu spät zu einem Luchs, der in eine Falle geraten war. Die Raubkatze war noch nicht tot, aber sie verblutete, war im Todeskampf. Ich habe mich ihr genähert wie Cléo, mit offenen Handflächen und Fingern. Ich sprach eindringlich mit derjenigen Hälfte ihres Geists, die nicht verletzt war, die befreit werden musste, um wieder zwischen den Lärchen zu jagen. Ich kniete mich hin und das Tier bettete sein Maul auf meinen Schenkel. Ich sang: »Ina Maka *pitukaieu toornisoq piciw*« und streichelte seine weiche Stirn. Ich stieß meine Klinge in seinen Bauch und wartete, bis es auf der grauen Seite des Waldes wieder zu laufen anfing. Dann fertigte ich einen Schal aus seinem Fell.

Ich sage zu Cléo: »Ich kann dir etwas über deine Angst beibringen.«

Ich denke: Immer an den gelassenen Teil des Kopfes wenden, wenn ein Luchs stirbt, und wenn ein Kind vor Entsetzen durchdreht.

Ich stehe auf zwei festen Beinen, eine Riesin inmitten des Flusses. Meine Röcke werden von der Strömung Richtung Meer gezogen. Cléo Oftaire, die vor mir steht, hat ihre Stiefeletten und juckenden Strümpfe ausgezogen und macht sich große Sorgen, ihr schwarzes Kleid könne nass werden.

Ich habe gesagt: »Auf dem Weg wirst du Eisenschrott, Felssteine oder Blätter sehen, die dich anrufen. Es sind die Gesichter der Toten. Sammle sie auf.«

Sie hat ihre Schürze hochgeschlagen, die nun von Kieseln, Zweigen und Dreckklumpen ganz ausgebeult ist.

Ich sage: »Schick die Gegenstände deiner Toten los, damit sie gereinigt werden und dann mit dem Farouk ins offene Meer hinausfließen.«

Sie tut, worum ich sie bitte, und verfährt mit den Kieselsteinen und Walnüssen geradezu wie mit kleinen Gebeten. Ich denke an meine Mütter aus dem Wald, die, die eher dem Boden verbunden waren als dem Himmel. Ich sehe die Opfergaben wieder vor mir, die sie in ihren Händen gehalten haben, und die Hände selbst, rau, warm, weich, kühl, feucht und liebevoll auf meiner Haut. Cléo fragt, was sie sagen soll. Ich finde die Worte meiner frommen Mütter wieder, wenn sie sich mit dem Vater in der Höhe durch Gesänge und Kerzen unterhielten. Der Fluss trägt ihre Stimmen bis an mein Ohr. Ich erfinde eine Ansprache, weil es keinen wörtlichen Text gibt, keine zeremonielle Handlung und kein echtes Ritual. Was dort im Wasser zusammen mit den Blättern wegfließt, ist ein Teil von Cléo: Ich weiß seit meiner Geburt schon, dass Tote ihrem eigenen, friedlichen Pfad folgen und niemanden dabei brauchen.

Und wie wir beide, zwei weibliche Tiere, gegen die Frühjahrsfluten ankämpfen, da füllt sich die Luft mit Klängen und Kangoq verstummt. Ein Schauer steigt mir von den Armen bis zum Kopf: Voll Glück erblicke ich ein Abbild der großen Aufbrüche im Norden: Der erste weiße Schwarm verschleiert die Sonne, zehntausend Schneegänse umkreisen uns und lassen sich an den Flussufern nieder, in den überschwemmten Feldern und auf den Weiden der Morelles.

Cléo Oftaire zieht eine Grimasse: »Jetzt ist Arbeitssaison.«

Unter den Bäuchen der Schneegänse blüht das Gold von Kangoq. Über hunderttausend Tiere werden während ihrer großen Wanderungen rund um das Dorf rasten. Die kurzgeschnittenen, stoppeligen Felder kratzen wie Kämme über den Unterleib der Vögel. Mehrmals am Tag stülpen sich die Kinder breitkrempige Hüte über den Kopf, die sie vor Kot schützen sollen, und rennen armwedelnd mitten zwischen die Gänse. Die Schar erhebt sich, zieht über den Dächern ein paar Kreise und lässt sich auf den Nachbarfeldern nieder. Die Männer sammeln mithilfe von Harken, die so lang sind wie Maulesel, die Daunen aus dem Stoppelfeld ein: Sie bürsten das Heu von unten nach oben aus, wobei ein loses Mulltuch, das an den beiden Enden ihres Werkzeugs befestigt ist, verhindert, dass der Wind die Flaumfedern aufwirbelt. Durch eine Kippbewegung wird dann die Ernte in glatte Baumwolltaschen entleert, die die Frauen seitlich umhängen haben. Die größeren Kinder sind ihnen dicht auf den Fersen, sie tragen eine Ladung Getreide auf dem Rücken und streuen Hirse und Mais aus, damit die Tiere die rivalisierenden Weiden anschließend wieder verlassen. Drei Familien wetteifern um die Schwärme, und die Gänse wechseln vollgefuttert von einem Feld zum anderen, während Kangoq sandüberdeckte Federn in Ballen füllt, die so hoch sind wie Ochsen.

Die Vögel ruhen sich neunzehn Tage lang aus, dann ziehen sie weiter, die Saison erstreckt sich noch über etwas mehr als einen Monat, bis auch die letzten Schwärme aufgetaucht sind, sich gestärkt haben und ihre Wanderung wieder aufnehmen, dem Ruf ihrer nördlichen Brut folgend. Dann beginnt die Phase der Reinigung: Die Männer kratzen den getrockneten Vogelkot an Millionen Stellen von Fenstern, Dächern und Terrassen, unterdessen nehmen die Frauen die Ernte in Angriff: Das Gefieder wird in Schmelzwasser gewaschen, für den Winter in eiserne Bottiche gestopft und bis zum Tauwetter dort gelassen. Sand und Körnchen rieseln ab, die Daunen bleiben in den Wannen hängen; sie werden mit großen Sieben aufgefangen und von einem Becken ins nächste umgefüllt, von schmutzigem ins immer sauberere Wasser, dann auf dünnem Mull ausgebreitet und zum

Trocknen in den Lagern entlang des Farouk aufgeschichtet, bis es an der Zeit ist, die Steppdecken und Federbetten der Firma Groll damit zu stopfen.

Den Sommer über bauen die Männer des Dorfs Tierfutter und Getreide für die Gänse an, während die Frauen an der luxuriösen Bettwäsche weben und nähen, die in Packen in die Cité geschickt wird, mit dem grauen Seidenetikett, auf das sorgfältig *Kangoq-Daunen* gestickt ist. Im Herbst kehren die Gänse zurück und das Schauspiel beginnt von vorn, außer dass die Familienältesten nun auch die Aufgabe haben, die dicksten und fleischigsten Gänseriche zu töten, um im Winter die Mahlzeiten zu verfeinern.

—

Parallel zur Arbeit der großen Höfe stellen die Witwe Siu und ihre fünf Töchter Fallen auf für Füchse, die vom Geflügel angelockt werden. So halten sie die Raubtiere von den Kolonien fern und verschaffen sich mit den Fellen zugleich das Einkommen für ihren Lebensunterhalt. Sie wohnen etwas abseits vom Dorf in einem trüben Ziegelsteinhaus, das sie aus Zeitmangel nie vom Kot befreien. Wenn die beiden Ältesten – eineiige Zwillinge – zum Bahnhof hinuntergehen, um am *Sort Tog* zu verhandeln, haben sie Klauenfett in ihren strohigen Haaren und schwarze Fingernägel vom Blut der gehäuteten Tiere. Sie riechen nach sulfoniertem Öl und Alaunsalz, doch unter dem Dreck und den Flecken sind es zwei üppige Sechzehnjährige: Die Jungs von Kangoq schwirren um sie herum, ohne sich ihnen zu nähern, und die Zwillinge klimpern mit den Wimpern und spötteln ein bisschen hinter ihren molligen Händen. Sie sind ebenso strahlend wie verboten, doch es tut gut, sich in der Peripherie der Versuchung aufzuhalten. Die Jüngste folgt ihnen manchmal; sie gleicht einem blonden rosa Bonbon, das man in schmutzige Wolle gepackt hat. In der Schule sagen sie: Cécile Siu, Cécile die Närrin, einfältiges Ding, tanzt mit dem Wind.

Cléo Oftaire ist die Einzige, die den Töchtern der Witwe ohne Misstrauen entgegenläuft und sich zwischen ihre Röcke wirft, sobald sie mit den Fellen über der Schulter auftauchen. Sie fällt ihnen um den Hals und küsst sie, schaut sie lange an und sagt immer wieder: »So schön, so schön«. Sie steckt in ihren zu engen Kleidern, die voller Vogelkot, Kornhalmen und Daunen sind; die Zwillinge herzen sie, als würden sie einen schwanzwedelnden Hund knuddeln. Cécile bietet ihr die zweite Hälfte ihres glasierten Apfels an, schaut zu, wie sich ihre Augen vor Genuss weiten und die Zuckergerste ihren Mund rot färbt. Der Notar, der Bürgermeister und die Groll-Angestellten warten am Bahnsteig auf den Zug und kneifen die Lippen zusammen. Sie wissen nicht, wer sie mehr anwidert, das jähzornige Kind oder die drei anderen.

Wenn die Dämmerung endlich alle Felder einhüllt und die Gänse friedlich grasen, sodass sich die ununterbrochene Kakophonie ihrer Rufe etwas legt, kümmert sich Laure um die kleinen Verletzungen des Tages; hier ein Knie, das genäht werden muss, dort ein infizierter Biss. Er verlässt die Apotheke, wenn die Familien von den Feldern heimkehren; an seinem Arzthaus geht er los, bis zum anderen Ende der Hauptstraße, seine Arzttasche unter dem Arm und einen dünnen Strohhut auf dem Kopf, als Schutz vor den letzten Sonnenstrahlen.

An diesem Abend, einem der letzten der Gänsesaison, beendet er seinen Rundgang in der Scheune der Aslings, wo Nils Oftaire und seine Tochter wohnen. Cléo hat mitten in der Weide einen Anfall bekommen, nachdem sie aus Versehen über zwei aufgeschlitzte Gänseriche gestolpert ist, die dort von einem Tier, zweifelsohne, zurückgelassen worden waren. Ein anderer Junge musste all seine Hirse- und Maiskörner liegen lassen, sie über die Schulter nehmen und den ganzen Weg bis zum Hof zurücktragen. Andernfalls wäre sie bei der Rückkehr der Gänse nicht mehr vom Feld weggekommen, denn jeder im Dorf weiß, dass ein Kind, das allein im Gänseschwarm zurückgelassen wird, zu Tode gepickt und gebissen werden kann, wenn es nicht rechtzeitig Schutz findet.

Die zwei Männer unterhalten sich lange. Der Vater behält seine Fäuste in den Taschen, starrt zu Boden und presst die Lippen aufeinander. Daã beobachtet die Kleine: Sie sitzt auf der wackligen Scheunentreppe, die vom Getreidespeicher mit den Betten hinunterführt und schlägt mit den Fersen gegen die Stufen. Oben ist der Zwischenboden, zu schäbig für die Hunde, die ihre eigene Hütte haben, und zwar mit Fenster, aber gut genug für jene, die von den Aslings »aus Mildtätigkeit« eingestellt werden. Daã sagt: »Komm«, aber Cléo kommt nicht, sie blickt ihr immer noch misstrauischen entgegen, also steigt Daã allein hinunter, an Laure vorbei, der gerade insistiert: »Es gibt Behandlungen für emotionale Zustände«. Sie tritt hinaus, geht zum Fluss und läuft am Ufer entlang. Das Kind rennt zur Dachluke und hält nach ihr Ausschau. Bald verschwindet auch der letzte Rest des Zopfs hinter der Senke; das Mädchen versucht, mehr zu sehen als nur den Sonnenuntergang und das Meer weißer Gänse, sie wüsste gerne, wohin diese Hexe, die so gut riecht, verschwunden ist, doch Daã bleibt sehr lange außer Sicht.

Als sie zurückkommt, ist Laure gerade dabei, Cléo zu untersuchen, er haucht in seine Hände, damit sie nicht zu kalt sind, tastet nach den Lymphknoten am Hals und sucht den Schädel ab, indem er die schmutzigen Haarsträhnen zur Seite schiebt. Kaum erblickt die Kleine Daã, gleitet sie unter seinen großen Händen hervor, zieht sich das Kleid wieder über die Schultern hoch und rennt die Treppe hinunter. Daã trägt Sprossen, Triebe und Beeren in ihrer Kleidung. Sie kniet sich ins Stroh und breitet alles vor sich aus; das Kind zappelt um sie herum, aber sobald Daã sagt: »Setz dich«, tut sie es. Sie gräbt die Hände ins Heu und schlägt mit den Fersen aneinander, doch ansonsten bleibt sie ruhig, betrachtet die Pflanzen und runzelt die Stirn; sie mustert sie, als seien es Gegenstände von großer Rätselhaftigkeit. Daã sagt: »Das hier sind Sachen zu essen, wenn du Hunger hast. Brauchst sie nicht stehlen, sie wachsen frei in der Natur.« Nun bewegt sich Cléo kein bisschen mehr. Nils ist ebenfalls nähergekommen, er beobachtet aus einiger Entfernung Daãs dunkle Finger und ihre entschiedene Art, sich zu bewegen, als sei jede Geste wohlkalkuliert, endgültig.

Sie erläutert einige Wurzeln, Blätter, Früchte und Pilze. Wo sie sich befinden und wie man sie wiedererkennt. Cléo hört zu. Nils hört zu. Sie sagt: »Traubenaralie oder Stechwinde. Wenn du eine Erkältung hast, lässt du die Wurzeln in heißem Wasser einweichen und trinkst.« Sie erklärt die Form der Stängel, die deutlich gezackten Ränder der Blätter, die immer zu dritt oder zu fünft an einem Knoten wachsen, sie stellt das Besondere an den Beeren heraus: »Im Herbst sind die *Minish* essbar.« Ein paar Früchte rollen in ihre Hand.

Cléo fragt: »Kann ich die essen?«

»Die da nicht. Sie sind vergoren. Aber wenn neue Trauben anstelle derer vom letzten Jahr wachsen, kannst du. Warte mit dem Pflücken, bis sie schwarz geworden sind. Sie schmecken nach Springkraut, du wirst sehen.«

Cléo nimmt die Beere zwischen ihre Finger und sagt: »Ich will sie aber jetzt essen.«

Laure schickt sich an zu gehen. Daã gibt gerade zurück: »Tja dann, nur zu.« Während er hinausgeht, sieht er, wie die Kleine die Aralie zerbeißt und das trockene Fleisch zwischen ihren Zähnen zerdrückt. Sie reißt die Augen auf und beginnt zu spucken und sich die Zunge zu reiben.

―

Von der Scheune bis zum Weg zerdrückt er Stoppeln unter seinen Absätzen. Wasser quillt aus der Erde rund um seine Schuhe, braun und manchmal schaumig. Zurück auf der Straße, verändert sich die Beschaffenheit des Bodens unter seinen Stiefeln und wo vorher die Erde seine Schritte dämpfte, begegnet ihm nun der harte Weg. Er geht von Ost nach West auf dieses Haus zu, das seines ist, leider. Über den Dächern von Kangoq ist es Nacht. Der Aufruhr, den die Gänse veranstaltet haben, stellt eine andere Art Störgeräusch dar als das der Minenarbeit, Laure gewöhnt sich einfach nicht daran. Um ihn herum ist alles mit klebrig grünem Kot bedeckt. Das Land ist gepflügt, aber noch wurde nichts ausgesät, die Männer warten damit bis zum Ende der Saison. Entlang der Hauptstraße haben sie begonnen, den Vogelmist abzukratzen. Auf den Terrassen allerdings werden die langen Verandabretter und die Stufen lieber mit Sand eingerieben und dann überstrichen. Die Hortensien, die die Treppen säumen, treiben dicke Knospen; bald werden die Frauen in ihren Gärten die Erde umgraben und Saatgut ausbringen, das die Krähen wieder auspicken. Laure macht eine Bestandsaufnahme seiner bisherigen Fälle in Kangoq. Lässt man die Überschwemmung und die seltsame Erkrankung von Cléo Oftaire beiseite, dann gab es eine Reihe von Gänsebissen und kleineren Verletzungen, zwei Ohrenentzündungen, das Magenleiden von Ubald Viks, das Ekzem der Madame Delorgue, eine Schnittwunde an der Hand, drei Holzsplitter im ersten Entzündungsstadium. Der alte Bourrache sitzt im Schaukelstuhl auf der Veranda vor seinem blauen Haus und winkt ihm zu. Laure senkt die Stirn zum Gruß. Wie gern wäre er ein anonymer Passant. Er träumt von der Cité.

Eine Stunde später folgt Daã in seinen Fußstapfen. Manchmal findet sie genau Laures Spur wieder, sie erkennt den breiten Abdruck seiner Sohle unter ihrem Schuh.

Dorfnacht. Nacht, die immer etwas heller ist als die zwischen meinen Fichten und Taigafelsen. Der Mond über meiner Stirn ist eine dünne Sichel und die Sterne fallen tief. Unter meinen Füßen vernehme ich das Rinnen des Regens in den unterirdischen Adern. Ich lerne die Wege des Wassers, das die Lieder meiner Mütter mit sich führt und die Erinnerung an ihre Haut. Unterhalb der Straße und der Häuser, in den Brunnen, Feldern und Gräben tragen die Wellen Spucke, Blut, Urin und die Tränen von Cusoke mit sich; sie spülen alles, was meine Mütter im hohen Norden vergießen, ins offene Meer hinaus.

Auf der Türschwelle zur Apotheke bleibt Daã plötzlich stehen. Ihr Waldinstinkt erwacht. Schon anhand der Witterung spürt sie, dass sie in besetztes Gebiet kommt. Als sie hineingeht, bewegt sie sich auf dem Gang wie in ihrer Taiga, ohne die Bretter, Wände oder Fugen knarzen zu lassen.

In der kleinen Stube sitzen sich vier Männer von Angesicht zu Angesicht gegenüber. Sie haben die Augen auf ihre Hände geheftet und streichen sich über den Schnurrbart. Ganz offensichtlich konnten sie sich noch immer nicht an die Blässe des Doktors gewöhnen. Einige Zeit beobachtet Daã sie durch den Türspalt. Sie studiert ihre langsamen, linkischen Bewegungen. Trotz des Schmerzes, der sie manchmal noch überkommt und der ihre Erinnerung an den Sturz auffrischt, schätzt sie, dass sie schneller, geschickter und stärker ist als die Männer. Und ab da interessieren sie sie nicht mehr; die Frage, was sie zu dieser Stunde im Halbdunkel des Hauses vorhaben, stellt sich ihr nicht. Sie denkt nur noch daran, ins neutrale Gebiet ihrer Bettwäsche zu kommen. Ohne ein Geräusch steigt sie die Treppe hoch, öffnet die Fenster ihres Schlafzimmers weit, damit der Wind den Raum reinigen kann. Er bringt etwas vom Fest der Gänse ins Haus. Sie zieht ihre Kleider aus, lässt sie liegen, wo sie hinfallen, kippt dann selbst aufs Bett und schläft mühelos ein, ungeachtet der durchgelegenen Matratze.

—

Die Stube riecht nach Pfeifentabak und Männerparfum. Wenn man mit den Nägeln an der blassen Papiertapete kratzt, blättern die vergoldeten Ornamente sofort ab; die Sessel sind mit abgewetztem Velours bezogen. Laure hat einige Gläser auf den Tisch gestellt, der Alkohol hat denselben Bernsteinton wie das Licht der Lampe.

DER SCHÖFFE. – Ich betrachte es als meine Pflicht, Sie vor dem Oftaire-Kind zu warnen, und auch vor dem Vater. Da ich für Ihren Antritt hier verantwortlich zeichne, wäre es nachlässig, Sie nicht auf die Schwierigkeiten hinzuweisen, die diese Familie uns macht.

DER NOTAR. – Das sind Diebe, die werden Sie nie bezahlen.
VATER HÉNOCH. – Um ganz aufrichtig zu sein: wir hoffen auf Ihre Hilfe, um den ungewöhnlichen Fall dieses Kindes endlich einer Lösung zuzuführen.
DER SCHÖFFE. – Eine weitere Szene wie die heutige können wir nicht zulassen. Die Kleine hätte einfach dort bleiben sollen ...
DER NOTAR. – ... und der Junge, der sie ins Dorf zurückgebracht hat, hat fast einen ganzen Sack Getreide verloren. Die Morelles sind stocksauer.

Laure hört nur mit halbem Ohr zu. Er hat den Holzkamm hervorgeholt und begonnen, ohne sich dessen bewusst zu sein, seinen Bart zu kämmen. Er denkt an den ersten Besuch von Cléo Oftaire, drei Tage nach dem Begrüßungsbankett. Zuerst war er misstrauisch, wie schon seit seiner Studienzeit gegenüber allen Mädchen irgendwo zwischen Kindheit und Pubertät. Der Anblick ihrer puppenhaften Silhouette hinter der Tür wurde sogleich von seiner Erinnerung an die zehnjährige Amy Lugh überlagert: Einmal hatte er ihr plattes Gesicht bei sich im Kleiderschrank entdeckt, wo sie sich versteckt hatte, um zu »sehen, ob der weiße Affe wirklich überall weiß ist.« Laure hatte seinen Kleiderschrank nackt geöffnet und seine Überraschung und Demütigung wurde noch durch die Enttäuschung übertroffen, dass es von allen Augen des schönen Geschlechts ihre Schafsaugen waren, die seinen athletischen Körper als erste erblickten.

Cléo Oftaire hatte, als sie unter dem Portal des Kangoqer Hauses stand, einen gänzlich anderen Blick: hervorstechend und gierig. Mit gespreizten Beinen trat sie ein; sie setzte sich ins Sprechzimmer, und als sie ihre Schenkel entblößte, schreckte Laure unwillkürlich zurück: aus Unbehagen angesichts der Schamlosigkeit des Kindes, und auch wegen der von Verletzungen kreuz und quer durchzogenen Haut.

»Es war mein Fehler Monsieur Weiß ich hab die Beine breitgemacht und in Vater Hénochs Beete gepisst ich war für einen Moment von der bösen Idee besessen meine Pisse mit dem Schnee zu vermischen ich wollte keine Dummheiten machen ich hatte einfach Lust mich neben das Pfarrhaus zu hocken und mich zu erleichtern da wollte ich den Schnee mit meiner Pisse schmelzen ich hatte nicht einmal einen guten Grund ich war nicht mal wütend wie damals als ich alle Pflanzen von Elda Morelle rausgerissen hab und sie in der Hütte von ihrem Hund angesteckt hab da war ich wenigstens echt sauer aber neulich in den Blumenbeeten vor der Kirche wollte die Pisse einfach aus meiner Mumu raus und da war der Schnee und er ist in der Sonne geschmolzen und da habe ich mich hingehockt und gepisst das ist alles Teufelswerk das Ganze der Teufel holt mich oft und benutzt mich für seine üblen Tricks richtig böse Sachen und nachher kann ich's nicht erklären jedenfalls soviel ist klar als Vater Hénoch mich sah hat er seinen Stock rausgeholt und als er mich zu sich gerufen hat wusste ich dass das eine garstige Viertelstunde wird er hat lange mit seiner Weidenrute rumgemacht er hat auf die Innenseite von meinen Schenkeln geschlagen bis sie blutig waren und vielleicht ohne Absicht auch viel auf meine Mumu damit dem Teufel die Lust ausgeht mich wieder zu sowas zu bringen nur da weiß ich eben nicht wie ich es anstellen soll mein Vater hat mir gesagt ich soll Sie treffen weil ich voll mit gelbem Schorf bin der stinkt ich weiß dass es meine Schuld ist und mir tut es leid dass ich arm bin aber ich kann mich nützlich machen wenn Sie mir helfen kann ich Sachen waschen und tote Zweige aufsammeln und Pullover und Hemden glatt falten aber ich will pissen können ohne das Gefühl in der Hölle zu brennen und ich möchte wenn das geht gar nicht in die Hölle kommen und darum auch aufhören immer die zu sein mit der der Teufel all das böse Zeug in Kangoq macht.«

Sie spulte den Vorfall in einem Zug herunter, dann schwieg sie entschlossen und richtete die begierigen Augen auf die Bürogegenstände. Letztendlich war es Daä, die ihre Verletzungen mit starkem Alkohol reinigte, die feuchte Umschläge über die Schenkel legte, damit der Schorf abfiel, die ihr beibrachte, wie sie ihr Geschlecht abtupfen konnte, um zu verhindern, dass die

Infektion sich weiter ausbreitete; sie war es, die das Durcheinander der Kartons durchwühlte, um die Ringelblumen-Lauge zu finden, die Kompressen darin einweichte und sie anschließend um die Beine des Kindes wickelte. Sie war es, die mit dem Vater diskutierte, der seiner Tochter auf den Fersen folgte. Er sprach die »Besessenheitsanfälle« an, von denen das Kind redete. Nils hatte beide Hände zum Himmel gehoben und dann die Fäuste vor der Stirn geballt. Daä gab Cléo einen Balsam aus Spitzwegerich, um die Wundheilung zu fördern, erklärte ihr die Benutzung und verpackte noch ein paar Kuchenreste in einem Beutel. Dann machten sich Vater und Tochter auf den Heimweg, darauf bedacht, dass niemand sie sah. Laure war nach dem Anfall auf der Beerdigung weniger subtil geworden, er behandelte das Kind am helllichten Tag – in der Annahme, seine ausdrückliche Unterstützung vereinfache die Dinge für Nils.

Zwischen den drei Männern sitzend, seufzt er. Er versteht nichts von den Gepflogenheiten dieser Stadt. Er schaut auf die faltigen Hände von Vater Hénoch und versucht, sie sich mit einer Weidenrute vorzustellen.

LAURE. – Ich habe eine Abmachung mit Nils.
VATER HÉNOCH. – Ich habe mich womöglich noch nicht klar genug ausgedrückt. Wir erwarten, dass Sie den Weggang des Kindes vereinfachen.
LAURE. – Warum?
DER NOTAR. – Sie wird irgendwann jemanden töten. Ein Gebäude hat sie schon angezündet.
LAURE. – Eine Hundehütte …
DER NOTAR. – In der ein Hund war.
VATER HÉNOCH. – Seien sie unbesorgt, ich kenne die Lösung schon. Die Schwestern von Saint-Chrême unterhalten ein Hospiz in der Stadt, sie würden Cléo aufnehmen. Es fehlt nur noch die Unterschrift des Arztes von Kangoq auf dem Einweisungsschein.
DER SCHÖFFE. – Und der Arzt von Kangoq sind jetzt Sie, Monsieur Hekiel.

Laure berührt flüchtig den blassen Velours des Wohnzimmersessels, einen Augenblick lang denkt er an den kufenlosen Schaukelstuhl, den er in der Baracke in Brón zurückgelassen hat, der Geruch des Wohnzimmers kommt ihm wieder in den Sinn, der Holzstuhl und der Tisch, auf dem eine Schicht von Alkohol und Staub klebte.

> LAURE. – Ich werde mir ihre Akte genauer ansehen müssen.
> DER NOTAR. – Sicher. In der Zwischenzeit schaue ich, ob ich Ihnen möglicherweise in der Sache mit dem überschwemmten Asling-Feld weiterhelfen kann.
> LAURE. – Welche Sache?
> DER SCHÖFFE. – Sie haben einen Verletzten aus nächster Nähe erschossen, Monsieur Hekiel.
> LAURE. – Er wäre ohnehin gestorben.
> VATER HÉNOCH. – Das Leid gehört zu unserem Leben hier auf Erden.
> LAURE. – Aber zu dem des Pferds gehört es nicht?
> DER NOTAR. – Sie vergleichen die Seele eines Mannes mit der eines Zugtiers?
> DER SCHÖFFE. – Übertreib' es nicht, Pierre. Laure kommt aus einer feindlicheren Umwelt als der unseren. Wir haben gewusst, dass Anpassungen vonnöten sein würden.
> VATER HÉNOCH. – Monsieur Hekiel, so gravierend der Fall Ihrer Patienten auch erscheinen mag, es liegt nicht an Ihnen, sie vorzeitig unserem Herrn anzuvertrauen.
> DER NOTAR. – Prüfen Sie unser Anliegen, und wir werden sehen, ob wir diese bedauernswerte Angelegenheit für Sie vertuschen können.

Das Blut trommelt Laure so stark gegen die Trommelfelle, dass er die Worte der anderen nicht mehr versteht. Er denkt an seinen ungeborenen Sohn, daran, wie wichtig der Posten hier im Dorf ist, der dem Kleinen ein Leben fernab der Mine sichern wird. Als er sich erhebt, sieht er sein milchiges Spiegelbild im Fenster. Er fürchtet sich davor, dass das Kind diesem Bild gleicht und fragt sich, wie viele Väter wohl auf einen Jungen hoffen, der ihnen so unähnlich wie möglich ist. Die drei Männer stehen auf und halten ihre Mützen in den Händen; sie erinnern Laure an die drei Händler aus der Cité, die ihn immer verhöhnten, wenn er Milchprodukte kaufte: »Weiß von außen, weiß von innen, was dir ausm Arsch kommt, is' das Kartoffelbrei?«

Einer nach dem anderen gehen die Honoratioren zur Tür hinaus, wobei sie wissende Blicke tauschen, während sich Laure mit aller Kraft wünscht, dass dieses Kind nicht sein Gesicht erben möge.

Oben im Zimmer liegt Daã unter ihren ausgebreiteten Haaren und schläft. Als Laure die Tür aufdrückt, erhebt sie sich halb und lässt sich gleich wieder zurückfallen. Die Worte kommen als unverständliches Gemurmel aus ihrem Mund, Laure versteht: »Du bist der Ziegenbock in meinem Kopf.« Sie berührt seinen Bauch und ihren, die Gesten schläfriger Lust, Laure erkennt ihr Begehren. Anfangs will er sich wegdrehen, aber sein Körper verlangt nach einem Mittel, den Abend zu vergessen, und schon knüpft Daã seine Hose auf, zieht ihn zu sich und beißt ihn, ohne sich ihrer Kraft bewusst zu sein. Halb bewegt sie sich im Traum, halb mit ihm; er überlagert sich mit dem Faun, sodass Daãs Körper und Gedanken zusammenfinden können, dass sie an denselben Ort im Traum gelangen.

In seinen Händen wiegt sich die Hüfte seiner Frau mit dem Gewicht ihrer Knochen und Organe; er hat schon genügend schwache Gebärmütter untersucht, um zu erkennen, dass er hier das Becken einer Färse hält: Daã wird einen Stamm von Kindern mit wilden Augen gebären.

Sie wölbt sich unter ihm, ihre braunen Finger gleiten von seinem Rumpf bis zum Glied, Laure erschaudert; er bettet seine Müdigkeit auf diese gefleckte Haut; und als Daã ihn bittet, sie am Hals zu liebkosen, lässt er sich kurzentschlossen nieder in ihrem harzigen Geruch, in ihren riesigen Armen.

Sie schläft halb und er begleitet sie überallhin, in die Geschichte, die sie erzählt, in ihr Verlangen, durch ihren Höhepunkt hindurch bis in die Nacht hinein, in der er schlafend von Frauen träumt, die so tief sind wie die Bergstollen des Nordens.

Daã läuft durch dicht stehende Birken und Ahornbäume, Espen und Schierlingstannen. Dort, wo sie entlanggeht, gibt es keinen Weg. Die Stämme der Fichten sind gespickt mit toten Zweigen, die ihre Wangen und ihren Hals zerkratzen; die Farne unter den Essigbäumen zittern, fest geschlossen wie Säuglingsfäuste. Überall sind die Knospen bis zum Zerplatzen angeschwollen, ihre Hüllen aufgespalten wie Lippen, die Blätter noch zerknittert unter ihrer Membran.

Obwohl der wahre Wald zu Fuß in drei oder vier Stunden von Kangoq aus zu erreichen ist, muss man nur eine Stunde in die richtige Richtung laufen, um in ein schönes, großes Waldgebiet zu kommen. Daã kennt es bereits wie einen Freund: Sie muss nicht erst wie ein Vogel darüber hinwegfliegen, um seine Geografie zu erahnen, sie wird selbst zum Hain, sobald sie einen Fuß hineinsetzt; sie spürt seine Hänge und Täler, seine hellen Lichtungen, seine gerodeten Flächen, als sei ihr eigener Körper aus diesen Hügeln gemacht, aus dem Zwielicht und der versengten Erde. Sie begreift die Windungen seiner Bäche, als führten sie durch ihre eigenen Adern, fühlt die Rinnsale, Wasserfälle und Teiche, die die Böden feucht halten.

Überall dort, wo Sonnenstrahlen das Blätterdach durchbrechen, wachsen Schlüsselblumen in Grüppchen. Daã erntet sie, indem sie den Humus mit einem Stock auflockert und dann das Büschel Grünzeug fest mit Daumen und Zeigefinger greift. Sie zieht die Setzlinge im ganzen Büschel heraus. Dort, an der Grenze zwischen Bäumen und Feldern, bleibt sie einige Zeit, halb in der Hocke, halb vornübergebeugt. Ihre Kleider trägt sie so, dass sie ihr nicht im Weg sind: einen Zipfel des Rocks unter den Gürtel geschoben, die Ärmel über die Handgelenke aufgerollt. Ins Haar hat sie sich Beifußstängel gesteckt, um die ersten Frühjahrsmücken zu vertreiben. Im Korb liegen Primeln, Halme, Blüten, Blätter und Wurzelstöcke übereinandergeschichtet.

Sie ist im Morgengrauen aufgebrochen, hat die Ackerfelder durchquert, die nun frei von Gänsen sind, dafür durchsetzt von grünen Trieben, und ist den Farouk hinaufgezogen, bis ein Bach von ihm abzweigte. Als von diesem tief unter den Ahornbäumen nur noch Rinnsale übrig waren, schlug sie sich tiefer ins Unterholz und ließ sich von ihrem Instinkt zu einer Lichtung führen, in deren Mitte ein breiter, moosiger Felsen thronte. Sie sprach mit Damwild, Hasen und mit einer Füchsin, die zum Eingang einer Höhle hinüberspähte, in der sich fünf kleine Wölfe mit hübscher Färbung tummelten. Sie hatte die lichte Stelle um etwa neun Uhr erreicht, einen Namen für sie erfunden und ihn dreimal im Kopf und einmal laut ausgesprochen: »*Atchak*-Lichtung«. Dann begann sie, Schafgarbe, Quecken und Seidenpflanzen zu ernten. Im Ohr die klangvolle Arbeit der Spechte, grub sie den Boden rund um die Pflanzen auf. Sie zog ihre Wurzeln heraus, schüttelte und bürstete sie ab und wickelte sie in einige Seiten der Frühjahrszeitung. Gegen Mittag erhob sie sich. An Armen, Wangen und Hals klebte ihr die Erde an der feuchten Haut und formte neue Flecken. Ihre Lippen schmeckten nach Humus und Grün und die Mücken umschwirrten ihre Stirn wie ein Heiligenschein.

Bevor sie in ihren eigenen Spuren zurückging, baute sie sich ein Versteck aus Fichtenzweigen, um ihr Werkzeug zu verstauen und es nicht mehr so weit tragen zu müssen, auf ihrem Weg zurück prägte sie sich dann ein, wo Kletten, Labkraut, Weißdorn, Brennnesseln und Baldrian wuchsen, um sie später mit etwas mehr Zeit sammeln zu können.

Erst als sie den Waldrand erreicht hat, wendet sie sich den Primeln zu. Zu früh ausgehoben, kleben ihre Blütenblätter aneinander und werden braun, ohne zu trocknen. Jetzt hält sie den Pflückkorb gegen ihre Hüfte gestemmt und der Blütenkranz der gelben Blumen erzittert mit jedem Schritt. Auf dem Boden des Weidenkorbs hinterlässt der Schlamm, der an ihren Wurzeln haftet, ein Bett aus Sand. Daäs Arm bildet eine wellenförmige Linie, der Ellenbogen ist unter den Henkel geschoben und der Unterarm über den Rand gedrückt. Ihre Nägel sind rau und schwarz, wie auch ihre Finger und Handflächen. Ein erdiger Farbverlauf vom Handgelenk bis zu den Knöcheln.

Es braucht lange, das offene Feld zu überqueren, sie läuft mit festem Schritt, trotz ihres steifen Beins kräftig und schnell.

Dann endlich, am Rand des Feldes, macht sie das Haus aus, den Garten, die Laube und die grünen Fensterläden. Sie geht querfeldein und betrachtet diese Stätte, die noch nicht so recht die ihre zu sein scheint. Ihre Formen, die äußeren und die inneren, müssen noch zur Deckung gebracht werden: Sie kann sich nicht vorstellen, wie sich der innere Bereich in das rote Backsteinmauerwerk einfügt. Die Zimmer wirken verglichen mit der imposanten Größe der Vorderfront eng, die Schrägen im Dachboden scheinen nicht zum Mansardendach zu passen, und sie versteht kaum, warum der Salon immer so dunkel ist, obwohl seine Fenster hoch sind wie Kinder und so breit wie Kälber.

Je näher sie kommt, desto größer sieht sie die Veranda mit ihrer weiß vergitterten Balustrade und dem grünen Geländer wachsen. Zur Straße hin säumt der Balkon die komplette Fassade und schließt hakenförmig um beide Seiten des Hauses. Sie geht die kleine Treppe hoch, die zur Praxis führt, die noch pompöser wirkt als die große Treppe zur Kolonnade. Mit rosigen und runden Wangen geht sie hinein. Monat für Monat nimmt sie an Umfang zu, als würde das Kind nicht nur vom Bauch getragen, sondern auch von Armen, Schenkeln und Brüsten. Hemden lassen sich nicht mehr gut zuknöpfen und Röcke spannen ihr um ihre Hüften. Auf den Bretterdielen klappern ihre Absätze und die Sohlen hinterlassen staubige Spuren auf dunklem Holz.

Auf halbem Weg zwischen Apotheke und Labor drückt sie die Tür zum Behandlungsraum auf und steckt den Kopf hinein. Cléo Oftaire sitzt aufrecht auf einem Stuhl vor Laures Schreibtisch. Sie kippelt mit den Vorderfüßen ihres Stuhls gegen den Boden und presst Wörter zwischen den Zähnen hervor. Sie ist allein, ihre Kleidung ist blutverschmiert; neben ihr steht ein kleiner brauner Koffer aus gewachstem Karton. Lautlos schließt Daā die Tür und setzt ihren Weg zum Labor fort, wo Laure Apotheker spielt, umgeben von seinen glänzenden neuen Instrumenten.

Er hat die Tonkrüge mit den Laugen hervorgeholt und wiegt Ringelblumenöl und Beinwellöl ab. Für die Blutwurz verwendet er seine Präzisionswaage: acht Bleiplättchen auf der einen

Schale, achtzig Milligramm Pulver auf der anderen. Tropfenweise zählt er Teebaumöl ab und vermischt die Salbe mit einem Glasstab. Als Daã über die Schwelle tritt, hebt er den Kopf und runzelt die Brauen, will gerade das Kind ausschimpfen, als er seine Frau erkennt, gekrönt mit grünen Sprösslingen, fast verschwunden unter all den Primeln und ihrem Bauch, und ihr Anblick besänftigt ihn. Sie hält den Kopf hocherhoben, Kinn und Nase deuten himmelwärts. Sie hat die Lippen geschürzt, ihre Schnute wirkt voller als sonst.

– Sieh mich nicht so an. Dieses Kind braucht Pflege.
– Sie braucht Platz.
– Sie hat allen Platz der Welt, doch das hat sie heute wieder nicht davon abgehalten, drei Hühner bei den Morelles zu töten.
– Sie hat keine drei Hühner getötet.
– Delmène, der Älteste der Morelles, hat sie neben den ausgebluteten Kadavern gefunden. Sie hatte Blut an ihrer Schürze, an den Händen, in den Haaren …
– Wenn sie den Tod sieht, hat sie Angst und wird neugierig. Es ist doch normal, dass sie näher an die blutigen Hühner herangeht, wenn sie sie vor den anderen entdeckt.
– Ich habe Vater Hénochs Einweisungsschein unterschrieben. Die Kleine geht zu den Schwestern nach Saint-Chrême.

Die Schlüsselblumen beginnen zu verkleben. Daã zieht die Weidengestelle hinter dem Tresen hervor und geht, den Weidenkorb unter einem, die Rahmen unter dem anderen Arm, aus dem Labor. Als sie am Besprechungszimmer vorbeikommt, stößt sie die Tür weit auf, damit Cléo ihr folgen kann.

Sie sind zu zweit, stehen eine der anderen gegenüber. Aus der Erde steigt Wärme auf und die Luft ist gut. Daã zieht ihre Stiefel aus und stellt sie neben den Schuppen. Unter dem Leder ist sie immer barfuß und das Kind betrachtet mit großen Augen ihre braunen Zehen und die dreckigen Nägel. Sie fragt: »Kann ich auch?« und als Daã begreift, dass sie von den Schuhen spricht, antwortet sie: »Wem sollte das schaden?« Also macht sich das Kind über seine Schnürsenkel her, zieht sich mit beiden Händen die Stiefel von den Füßen und wirft sie in den brachliegenden Garten. Sie senkt errötend die Augen, zeigt auf die abgetragenen Schuhe, wie sie dort im Matsch liegen, und sagt: »Sie drücken auf die Knochen.« Sie zieht ihre Strümpfe aus und hängt sie an einen Ast. Feine, blaue Adern schimmern durch ihre Haut. Sie gräbt ihre Füße in die Erde.

– Zeig mir was ich machen muss dann helfe ich dir du wirst sehen dass dir noch nie jemand so gut geholfen hat wie ich so doll dass du mich dann einstellen und mich mit Karotten und Brot bezahlen willst und dann bringe ich Papa zu essen nach Hause und er vergibt mir vielleicht dass ihm wegen mir immer Unglück passiert.

Daã fühlt sich Cléo gegenüber wie damals vor dem Strauch, den Laure aufgeschlitzt hatte, ohne irgendetwas zu verstehen. Wie schon mit fünf Jahren ärgert es sie, wie ohnmächtig sie trotz all ihres Wissens ist.

Sicher, sie könnte die Kleine bis nach Sainte-Sainte-Anne bringen, dort mit Mutter Lotte, Mutter Nigel oder Mutter Mélianne sprechen, vor lauter Wiedersehensfreude schnell und fiebrig, und ihnen von Cléos Stimmungen und ihrem botanischen Wissensdurst berichten. Die Schwestern würden das Kind darum bitten, sich einen eigenen Namen auszusuchen und sie würde in der großen Höhle all ihrer Bäuche leben. Und trotzdem wäre sie dann von ihrem Vater getrennt.

Daã runzelt die Stirn und seufzt trocken, dann konzentriert sie sich wieder auf Cléo, die sie begierig ansieht.

– Was muss ich tun?
– Zuerst überlegst du einmal, was du da in den Händen hast. Schlüsselblumen helfen bei Husten, Fieber, Krämpfen, bei Epilepsie und Schmerzen. Du findest sie im Wald, an den Rändern oder auf Lichtungen. Sie wachsen im Frühjahr in Büscheln, immer einige Hundert Triebe, bis neue, andere Pflanzen sie ersetzen. Verstehst du, was ich sage?
– Ja.
– Wenn du eine Pflanze pflückst, musst du drei andere dalassen. Nimmst du sie alle, kannst du im nächsten Jahr gar keine ernten.

Daã hebt eine Primel an. Es müssten Blüten, Blätter und Wurzelstöcke voneinander getrennt, der Sand entfernt und jedes Teil auf den Gestellen zum Trocknen ausgelegt werden.

Cléo hört ihr mit wilder Aufmerksamkeit zu, so gespannt, dass sie die Stirn zerfurcht und die Nase rümpft. Eine Zeitlang hält Daã die Pflanze mit dem Kopf nach unten in der Luft, die Wurzel in der Hand. Sie schaut auf die Blume, schaut auf das Kind.

– Ich habe die stärksten ausgesucht. Du wirst mir helfen, sie im Garten wieder einzupflanzen.

Daã lehnt die Gestelle gegen den Schuppen, holt zwei kleine runde Schaufeln heraus, sie zeigt, wie man in die Erde einen sauberen Kreis zieht, groß genug, dass die Wurzelschösslinge genügend Platz darin haben, und pflanzt die Primeln ein. Später, denkt sie, ist immer noch genug Zeit, sie wieder auszugraben und zum Trocknen auszulegen. Cléo durchfurcht den Boden mit der Wut eines Kindes, das an seine Grenzen gebracht wird, das Blut unter ihren Nägeln und in den Falten des Kleides ist verkrustet. Während sie gräbt, wandert all ihr Zorn in den Spaten, doch sobald sie eine der Pflanzen berührt, geht sie mit ihnen um wie mit feinem Porzellan.
Daã zittert an Händen und Armen.

– Wir machen eine Pause. Hör mir mal zu, Cléo, es ist wichtig. Selbst wenn du eine Pflanze aus der Erde ziehst, dort, wo sie auf die Welt gekommen ist, kann sie sich, wenn sie kräftig ist, wieder erholen. Oft ist es für die ersten Wochen, manchmal sogar für das ganze erste Jahr schwierig. Die Blüten fallen ab, die Blätter werden braun, es sieht aus, als würde sie vertrocknen, aber die Pflanze ist nur dabei, sich in ihrer Umgebung ganz neu zurechtzufinden. Sie erkundet den Boden, die Art, wie das Licht auf sie trifft, wie häufig es regnet, welche Insekten und Vögel es gibt, welche Tiere sie lieben und welche sie fürchten sollte. Von einer Pflanze, die immer unter Bäumen gelebt hat, zu verlangen, dass sie sich an ein Gebiet nur mit anderen Blumen gewöhnen soll, fordert ihr viel ab. Die Sonne scheint heftiger, sie hat keinen Schutz mehr gegen den Wind. Aber was wir Menschen nicht sehen, während oben die Blätter gelb werden, ist, dass verschiedene Wurzeln sich unter der Erde ineinander verschlingen. Weil die Umwelt eine andere ist, und wegen der neuen Nähe werden benachbarte Blumen manchmal zu Freundinnen, die unmöglich von der Pflanze abzutrennen sind, von der man erst dachte, dass sie stirbt. Sie sind zusammen stärker. Im dritten Sommer ist die Blume gewachsen, ihre Wurzeln haben sich an den neuen Boden gewöhnt, an ihren Stängeln wachsen mehr Blüten als vorher und ihre heilenden Eigenschaften sind noch stärker geworden. Wenn es sein muss, ist sie nun kräftig genug, um noch einmal umgesetzt zu werden. Verstehst du, was ich dir sage?

Ich sehe Nils, ein Riese von meiner Statur, wie er seine Tochter bei den Schultern fasst und ihr von einer großen Luxusreise mit dem Zug *Sort Tog* erzählt, der, ganz in Purpur und Schwarz, Richtung Cité rast. Ich schaue auf seine Hand neben ihrem schilfartigen Hals und meine Haut erinnert sich an die Schere, die an diesem Tag in meiner Kindheit vor langer Zeit den zierlichen Mutterkrautstängel zerschnitt.

Meine Wut wird noch von dem Jungen in meinem Inneren angefacht, sie strahlt bis in die Fäuste aus, in den Mund, in Stirn und Füße, am liebsten möchte ich lange rennen und den Wurf aus meinem Bauch in einem moosigen Schlupfloch verstecken, den Sohn weit entfernt von denen aufziehen, die anderen ihren Nachwuchs entreißen.

Cléo Oftaire reicht mir ihre runde Hand, ich starre zu den Primeln, die aufrecht in den Torf gepflanzt sind und kann nichts mehr sagen oder hören, ich bin Zorn, Tränen, Fluss, ein erwachter Strom.

Vielleicht verfluche ich beide, Kangoq und mein Haus.

Meine Lippen haben ihre Kraft vergessen, ihre Beschwörungen.

MABON

Ich schlafe oft tagsüber, im Sonnenlicht bei den Pflanzen, zwischen all dem, was mich zur Gänze bei sich aufnimmt: meinen ausgestreckten Bauch, meine Stirn, meine Mähne.

Mein Schlaf trägt das Gedächtnis all meiner Zustände in sich: Farn, Baum, Flechte, Fels, Ameise, Biene, Aal, Gans, Rogen, Häsin, Füchsin, Elchkuh, *Atik*, *Tmakwa*, Bärenauge und Polarwölfin, Grauwölfin, altes Mädchen in einer gezügelten Welt oder einer sehr schwarzen – niemals ganz weiß, wie Ookpik, mein Winter –, aber immer weiblich, von einer Epoche zur nächsten: Warum ich nicht zu denen gehöre, die manchmal männlich geboren werden, weiß ich nicht.

Ich schlafe. Alle meine Hüllen besuchen mich, eine nach der anderen bedecken sie mein Geschöpf – das dritte, das in mir wächst.

Während ich döse, empfängt mein Gesicht Streicheleinheiten, Rotz, Wimpern, kurze und lange Haarsträhnen, den Geruch von Milch, warmen Kieselsteinen, Honig, die leisen, nassen Umarmungen der beiden anderen von meinem Blut. Lélio und Boïana haben wir sie genannt.

Nachdem ich geruht habe, laufen wir zu dritt an meinen Bäumen entlang. Wir folgen der langen Narbe der Eisenbahnstrecke. Sie sind so klein wie Gänseküken, die hinter einer Wölfin hertrippeln; Tiere meines Rudels, aber nicht von meiner Art. Mit ihnen erfahre ich, wie weit mein Fleisch reicht, ich bin der Himmel über ihrer Stirn und die Erde unter ihren Füßen: tausendfach weit genug, dass sie mich zu zweit durchschreiten können.

Wir laufen.

Ich kenne ihre Waldbewegungen, ohne sie anzusehen.

Boïana, meine rotblonde, sommersprossige Tochter, läuft vor uns, hinter uns, im großen Bogen um uns herum, sie pflückt Beeren, Wurzeln, Rinden, Raupen und Pilze, um mit ihrer Zunge herauszufinden, was essbar ist und was man besser ausspuckt.

Lélio wandert immer im Gleichschritt mit mir. Er antwortet seiner Schwester mit wissenschaftlichen Namen, wenn sie ihm Blumen hinstreckt und sagt: »Probier' mal!« Seine Nervosität im Unterholz ist die seines Vaters, er wagt sich nie weit weg von der Wärme meiner Hand, meiner Brust oder meiner Stimme.

Befruchtet, schwanger mit der Dritten – die eine andere Art von Tochter sein wird, eine Tochter meiner Größe – behüte ich die kleinen Schatten der ersten beiden in meinem sich rundenden Schatten.

Diese Kinder wurden mit halbvollen Köpfen geboren, die noch zu füllen sind, der Große zehrt kräftig von Kangoq-Worten und die neugierige Kleine von erfundenen Sprachen. Sie sind gleichermaßen von der Milch meiner Brüste groß geworden wie von der Frucht meines Mundes. Ich sehe ihnen zu, wie sie aufwachsen, Tiere mit eigenem Wesen, er Kopftier, sie Herztier, doch keines von ihnen ahnt, dass sich in meinem Schoß jemand von wilderer Art entfaltet.

Die Dritte bewohnt mich ganz anders als ihre älteren Geschwister: Was ich ihr erzähle, rollt dreimal über ihre Haut, bevor es sich im Wasser meiner Gebärmutter verliert. Ich bezweifle zum ersten Mal, ob mein Körper, zum eroberten Gebiet geworden, es schaffen kann, diesen anderen zu ernähren. Ich fühle mein Baby, mit einem Kopf, der schon voll von eigenem Wissen steckt, der meine Sprachen nicht braucht, um ihn in die Welt zu geleiten.

Sie ist ein widersprüchliches Tier, unnachgiebig, folgsam, zäh, ein Wasserwesen, das fähig ist, es mit allem aufzunehmen: Sie trägt die Stimmen meiner Mütter in sich, das gewaltsame Wissen, das sie nie an mich weitergegeben haben.

In meinen Rundungen bin ich mir selbst fremd, längst schon unter der Herrschaft meiner Fischtochter.

Im Lauf der letzten sieben Jahre habe ich tief im Wald einen Unterschlupf aus Stämmen und getrocknetem Schlamm errichtet, in dem man stets ein klein wenig gebückt lebt. Auf der einen Seite ist der Boden mit einer Matte bedeckt – schwarze Krähenbeere, Daunen und Federn von all den gegessenen Hühnern – verkleidet mit warmen Pelzen von den Tieren, die ich hin und wieder tot auffinde.

Es ist ein Bau ohne Türen, damit die Fauna hineinkommen kann: Ich liege rund zwischen einer sehr alten Wölfin, die nur ein Auge öffnet und sich dann in ihr Sterben vertieft, und einer Fuchsfamilie – weiblich und dickbäuchig – die unter dem Dach Schutz für die Saison gefunden hat. Eine Krähe schlüpft hinein, um ihr Gefieder zu trocknen. Über mir höre ich eine junge Adlerin, die krächzt, während sie die Raben belauert.

Laure hat darauf bestanden, dass ich in dem Bett gebäre, in dem ich auch zeuge: Aber ich habe es abgelehnt, zu entbinden wie eine Hausfrau. Um mit ihr, die zu meiner Art gehört, niederzukommen, werde ich in der Höhle kalben, die ich mit meinen Waldschwestern teile.

Ich gebäre nicht, ich begleite die flüssige Befreiung einer Wasserhydra.

Ich behalte ihr erstes kleines Schlucken für mich ganz allein, ihre Wimpern, die sich beim Spiel der Blätter öffnen. Als Erste und ungeteilt lausche ich dem matten Geräusch ihres Weinens und höre, wie sich ihre Bronchien füllen.

Wie auch ich damals hat sie den dunklen, starken Kopf derer, die schon behaart auf die Welt kommen. Einen runden Mund, Augenbrauen, lange Finger, Füße.

Ihre Augen sehen mich an und sehen durch mich hindurch, unmissverständlich sagen sie mir, dass sie niemandes Tochter ist.

Lélio steht neben Boïana auf dem pflaumenfarbenen Samtsofa und späht durchs Fenster hinaus auf das Feld, das sich vom Haus bis zum Wald seiner Mutter erstreckt. Er ist sechs Jahre alt und zieht sich den Scheitel in seinem schwarzen Haar selbst, mit dem Kamm, den Laure für seinen Bart benutzt. Daã kämmt ihn nie. Von Mai bis Oktober wäscht sie ihn mit Regenwasser, oder sie badet beide, Boïana und ihn, im Fluss hinter den Weiden. Sie reibt ihre Haut mit Schlick ein und spült sie dann in der Strömung ab. Gerötet und kalt kommen sie aus dem Wasser und lassen sich zwischen den Kieseln mit ausgebreiteten Armen trocknen, gestrandet an den Ufern des Farouk. Sie lieben das große Zittern am ganzen Körper, die aufgerichteten Härchen auf ihrer Haut und das scharfe Reißen der Feuersteine, wenn Daã ein paar tote Zweige anzündet. Die Flammen vor ihren Gesichtern steigen hoch, während sie Geschichten über ihre Oma Nunak erzählt bekommen, über Ina Maka, die Cailleacha, die Moiren, über Sedna, Muyingwa und Anúŋ Ité. Ihre Kleidung rings um sie her ist unter Steine geklemmt, andernfalls würde der Wind die Höschen, Kleidchen, Hemden und Stricksachen in die Stromschnellen davontragen. Wenn sie am Abend zu Laure zurückkommen – sauber, zerzaust, den Mund voller fremder Namen – riechen sie nach Algen und Zedernrauch.

Lélio stellt sich auf die Zehenspitzen und versucht, über das hochstehende Getreide hinwegzusehen. Nichts bewegt sich im Weizen, der langsam welkt und sich kupfern färbt wie der Haarschopf seiner Schwester. Bald werden die Gänse wiederkommen, der Himmel füllt sich mit ihren Rufen, aber auch mit dem Geräusch der Schüsse, die in der Ferne die Luft zerspalten. Im Herbst und im Winter kümmert sich Laure ums Baden. Er füllt die Wanne mit Schaum, reinigt ihre Körper gründlich und rubbelt sie ab, bis sie ganz trocken sind, dann zieht er ihnen die Schlafanzüge mit den Füßchen an und ihre Wolljacken. Lélio findet, dass seine kleine Schwester mit ihrem rötlich-blonden Haar hübsch aussieht. Wenn sie ganz saubergeschrubbt nach ihm aus dem Bottich steigt, nimmt er den Kamm seines Vaters und entwirrt langsam ihre Mähne, flicht sie und befestigt ihre

Zöpfe mit Hanffäden. Während der Zeit, in der er sie frisiert, versucht er, ihr Dinge beizubringen, zum Beispiel wie die Jahreszeiten aufeinanderfolgen, aber meistens sagt er gerade drei Worte, und schon verliert sich Boïana in einer Geschichte über ein Tier auf der Flucht, oder über einen Vogel, der dem Wind begegnet. Selbst jetzt, wo sie zusammen hinausspähen, hat sie ein Lied über einen Apfel auf den Lippen, der den Fluss hinaufschwimmt.

Die Schürze über ihrem Rock ist immer schmutzig. Früher hat Laure sie ihr nur zu den Mahlzeiten umgebunden, aber bald hat er eingesehen, dass es besser ist, sie den ganzen Tag eingekittelt zu lassen. Lélio jedenfalls hat sein Hemd in seine gefilzte Wollhose gesteckt, die ledernen Hosenträger angezogen und die Socken, die Mégane Bourrache gestrickt hat.

Im Sessel neben seinen Kindern sitzend, ist Laure damit beschäftigt, eines der großen Plakate aus seinem Arbeitszimmer abzupausen. Er hat das Original auf einen Karton geheftet und darüber ein Blatt des hauchdünnen Papiers gelegt, das Jédéas Frigg ausschließlich für ihn in der Cité bestellt. Er zeichnet Gliedmaßen, Organe oder Knochen, und zieht dann mit einem Lineal lange Pfeile, die auf jeden Körperteil deuten. Ist sein Werk einmal vollendet, braucht er nur noch die Namen einzusetzen – beide, den lateinischen und den gebräuchlichen – *Ventriculum cordis* [Herzkammer], S*phincter* [Schließmuskel], *Venas* [Venen], *Arterae* [Arterien] … Normalerweise entspannt ihn diese Arbeit; er mag es, Lélio anhand von Faksimiles, die er selbst hergestellt hat, Anatomie beizubringen. Heute jedoch klopft er unaufhörlich mit dem Fuß und bringt damit seinen Arbeitstisch zum Wackeln. Manchmal seufzt er, und wenn er eine Linie verfehlt oder wenn seine Feder auf das Papier tropft, schnalzt er mit der Zunge.

Lélio dreht sich zu ihm um. Er bemerkt die von dunkler Tinte geschwärzten Finger. Er runzelt die Brauen. Sein Vater verabscheut jede Verschmutzung, durch die seine weiße Haut noch mehr hervorsticht. Lélio betrachtet seine eigene Hand: weder weiß noch fleckig. Er sagt nichts. Diese dichte Stille, die sie alle drei einhüllt, ist selten. (Boïana zählt nicht mit, ihr Geplapper ist wie das Knacken in den Wänden, ein Geräusch des Hauses, ein Klang, den man gar nicht mehr hört.) Sonst läutet die Türglocke immer mehrmals am Tag; dann rennen die Kinder sofort los, um aufzumachen, in der Hoffnung, dass der Patient vielleicht ein Stück Obst mitbringt oder ein Karamellbonbon oder einen glitzernden Stein oder einen kranken Vogel, den Daã wieder reparieren soll. Laure kommt hinter ihnen her und sagt in einem ganz bestimmten Tonfall: »Guten Tag«, je nachdem, ob es der Notar ist, der Schöffe, der Pfarrer, sein Freund Ubald oder eine Frau, die vorstellig wird. Das »Guten Tag« sagt er zwar in wechselnder Stimmlage, doch er empfängt in seinen Praxisräumen aus lackiertem Holz unterschiedslos jeden.

Manchmal klopft es auch an den Scheiben der Hintertür und der lange Tagesablauf wird unterbrochen: Dann erzittert Lélio im Stillen, doch er beeilt sich nicht. Er lässt Daã aufmachen und gleitet heimlich in ihr Kielwasser, sein Herz schlägt ihm schnell im Hals und er spürt seine Wangen erröten und heiß werden. Wenn es hinten klopft, sind es Damen, die kommen, um Rat zu ersuchen. Und es ist nicht der Arzt, an den sie sich wenden wollen, sondern seine Frau. Dass sie alleine vorstellig werden, weist darauf hin, dass etwas Außergewöhnliches geschehen ist und sie Daãs Mund brauchen, um es besser zu verstehen. Lélio setzt sich in eine Ecke und möchte am liebsten verschwinden, sich vom Holz an der Wand verschlucken lassen und nichts weiter sein als zwei gespitzte Ohren. Daã bereitet Kräutertee zu, und dabei obliegt ihr die Wahl der Pflanzen, die sie ziehen lässt. Sie greift in ihre Gläser, vermischt Brennnessel mit Hopfen, Minze, Ingwer und Zitronengras. Die Frau bleibt auf ihrem Stuhl sitzen, oft ist sie unruhig, blickt sich um oder beobachtet Daãs breiten Rücken und ihre Hände, von denen man nicht mehr sagen kann, ob sie schmutzig sind oder bloß gefleckt. Daã stellt den gusseisernen Wasserkessel und die Tonschalen auf den Tisch – Kräutertee serviert sie nie in glänzenden Tassen. Danach hört sie zu und stellt Fragen. In der Geschichte, die die Frau ihr erzählt, löst sie einen Knoten nach dem anderen, entwirrt die Fäden und bringt sie in die richtige Ordnung; manchmal geht sie mehrere Jahre zurück, wie an dem Tag, als Farélie Cédée felsenfest davon überzeugt war, dass ihr Vater im Sägewerk ihres Mannes spukt. Daã nahm ihr ganzes Leben auseinander, von den Gewalttaten, die Monsieur ihr als Kind angetan hatte, bis zu dem Augenblick, als er begann, so mit ihr umzugehen, als wäre sie seine Frau. Lélio vernahm den Kummer hinter jedem Zögern und Farélies große Traurigkeit, als ihr Vater sich weigerte, ihre Heirat mit Théo Cédée anzuerkennen. Daã hatte eine Pause eingelegt, setzte neues Wasser auf und servierte Kekse. Farélie beteuerte, wie sehr sie es bedauerte, seit der Hochzeit nie wieder mit ihm gesprochen zu haben. Daã verbrachte drei Stunden damit, jeden Faden der Geschichte an seinen Platz zu ziehen. Als Farélie schließlich ging, hatte sie ein klares Rezept: ihrem Vater einen Brief schreiben und ihn im Kamin des Sägewerks verbrennen, dann würde der Geist seinen Weg ins Jenseits fortsetzen. Lélio erinnert sich noch gut daran, weil er sich nach der Sitzung vor seine Mutter hinsetzte und sie fragte, ob es wahr sei, dass tote Menschen in Häusern spuken können. Daã hatte geantwortet: »Gespenster suchen niemanden heim, aber Erinnerungen tun es, das ist etwas anderes. Es kommt vor, dass die Leute ihre Erinnerung an die Toten mit den Toten selbst verwechseln, die in Wahrheit längst ruhig in der Erde zerfallen, die schon lange zu Farnkraut geworden sind oder zu Bäumen.«

Manchmal erscheinen beim rückseitigen Klopfen gleich mehrere Frauen zusammen; dann seufzt Daã laut, weil sie sie jedes Mal beim Sortieren der Keime, beim Pflanzen trocknen, Stecklinge setzen und Samen aussäen stören. Aber sie denkt zurück an ihre Mütter, die einander in der Mehrzahl liebten, und im Gedenken an sie öffnet sie ihnen. Anfangs kamen die Frauen zu dritt oder viert, aber bald schon in Trauben von sieben, acht, zwölf auf einmal. Daã tut so, als wüsste sie nicht, dass sie sich vorher bei einer von ihnen getroffen haben, um dann gemeinsam gegen die Tür der Sommerküche zu schlagen. Lélio und Boïana sind jedes Mal völlig überrascht; sie sprechen über diese Versammlungen, indem sie Laures Worte benutzen und »Damenzirkel« sagen, obwohl Daã jedes Mal, wenn sie das vor ihr tun,

Augen und Arme zum Himmel hebt. Die Frauen klopfen und Daã lässt sie ein, oft muss sie noch Stühle aus der richtigen Küche in diesen schlecht isolierten, erdverschmutzten Raum holen. Lélio nimmt Boïana bei der Hand, zusammen verstecken sie sich beim Ofen und lauschen stundenlang dem weiblichen Leben von Kangoq. Von Zeit zu Zeit zwinkern ihnen Delmène oder Cora-Mance, Mégane, Alma oder Carildé mit einem Auge zu und geben ihnen ein kleines Handzeichen, das bedeutet: »Kommt her!« Dann reichen sie ihnen einen Keks, eine Fingermarionette oder ein Puppenkleidchen.

Häufig offenbaren sich die Frauen untereinander aufreibende Geschichten, und in solchen Augenblicken dreht sich immer eine von ihnen zu den versteckten Kindern um und sagt: »Haltet euch die Ohren zu«, aber das tun sie nie. So hörte Lélio auch eines Tages, ohne allzu viel davon verstanden zu haben, der jungen Aimée Asling zu, wie sie »auf eine Fehlgeburt« hofft, nachdem sie von einem »Kerl aus dem Sägewerk« in der Scheune »ausgetrickst« worden war. Sie konnte sich nicht mehr genau daran erinnern, ob sie überhaupt »Lust auf seine großen Hände an ihren Brüsten und ihrem Bauch« gehabt hatte. Die anderen bestürmten sie mit Fragen. Welcher der Jungs? Wäre eine Heirat vorstellbar? Gefiel er ihr? Aimée wusste es nicht und begann zu weinen. Daã, die, kaum dass die Frauen einmal sitzen, ein ums andere Mal wieder aufsteht, wühlte in ihren Tontöpfen und beförderte die getrockneten Reste von Traubensilberkerze und Polei-Minze ans Licht. Sie kam zum Tisch zurück, reichte sie Aimée und wies sie an, wie die Pflanzen genau zu verwenden seien.

Die Versammlungen des Zirkels faszinieren Lélio. Nicht so sehr, weil er der einzige seines Geschlechts ist, der Zugang zu den geheimen Gedanken der Frauen von Kangoq hat, sondern weil seine Mutter, die Herrin unter all den anderen, ihn in ihren Bann zieht. Er findet sie wunderschön und er findet sie furchteinflößend, und er findet, dass ihre Lippen, wenn sie spricht, auf eine unvergleichliche Art tanzen, und dass in ihren lebendigen Augen etwas anderes als eine menschliche Seele haust. Boïana denkt sich oft Lieder aus, in denen Daã Tiergestalten annimmt – ein Schwan, ein Otter, ein Bär oder ein Adler – aber für Lélio fühlt sich das Staunen anders an, und manchmal kann es sich für Augenblicke in einen unerklärlichen Schrecken verwandeln. Dann eilt er zu ihr hin, drückt seinen Kopf in ihren Schoß, atmet ihren Duft nach Harz und moosigem Boden ein, um sicherzugehen, dass sie noch seine Mutter ist, nun, da sie auch zur Hexe von Kangoq geworden ist.

Heute jedoch kommen nicht einmal die Frauen, um dieses endlose Warten zu unterbrechen. Wie das ganze übrige Dorf wissen auch sie, dass Daã in den Wehen liegt und dass sie selbst bestimmen wird, wann sie wieder durch die Tür kommt.

Neben Lélio hört Boïana die ganze Zeit über nicht zu singen auf. Durch irgendeine Verwandlung ist aus dem Apfel jetzt ein Baby geworden, nämlich das, das ihre Mutter von den Bäumen mit nach Hause bringen wird.

Laure steht häufig auf und setzt sich wieder hin, er geht zu den Kindern hinüber, versucht mit ihnen zu sprechen, findet aber nichts zu sagen. Er geht in die Küche und kommt mit einer Platte voll kleiner Happen zurück, doch selbst rührt er weder das getrocknete Fleisch noch die Brotstücke an; die Kleinen bestreichen ihre Krüstchen allein mit Marmelade, Boïana leckt sich die Finger und wischt sie an der Schürze ab. Laure klopft ein wenig mit dem Fuß, beginnt, jedes seiner Bücher rechtwinklig auszurichten, jedes Ding, jedes Möbelstück, und setzt sich schließlich wieder hin. Einen Augenblick später springt er erneut auf, wie ein großer weißer Schatten, der durchs Haus huscht; er geht hoch ins Obergeschoss und kommt mit sauberen Wickeltüchern und einer grünen Steppdecke zurück, die er gefaltet neben sich legt. Lélio und Boïana spielen mit Holzkreiseln, mit einer Puppe und einem Bilboquet-Spiel, das ihnen Nils Oftaire gemacht hat. Hin und wieder erinnern sie sich daran, worauf sie warten und warum die Zeit ihnen so lang erscheint; dann nehmen sie ihre Wachposten am Fenster wieder ein.

Als die Türglocke ertönt, halten sie alle drei die Luft an, aber Lélio weiß genau, dass seine Mutter nicht klingeln würde. Er blickt von der Seite auf die Veranda und verkündet: »Nur der Onkel Ubald«. Laure erhebt sich und öffnet seinem Freund, der eine Flasche von seinem Gin mitbringt und Zuckerfiguren für die Kinder. Laure ist hin- und hergerissen zwischen dem Bedürfnis, etwas zu trinken, damit die Stunden schneller vergehen, und dem Wunsch, ganz präsent zu sein, wenn er seine neue Tochter kennenlernt. Ubald bleibt bei ihm, stopft seine Pfeife und pafft vor sich hin, ohne ein Wort zu sagen. Seine Gesellschaft bringt weiter nichts – statt zu dritt warten sie nun zu viert. Doch der Wirt bleibt aus Zuneigung bei ihnen, er teilt das Schweigen und das Lied der Kleinen, die noch immer nicht still ist. Als Dunkelheit sich auf die Felder senkt und Lélio Boïana an den Haaren zieht, weil sie ihm sein Bonbon weggenommen hat, ist es schließlich Ubald, der die beiden schnappt, einen unter jedem Arm, und sie hoch in ihr Zimmer bringt. Er deckt sie zu, weiß jedoch nicht wirklich, was er auf ihre Fragen antworten soll, sondern grummelt in seinem üblichen, schroffen Tonfall: »So, das reicht jetzt, morgen seht ihr eure Schwester.«

Er bleibt noch lange genug, um mit Laure, der sich endlich zu einem Schluck entschlossen hat, die Flasche leerzutrinken, aber etwa um Mitternacht geht er nach Hause und lässt den Arzt benommen in seinem Sessel zurück. Drei Tage ist es nun her, dass Daä aufgebrochen ist. Laure hatte sich ausgerechnet, dass sie noch vor dieser Nacht wieder hätte da sein müssen, er sagt sich wieder und wieder, dass es nichts zu befürchten gibt, und allmählich döst er ein.

Noch ist sie jedes Mal zurückgekommen.

Er schläft. Und träumt wieder davon. Wie jede Nacht. Von Ketten, die das Gewicht des Fahrstuhls tragen und auf den Rollen knirschen. Von Staub in der Luft. Von Leuten ohne Gliedmaßen, die getötet oder zusammengeflickt werden müssen. Manchmal passiert es, dass sich die Gesichter seiner Lieben über die seiner ehemaligen Freunde legen, die inzwischen längst verschwunden sind, ohne dass jemand weiß, was aus ihnen geworden ist. Lélio und Boïana rennen durch die Tunnel der *Kohle Co.* Laure jagt ihnen nach, er muss sie dort herausholen; die Kinder lachen, weigern sich, zur Schule zu gehen, wollen sich stattdessen Münzen verdienen, mit dem Dynamit spielen und Bergleute werden. Laure folgt ihren Stimmen, aber er kann sie nicht mehr sehen, er steht an einer Kreuzung mit fünf Gängen und hat keine Ahnung, welchen die Kinder genommen haben, dann hört er aus einem der Stollen »Papa«, und noch bevor er sich bewegen kann, stürzt der Tunnel in sich zusammen, oder der Sprengstoff geht hoch und er spürt, wie er von der Druckwelle fortgerissen wird.

Jede Nacht erwacht er auf diese Art. Dann geht er zu seinen Kindern hinüber, sie träumen süße Träume, er deckt sie zu und beobachtet dann Daã, die, seit sie in Kangoq sind, nicht gut schläft. Wenn er aufsteht, blinzelt sie und richtet sich halb auf. Manchmal öffnet sich auch ihr Körper und sie ruft ihn sacht zu sich, dann verbringen sie die schlaflose Nacht gemeinsam. Laure nickt bei Tagesanbruch wieder ein, und kaum sinkt er zurück in seine Träume, umgeben ihn wieder Tunnel, Tinnitus und Schreie.

Diese Nacht ist genau wie alle anderen, außer, dass es jetzt anstelle von Lélio und Boïana Daã ist, die sich in die Dunkelheit der Tunnel entfernt. Vor ihrem Bauch trägt sie das neue Baby. Im Morgengrauen, als sie endlich den Salon betritt, glaubt Laure, noch immer zu träumen. Sie trägt in ihren Armen ein eingewickeltes Ding, das ihr selbst so sehr ähnelt, dass er fürchtet, sie beide könnten gleich wieder verschwinden. Doch Mutter und Tochter sind aus Fleisch und Blut; dieselbe Haut, dieselben schwarzen Köpfe, ihre länglichen Augen weit geöffnet.

Er studiert sie lange, die Augen seiner neuen Tochter. Groß, dunkel, ruhig. Er führt eine Lampe nah an ihre braungesprenkelte Nase, doch das Kind zwinkert nicht. Wenn er hingegen mit den Fingern schnippt, wenden sich ihre Pupillen nach dem Klang.

    LAURE. – Hat sie sofort geschrien, als sie auf die Welt kam?

Daã wüsste es nicht zu sagen, also schweigt sie. Laure hebt die Öllampe noch einmal an: Die Flamme erhellt die Stirn der Kleinen. Sie scheint sehen zu können, doch er hat nicht den Eindruck, dass sie ihn sieht. Er macht einen Schritt zurück und wieder vor, versucht, durch seine Bewegungen den Pupillen zu mehr Orientierung zu verhelfen.

    LAURE. – Wie wollen wir sie nennen?
    DAÃ. – Ich will nicht, dass wir ihr einen Namen geben.
    LAURE. – Was meinst du damit, ihr keinen Namen geben?
    DAÃ. – Sie wird sich ihren Namen selbst aussuchen.
    LAURE. – Darüber haben wir doch schon gesprochen. Vater Hénoch wird sie taufen wollen.
    DAÃ. – Er kann warten, bis sie sich ihren Namen ausgesucht hat.
    LAURE. – Was sollen wir den zwei Großen sagen?
    DAÃ – Genau das.

Plötzlich klingt es über ihnen so, als wäre ein Pferd durchgegangen und würde in dem Zimmer, das Lélio und Boïana sich teilen, mit den Hufen scharren. Schon sprengt das Tier durch den Gang im Obergeschoss, stürzt die Treppe hinunter und teilt sich in der Tür zum Salon in einen schwarzen und einen roten Kopf. Lélio drückt sich in den Schoß seiner Mutter, hüllt sich in den Geruch von Wald und Geburt. Boïana betrachtet ihre gesprenkelte Schwester in den durchscheinenden Händen von Laure, der immer noch sein Gesicht vor- und zurückbewegt und die Kleine ohne Unterlass ansieht.

LÉLIO. – Wie heißt sie?
DAÃ. – Sie hat keinen Namen.

Laure ist aufgestanden, um seine Arzttasche zu holen, er nimmt sein Stethoskop heraus und ist überrascht, dass die Kleine nicht reagiert, als das kalte Metall sie berührt. Lange hört er zu, wie die Luft in ihren Lungen zirkuliert, dann setzt er das Bruststück auf ihr Herz, nimmt den Puls seiner Tochter und notiert in sein Heft: *Langsame, aber kräftige Schläge.*

DAÃ. – Sie wird sich ihren Namen selbst aussuchen.
BOÏANA. – Aber sie redet doch gar nicht.
DAÃ. – Eines Tages wird sie es können und dann sagt sie uns, wie sie heißt.

Laure entkleidet sie, hebt sie aus ihren Waldpelzen. Er betrachtet die unzähligen Flecken, die bereits durch ihre Haut scheinen. Er nimmt ihre Temperatur – weder lächelt die Kleine, noch weint sie. Er notiert weiter: *36,8 Grad (niedrig, im Blick behalten), leichter Stridor, Leber tastbar, Pigmentstörungen, Körper normal ausgebildet, lange Fingerglieder.*

Er achtet nicht auf die Unterhaltung der beiden Älteren, die über mögliche Namen diskutieren, und holt ein Maßband heraus, mit dem er die Größe seiner Tochter feststellt sowie den Umfang ihres Schädels. Bevor er das Untersuchungsheft schließt, schreibt er: *Keine Reaktion auf Kälte. Möglicherweise Augenprobleme.* Er zögert, dann setzt er hinzu: *Oder etwas anderes.*

Er wickelt die Kleine in die grüne Steppdecke, die er am Vortag heruntergeholt hat und die gut nach Waschmittel riecht. Daã ist hungrig; er beobachtet, wie sie sich entfernt, mit den Bewegungen einer verletzten Frau und dem nie verschwundenen Humpeln. Als sie über die Türschwelle geht, scheint es ihm, als wäre sie noch größer geworden, als würde ihre Stirn bald den Türrahmen berühren. Die Kinder folgen ihr, sie wollen Milchbrot. Hinter Daãs Röcken wirken sie winzig.

Laure bleibt allein mit dem Baby zurück, das nicht schläft, das den leeren Raum vor sich mit seinen Augen fixiert, als sei er von schwankenden Figuren bevölkert. Er reicht der Kleinen seinen Finger und sie schließt ihre Babyhände darum. Sie zieht ihn zu ihren Lippen. Laure bemerkt den Saugreflex und denkt für sich: »Gut, das ist gut.« In der Küche hat Daã Wasser aufgesetzt, der Kessel pfeift hell über den Stimmen der Kinder. Laure erkundet die Beschaffenheit der Haut seiner Tochter. Mit ihrem Gewicht auf seiner Seite wird er müde. Er schläft noch vor ihr ein.

Ich verharre hinter geschlossenen Türen bei meinem Klan; eine überwinternde Bärin, die schläft und an sich saugen lässt.

Ich erlebe die endlose Müdigkeit von einer, die sich von ihrer Tochter aufzehren lässt.

Träge lausche ich dem Geräusch des Nordwinds an den Fensterscheiben, mal matt, mal peitschend. Der Schnee aus dem Norden berichtet mir vom langsamen Dahinscheiden meiner Mutter Betris, dann vom überraschenden, schnellen Tod meiner Mütter Elli und Silène, die auf dem Fußweg eine über die andere ins schwarze Eis stürzten. In meiner Nähe sprechen die Eiskristalle auf den Teichen, die Meisen und Seidenschwänze von gefrorenen Stoppelfeldern, Flügelnüssen, Talg, Krümeln und geheimen Liebschaften: hochgekrempelte Röcke, warme Hände, kalte Schenkel.

Die Kleine wächst in die Länge, geschmeidig wie Zinnkraut. Ich stille sie, brüte, verschlinge mein Essen: Mein Körper kennt seine Pflichten als Säugetier. Jeden Tag kommen und gehen die Kinder, sie erzählen mir Geschichten aus dem Dorf; Lélio vom eingeschneiten Kangoq, Boïana von einem Land, das unter Flaumfedern verschwunden ist. Die Dritte erfüllt ihre Aufgaben als Kalb – nuckelt, schläft – und ihre Launen haben die Beständigkeit von Eis.

Der Frost geht vorüber, ohne dass ich es bemerkt hätte. Ich bleibe im Halbschlaf, wie damals, als ich verletzt war, dem Wort der Meinen willenlos ergeben, ohne Antrieb, einzig meiner Erschöpfung und der Gefräßigkeit meines schwarzen Mädchens unterworfen, *Minushiss*, meiner Namenlosen, meiner Herbstkatze.

Der Frühling bringt wieder gleiches Tag- und Nachtlicht mit sich wie zu meiner Geburt und ich kann mich nicht mehr erinnern, wie alt ich bin.

Als der Wind noch etwas später die Gänse aus dem Süden herträgt, schaffe ich es unter ihrem Geschwätz endlich, mich zu strecken; ein Tier, das vom zu langen Ruhen steif geworden ist. Es ist die geliebte Uhr Ina Makas; das Blut strömt zur gleichen Zeit in meine Glieder wie die Säfte in die Bäume, ihr Austrieb zieht mich von den Laken hoch, wie er auch Ahorne, Birken und Eschen aus ihrem Kälteschlaf reißt.

Als Laure den Raum betritt, trage ich zum ersten Mal seit Monaten Frauenkleider. Selbst mein kleines gefräßiges Ding liegt bekleidet auf dem Bett. Ich habe den ganzen Winter verpasst, Teile des Herbstes wie auch des Frühlings. Meine Tochter ist sechs Monate alt und groß wie eine Zweijährige, doch mit ihren Händen, Armen und Beinen noch ungeschickt; sie lacht wenig und blickt noch weniger umher. Ich liebe sie mit der Liebe der Starken, die sich nicht für Menschliches interessieren.

Das Haus des Arztes ist mit gelben und rosafarbenen Bändern geschmückt. Darauf hat Vater Hénoch bestanden, damit das Kind ohne Namen in der Gemeinschaft und im Schoß seines Gottes willkommen geheißen werden kann. Den Fortgang der letzten Frühjahrsgänse hat er noch abgewartet, um *das Hekiel-Mädchen* zu feiern, das Lélio *meine Schwester* nennt und Boïana *Sie*, während Laure allmählich die Geduld verliert. Seitdem Daã ihre Arbeit wieder aufgenommen hat, umkreist er sie unablässig und fragt, wie man den Vornamen des Babys aus dessen Gebrabbel heraushören soll. Und jeden Tag antwortet Daã: »Das werden wir sehen.« Doch währenddessen gibt die Kleine keinen Laut von sich.

In ihrem Taufkleid liegt sie da und zeigt sich unbeeindruckt vom Tönen und Hätscheln Kangoqs. Das Dorf feiert ausgelassen im Esszimmer, im Salon, im Empfangszimmer und selbst im schlammigen Hof, der vom Vogelkot, den niemand abgekratzt hat, bunt gefleckt ist. Auf den Tischen hat Laure Baisers und Kekse ausgebreitet, Kräuterbonbons, Rosensirup und kandierte Tannenblüten. Darüber hinaus hat jeder seine eigenen Köstlichkeiten beigesteuert: die Friggs einen feinen Wein, Ubald Viks seinen Gin, die Morelles Honigwaren, Mutter Asling Brotschnittchen zum Eintunken, die Grolls Wildbret und Vater Hénoch selbstgeräucherten Fisch aus dem Kanal. Mégane Bourrache hat drei Dosen mit ihrem berühmten Ahorn-Clanedaque dabei, um das sich die Kinder streiten. Das Karamell klebt an den Zähnen und füllt den Mund mit zuckrigem Speichel: Boïana ist voll brauner Spucke, die ihr von den Lippen tropft, und ein paar andere vier- oder fünfjährige Mädchen machen sich einen Spaß daraus, ihr das Kinn abzulecken; sie imitieren dabei die Größeren, die ein paar Schritte weiter genau dasselbe tun. Die Jungs lachen, die älteren würden gerne mitspielen. Lélio sammelt die Bonbonpapiere ein und verwahrt sie in seiner Tasche. Später wird er sie seiner Schwester geben, die daraus Schneeflocken ausschneidet und sie ans Fensterkreuz in ihrem Zimmer heftet.

Die Witwe Siu kommt mit Verspätung, gefolgt von ihren fünf Fallensteller-Töchtern und einer Schar blonder Kinder.

Der Messe haben sie nicht beigewohnt, doch sie kommen, um das jüngste Kind des Doktors zu feiern, weil sie in dessen Frau vernarrt sind, die ihnen dabei hilft, in der Wärme ihres eigenen Nests zu entbinden, und die niemals Fragen stellt. Sie erscheinen in ihrer schönen Frühlingsgarderobe, in hellen Kleidern mit goldenem Haar und tragen gemeinsam fünf Kupfertiegel mit je einem Hasen, einem Rebhuhn, einem Lachs, einigen Wachteln und einem Wildschwein, die sie alle gleichzeitig auf dem Tischtuch abstellen. Dann nehmen sie das Baby in seinem weißen Spitzenkleidchen hoch und wiederholen, ohne sich dessen bewusst zu sein, die Rituale von Sainte-Sainte-Anne. Reihum flüstern sie: »Du wirst eine dicke Haut bekommen«, »Deine Füße tragen dich überallhin«, »Weder Menschen noch Tiere werden dir Angst machen«, »Du wirst Mutter sein, aber ungebunden«, »Deine Augen werden sehen, was andere nicht zu sehen bekommen.«

Hinter dem Rücken der Jüngsten, der üppigen Cécile mit ihren siebzehn Jahren, schwillt das Gemurmel an. Sie hat runde Wangen, runde Augen und auch ihr Bauch scheint ein wenig rund. Lange singt sie und liebkost die Stirn des Babys, das sie in den Armen wiegt. Das Geflüster ignoriert sie beharrlich, die Augen fest auf ihre mollige Brust gerichtet.

Licht sickert durch die Fenster, und Daã öffnet sie weit, damit die duftende Maienluft die Körperausdünstungen aufmischt. Sträuße und Blütenblätter von getrockneten Pflanzen liegen auf den Tischen, auf dem Beistellwagen und dem Geschirrschrank verstreut. Das Haus hallt vom Lachen und lautstarken Scherzen wider, vom Rennen der Kinder, dem Klirren aneinanderstoßender Gläser und dem Geräusch von Metall auf angeschlagenem Porzellan.

Der Tag geht vorüber und neigt sich dem Ende. Daã, die Siu-Zwillinge, Mégane Bourrache und Lélio verteilen unzählige Kerzen und schon sind die Zimmer von Hunderten winziger Flammen erleuchtet, die von den Möbeln herabflackern.

Als der Nachbar Morelle ein Freudenfeuer in seinem Brachland entfacht, um das Ende der Gänsesaison zu feiern, leert sich das Haus des Doktors allmählich, bald werden Fideln und Holzlöffel hervorgeholt und Kangoq versammelt sich bei Musik um die Hitze der Flammen. Bevor er geht, fasst Vater Hénoch Laure bei der Schulter, führt ihn einige Schritte vom Tumult weg und spricht leise zu ihm.

> VATER HÉNOCH. – Ich habe den Aufnahmeantrag an das Gebrüder Trigliev-Internat geschickt. Ich habe mir erlaubt, ein persönliches Wort zur besonderen Eignung Lélios hinzuzusetzen. Dass er die alten Sprachen bereits beherrscht, sollte für ihn sprechen. Der Direktor hält immer einige Plätze für die vielversprechendsten Kinder aus dem Dorf zurück. Seit ich in Kangoq bin, wurden schon zwei andere Jungen aufgenommen: Der älteste Groll-Sohn wurde gerade erst von den Besitzern der Großgerberei in der Cité als Advokat eingestellt, und James Arquylise, von dem man gar nichts mehr hört, hat als Assistent des Architekten Istvan begonnen – der ja den Bahnhof entworfen hat. Er hat freilich inzwischen sein eigenes Büro …

Der Klang der Trinkschalen, die aneinanderstoßen, verliert sich im Lärm des Fests.

> VATER HÉNOCH. – Dein Sohn hat einen guten Weg vor sich, Laure Hekiel.

Im lichterfüllten Innern seines Hauses schlendert Laure zwischen den Gästen umher; er versucht, Boïana einzufangen, bevor sie ihm mit noch mehr Clanedaque entwischt, doch die Kleine schlüpft zwischen seinen Beinen hindurch und ist schneller wieder weg, als sie aufgetaucht war; das Mädchen ist so flink wie seine Mutter. Daã ist draußen beim großen Feuer; sie erinnert sich ans Lithafest in Cusoke, sieht sich immer noch selbst als Königin der Wälder, von Zweigen und Federn gekrönt, und wiegt sich wie damals zwischen den Bergleuten hin und her. Laure entdeckt sie dicht bei den Flammen. Zusammen sind sie weiß und braun, gerötete Wangen und nächtlicher Blick: Lélio liebt seine Mutter mit aller Kraft, und er bewundert seinen Vater dafür, dass er sie wie ein Mann berührt.

Der Junge heißt Lazare Delorgue, er hält sich etwas abseits bei den Weizenhalmen. Käfer und Feldmäuse haben mir von seinen verträumten Spaziergängen über meine Waldlichtung erzählt. Farnkräuter sagen mir, er ist der »freundliche Sohn eines standhaften Mannes« und als ich ihn erblicke, zur Hälfte hinter den Ähren verborgen, denke ich genauso. Den ganzen Abend über hat er mir flüchtige Blicke zugeworfen: Jetzt dämmert am Rand des Feldes der neue Tag herauf, und er hat sich noch immer nicht bewegt.

Um die Glut herum wird geflüstert, zischelnd und ohne klare Laute; ich genieße das Ende dieser Nacht im malvenfarbenen Schatten des kommenden Sommers.

Als ich sicher bin, dass das Rascheln meiner Röcke und das Gras unter meinen Füßen Lélio nicht aufwecken werden, trage ich ihn, fest eingeschlafen an meiner Brust, in die Sommerküche und lege ihn zwischen den Gläsern und leeren Flaschen ab. Ich drehe mich um und der Junge steht hinter mir, fahl, fiebrig, zerrissen zwischen den Worten seines Vaters und denen seiner Geliebten, die sich widersprechen. Er hat die dunklen Augenringe und blassen Lippen eines schweigsamen Menschen; Bürgermeister Delorgue möchte einen Sohn seiner Statur, doch Lazare mischt sich nicht unter Gleichaltrige, tanzt nicht und meidet die Prahlereien männlicher Pubertierender. Oft wird er verspottet, dann krümmt er die Schultern und zieht das Kinn zum Hals zurück. Wir stehen zwischen den Blumen, Wurzeln und Samen, die zum Trocknen ausgelegt sind; ich betrachte ihn, warte darauf, dass er spricht, doch er sinkt in sich zusammen. Mit den Jahren habe ich die Geduld mit diesem endlosen Schweigen verloren, das Dinge verbergen soll, die ich schon weiß.

Lazare sagt. – Cécile ...
Ich antworte. – Ich habe ihren Bauch gesehen.
Er hebt wieder an. – Was soll ich tun? Sie will es behalten, sie sagt, wenn ich es nicht will, wird sie es mit zu ihren Schwestern nehmen, ein Siu-Bastard.

Die Siu-Töchter haben ihrerseits eine Vielzahl von Töchtern, die sie gemeinsam im Haus ihrer Mutter aufziehen. Sie sorgen ohne Väter für sie, weil diese keine blonden Wölfinnen heiraten, die Fallen stellen, jagen und frei herumlaufen. Die Männer nehmen sie und ignorieren ihre flachsfarbenen Sprösslinge. Zwischen diesen Kleinen ist Boïana eingeschlafen, ein rotbrauner Otter, eingerollt gegen den Bauch einer blonden Hündin, die rote Wange gequetscht, weiche Lippen und klebrige Spucke von zu vielen Clanedaques. Cécile sitzt mitten unter ihnen, ganz rund und hell in ihrer Schlichtheit, weder ist sie im Alter der Mädchen noch in dem der Mütter. Sie wiegt mal die eine, mal die andere, lernt die Gesten einer Erstgebärenden. Die Vögelchen in ihren Armen haben helle Köpfe wie das Wiesenheu; auf einmal suche ich meine Schwarze, mein eigenes Baby, unsicher, wann und wo ich sie in dieser raucherfüllten Nacht abgelegt habe.

Ich blicke in die Morgendämmerung hinter den Fenstern. Ookpiks Silhouette ist nirgends zu sehen: Er muss mit ihr hineingegangen sein, um sie ins Bett zu bringen und sich ebenfalls hinzulegen; ich denke an die durchscheinende Haut auf seinem Rücken, durchzogen von bläulichen Flüssen, sein schläfriger Geruch kommt mir in den Sinn. Als Lazare mich zum zweiten Mal fragt: »Was soll ich denn machen?«, weigert sich mein Mund, das, was er von Flüssigkeiten und Körperregionen weiß, ihm zu erzählen. Lazare muss den Weg vom Sohn zum Vater selbst beschreiben.

Noch drei Tage später finden sich Spuren der Feier im Haus; Bänder, die wie tot von den Leuchtern und Möbeln herabhängen. Boïana sammelt sie ein, bindet sie zusammen und bewahrt sie tief in ihrer Tasche. Sie bastelt Figuren aus den Knoten und Schnüren, die vom Leben in Kangoq erzählen.

Im Labor hat sie ihre kleinen Männchen auf dem Boden ausgebreitet, stopft verschiedene Pflanzen an die Stellen, wo ihre Herzen sein würden, und tauft sie: »Jédéas Frigg, in dir stecken Kletten, und Lazare Delorgue, du hast den Bauch voller Rosen.«

Von der feuchten Hitze im Labor locken sich Daãs Haare. Neben ihr bereitet Laure sein Rezept für Hustensirup zu. Er filtert den Aufguss aus Huflattich und weißem Andorn, den er am Vortag zubereitet hat, durch mehrere Lagen Seihtuch, dann gießt er die Flüssigkeit in einen großen Kupfertopf. Er wiegt Zucker und Honig ab – zu gleichen Teilen –, fügt sie dem Präparat hinzu und beobachtet, wie sich orangefarbene Bläschen im Kessel bilden.

Daã ist damit beschäftigt, Spitzwegerich, Ringelblume und Labkraut einzuweichen. Sie vergewissert sich ein letztes Mal, dass sich keine Erde an den Blättern und Ausläufern der Pflanzen mehr befindet, bevor sie sie in Öl oder Alkohol taucht. Sie singt:

Es schläft mein Kind, sei still, sei still, du lästiger Wind. Gib gut acht und weck es nicht auf, halt ein deinen Atem, dein Tosen und Pfeifen.

Sie liest ihre Ernte aus und entfernt die schlechten Teile, die während des Trocknens verschimmelt sind. Die Kleine schläft schlaff an ihrem Hals, die Haut ihrer Wange und die Haut der Brust scheinen zu verschmelzen.

Lélio kommt herein und stößt die Tür mit einer Kraft auf, die für ihn unüblich ist. Er keucht und ist verschwitzt, mit ihm wirbelt der Staub von der Straße herein.

LÉLIO. – Guckt mal raus, guckt mal raus! Die Witwe Siu mit allen ihren Töchtern!

Laure, der seinen Bestand an Verschlüssen und Glasflaschen prüft, in die er den Sirup hineinfiltern will, hat gerade begonnen, leise zu zählen, als Lélio ins Zimmer gestürmt kommt. Er wird etwa fünfzig Fläschchen brauchen, um die Getreidesaison abzudecken und noch einmal doppelt so viele für den Winter. Und dann kommt noch die Bestellung des Arztes aus Brume hinzu: einhundertsechzig Phiolen, die zu Dreivierteln gefüllt werden sollen.

> LÉLIO. – Vornweg geht die Witwe, mit Kisten und Taschen voller Münzen und mit schönen Pelzen. Ich wette, ihr habt noch nie Pelze gesehen, die so weich aussehen, ganz bestimmt!

Lélio kreist um Daã, er läuft zwischen seiner Mutter und dem Fenster hin und her: Am liebsten möchte er zur gleichen Zeit im Labor sein, um über alles zu berichten, und draußen, um nichts zu verpassen.

> DAÃ. – Sie will ihre Tochter mit dem Sohn des Bürgermeisters verheiraten.

Laure hebt den Kopf und schnalzt verärgert mit der Zunge. Er schaut auf die blauen Glasflaschen, die vor ihm aufgestapelt sind, seufzt und versucht, sich an die Anzahl zu erinnern. Sie fällt ihm nicht mehr ein. Er geht hinüber zu seinem Topf und überprüft den Zustand des Sirups.

Draußen erheben sich Rufe und Lélio läuft in den Gang hinaus; er möchte, dass Boïana ihm folgt, dass sie die Kisten sieht, die auf dem Karren stehen, die schönen Perlenstickereien auf den Kleidern der fünf Mädchen, den Federhut der Witwe und die Aufmachung selbst noch des Pferdes, dessen Geschirr voller Glöckchen und Schnallen ist, doch seine Schwester bleibt sitzen und betrachtet eingehend die Anordnung ihrer Puppen; sie nimmt zwei davon in die Hände, seufzt und beißt sich auf die Lippen.

BOÏANA. – Der Bürgermeister wird sich nicht freuen.

Lélio ist schon verschwunden. Laure schüttelt den Kopf und schließt die Augen, dann stellt er die Flaschen zurück in die Kiste.

LAURE. – Er wird sich nicht freuen, nein.

Er beginnt von vorn zu zählen.

Ich erwache vom Klopfgeräusch an der Tür und den Fenstern. Ich weiß nicht, wie spät es ist und würde lieber Laure schicken, um aufzumachen, aber unter unserem gemeinsamen Laken finde ich ihn nirgends.

Ich habe die ganze Nacht damit verbracht, mit Atemwölkchen vor dem Gesicht Ausschau zu halten, bin müde und noch immer mit Schilfrohrsaft, Löwenzahn und dem getrockneten Schlick der Faroukufer verschmiert. Ich habe den Mond im Auge behalten, damit er verdeckt bleibt, und die Winde in der Sprache meiner Oma Nunak kommandiert, wie ich es vor langer Zeit getan habe; jetzt liege ich hier, erschöpft von den ausgedehnten Ritualen, die die Reichweite meiner Hände und meines Mundes weit überschreiten.

Unten höre ich Stimmen, die nach jemandem rufen, ohne Zweifel nach Laure; ich vergrabe mich unter den Kangoq-Daunen, bleibe dort trotz der drückenden Junihitze und der Rufe, die wie Krähengezänk klingen. Als Boïana mich findet, klebt das Laken an meiner Haut, ich tarne mich, so gut ich kann, doch sie sagt: »Sie gehen nicht weg.« Und während sie mir erst die Röcke und dann das Mieder anzieht, seufze ich die ganze Zeit: Wer von uns beiden mich zuknöpft, weiß ich nicht einmal mehr.

Boïana hat Bürgermeister Delorgue hereingelassen, Vater Hénoch, Pierre Arquilyse und Sédèche Nalbé. Sie hat alle vier auf dem Velourssofa platziert; aneinandergedrängt sitzen sie da und passen auf, dass ihre Knie sich nicht berühren. Der Bürgermeister wischt sich mit seinem Taschentuch über die Stirn, faltet es, verstaut es in seiner Tasche und tupft sich gleich wieder von neuem ab. Daã bringt eine Kanne mit Baldrian-Hopfen-Tee und schenkt langsam aus. Die vier Männer in ihren leichten Hemden kommen ihr lächerlich vor, sie zieht das Servieren des Kräutertees in die Länge und hofft, dass Laure auftaucht. Für gewöhnlich ist dieser gegen Mittag da, denn er ist es, der das Essen kocht. Daã nimmt sich Zeit; sie hätte gern, dass die Kleine in ihrem Körbchen ausnahmsweise zu weinen anfinge, aber die ist wie immer still.

DAÃ. – Ich weiß nicht, wo Laure ist.
DER SCHÖFFE. – Wir wollten auch eigentlich Sie sprechen.
VATER HÉNOCH. – Lazare ist mit der Siu-Tochter verschwunden. Sie wissen nicht zufällig, wo die beiden hin sind?

Boïana hat für ihre Mutter einen Stuhl herangezogen und ihn gegenüber vom Sofa aufgestellt, sie führt sie hin und setzt sie. Daã antwortet nichts und schaut die Männer vor ihr, die sich unbehaglich fühlen und sich Luft zufächeln, nicht an: Sie fragt sich, wo Laure bleibt. Donnerstags unterrichtet er normalerweise Lélio in alten Sprachen, während er den Brotlaib im Ofen überwacht, den er über Nacht hat gehen lassen, aber die Luft riecht nach nichts: weder nach Sauerteig noch nach gebackenem Brot.

DER SCHÖFFE: – Die Witwe Siu weigert sich, uns zu empfangen …

Jetzt, wo sie gerade darüber nachdenkt: Lélio ist auch nirgends zu sehen. Wäre er hier im Haus, wäre er längst in ihrer Nähe. Um nichts in der Welt würde er einen Besuch des Bürgermeisters verpassen wollen: Wann immer er in den letzten zwei Monaten den Mund aufgemacht hat, ging es um die Verwicklungen der Geschichte von Lazare und Cécile; mal zählt er die Fälle versuchten Diebstahls bei der Witwe Siu auf, nachdem sie ihren Reichtum in Kangoq zur Schau getragen hat, dann beschreibt er, wie schön die blonden Töchter sind, wenn sie vor dem Haus Wache halten, bewaffnet mit Gänseflinten und hauchdünnen Kleidern, dann wieder erzählt er von der Demütigung Bürgermeister Delorgues und den fiesen Streichen der Groll-Arbeiter, die Mäntel mit rötlichem Pelzbesatz zusammenwickeln und vor die Tür seines Diensthauses legen.

> DER BÜRGERMEISTER. – Diese durchtriebene Alte. Sie will eins ihrer Bastardmädchen in meinen Rang heben. Sie denkt, irgendwann kriegt sie mich weich, aber ich würde ihr meinen Sohn niemals geben.

Die Aufregung des Bürgermeisters macht Pierre Arquilyse verlegen, er reicht ihm schroff eine Tasse; der andere nimmt sie und setzt sie an die Lippen, der Porzellanhenkel ist winzig in seiner Faust. Er verschüttet die kochende Flüssigkeit über sich und stößt ein Wimmern aus, das anders klingt als die dumpfen Beschwerden, die er von sich gibt, seit er den Salon betreten hat.

> VATER HÉNOCH. – Wir fürchten um die Sicherheit der Kinder. Haben die beiden irgendetwas zu Ihnen gesagt?

Daä versucht sich zu erinnern, ob Laure ihr Bescheid gesagt hat, dass er heute weggeht. Sie glaubt nicht.

> DER NOTAR. – Madame, ich muss darauf bestehen.

Der Ton von Pierre Arquilyse ist barsch, sie wendet sich ihm zu und betrachtet ihn lange. Der Mann erinnert sie an die, die früher den Frieden ihrer Mütter gestört haben. Er hält ihrem Blick einen Moment stand, dann wendet er sich ab und richtet seine Bemerkungen fortan an den Bürgermeister, als wären sie beide woanders, nicht mehr bei der Frau des Arztes und seiner Tochter.

> DER NOTAR. – Weit können sie nicht gekommen sein. Die Kleine ist zum Platzen schwanger: Sie werden sich im Wäldchen versteckt haben oder in den Lagerschuppen der Grolls.

Als sie einer hinter dem anderen hinausgehen, lässt Daã die Türe weit geöffnet und lauscht eine ganze Zeit lang, ob sie im Tosen des Windes die Stimmen von Laure und Lélio entdeckt. Sie hört sie nicht.

Eine Frucht aus meinem Schoß fehlt, ich kann sie nirgends fühlen. Weder auf der Straße noch bei der Kirche oder an irgendeinem der Orte, wo er sich sonst unter die Kinder seines Alters mischt. Ich suche ihn mit meiner Nase, kann aber weder seinen reinen Gras- und Kieselgeruch ausmachen noch den unverwechselbaren von Ookpik. Mein Haus ist ohne seine Männer, und in den Ausdünstungen des Dorfes, das sich zu einer Treibjagd versammelt, finde ich sie nicht.

Ich irre lange umher.

Ich kann Kangoq nicht fragen, was mit meinem Sohn geschehen ist, da ich auch nicht dabei helfe, den Sohn des Bürgermeisters wiederzufinden.

Auf dem Kirchenvorplatz ist das Dorf in sommerlicher Kleidung zusammengekommen. Ich mag die glänzende Haut der Frauen, an der der Staub klebt, ich mag den Geruch der Männer, die sich in der Sonne aufwärmen. Aus einiger Entfernung beobachte ich den Schöffen, der Grüppchen bildet und Orte markiert; die Truppen teilen sich auf und dringen in die Felder ein, in die Scheunen, das Wäldchen, die Verstecke, Lauben, Ställe und in den Lagerschuppen. Keiner von ihnen wird das Paar aufspüren: Cécile und Lazare sind weg, weit entfernt von Hetzjagd und Klatsch.

Ich wende mich wieder meinem eigenen verschwundenen Paar zu, versuche zu begreifen, wo ausgerechnet die zwei Ängstlichsten aus meinem Klan sein könnten, alle beide verdunstet mit der Feuchtigkeit meiner Grassaison.

Das Gebrüder Trigliev-Internat ist ein Gebäude aus grauem Stein, das sich zu einem sandigen Hof hin öffnet, in dem ein Baum wächst, ein einzelner, schmächtiger, dessen untere Äste an einigen Stellen gebrochen sind, nicht kräftig genug, den Spielen der Schüler standzuhalten. Lange steht Lélio wie versteinert vor ihm, geht keinen Schritt weiter und nimmt nichts um sich herum wahr, ganz von dem traurig herabhängenden Geäst in Bann gezogen. Laure muss zurückkommen, ihn an der Hand nehmen und sachte in Richtung der hohen Türen ziehen. »Große Männer haben hier studiert«, sagt er.

Lélio geht immer einen Schritt hinter ihm, zu den ehemaligen Professoren hochblickend – diesen Herren in Hermelinmänteln mit ihren buschigen Augenbrauen. Jemand tritt auf den Korridor hinaus, um mit einer Trompete das Zeichen zum Unterrichtsschluss zu geben, und die drei Töne klingen wie die Türglocke zu Hause. Die kleine vertraute Melodie beruhigt Lélio, sein Herz klopft etwas weniger schnell, während die Gänge sich mit Jungen füllen, die in ihren blauen und grünen Uniformen alle gleich aussehen. Sie stehen gerade und drängeln nicht an der Garderobe, sondern gehen langsam bis zur Tür, dann stürzen sie in den Hof, einige rennen wie verrückt über den Kies, nehmen Schwung, springen ab und hängen sich an die Äste des armen Pflaumenbaums. Als einer davon bricht und in der Hand eines großen Jungen liegenbleibt, drückt Lélio die weißen Finger seines Vaters zusammen.

Sie gehen eine lackierte Holztreppe hinauf, die an den Stellen, wo Sonnenstrahlen darauf treffen, glänzt. Die Luft riecht nach Zitronenöl und sauberen Fußböden. Ein Schüler läuft in entgegengesetzter Richtung an ihnen vorbei, er weint und hält seine Handfläche geöffnet vor sich; Lélio folgt ihm mit dem Blick, doch Laure, blasse und wortkarge Gestalt, zieht ihn weiter. Bald sitzen sie Seite an Seite in gepolsterten Ledersesseln, Laure hat aus Gewohnheit den kleinen Kamm herausgeholt, der vom vielen Gebrauch glattpoliert ist, und kämmt seinen Bart. Lélio zählt laut die Skelette, die unter Glasglocken ausgestellt sind, er liest mit zusammengekniffenen Augen ihre Namen vor und beginnt, sie sich mit ihrem Fleisch und ihrer Haut vorzustellen, er rekonstruiert von den Knochen her die lebendigen Tiere.

Laure wippt mit dem Fuß, ohne es zu bemerken. Seit dem Vortag scheint alles zu langsam vonstattenzugehen. Die Zeit, die Lélio damit verbracht hat, sich anzuziehen, die Zeit, die die Besatzung des *Sort Tog* gebraucht hat, um die Kohlesäcke im Lager von Kangoq zu verstauen, und dann die Zeit, die sie sich genommen haben, um die Groll-Daunen und die Pelzmäntel der Siu-Töchter einzuladen. Wohl hundertmal hat er über die Schulter zurückgeschaut, ob Daä ihnen nicht folgt, mit einem undeutlichen Schamgefühl, weil er gefahren ist, ohne ihr Bescheid zu sagen. Andererseits ist er überzeugt, dass sie nicht erlaubt hätte, dass Lélio den Internatsdirektor trifft. Die Nacht im Zug schien endlos, voller undurchdringlicher, furchteinflößender Träume, aus denen Laure hochschreckte, um nach seinem Sohn zu suchen, der zusammengekauert auf der benachbarten Bank schlief. Als die Lokomotive schließlich im Bahnhof der Cité zum Stehen kam, überprüfte er die Abfahrtszeit des *Sort Tog* und zog Lélio, der verdutzt am Bahnsteig stand, mit sich durch das Gedränge der Stadt. Den ganzen Weg vom Bahnhof zur Schule ärgerte er sich über jeden Halt und jede Verzögerung der Kutsche und reckte den Hals, um sich bei Passanten, die ihm reich genug vorkamen, eine eigene Uhr zu besitzen, nach der Zeit zu erkundigen. Und jetzt, da sie in dem kleinen Wartezimmer sitzen, weil sie zu ihrem Treffen mit Dekan Bloom zu früh erschienen sind, macht er sich Sorgen, dass dieser sich nun zu sehr verspäten könnte, und fürchtet, den Zug für die Rückfahrt zu verpassen. Höchstwahrscheinlich wäre Daä über eine längere Abwesenheit beunruhigt – obwohl vielleicht auch nicht: Selbst nach zehn Jahren weiß er eigentlich nicht, welche stille Übereinkunft es ist, die sie verbindet. Trotzdem hat er Angst, er könne zum Bahnhof kommen und den *Sort Tog* gerade noch in der Ferne verschwinden sehen – was würde er eine ganze Woche lang in den Straßen der Cité anfangen? Er hat auch Angst davor, nach Kangoq zurückzukehren und zu sehen, dass Daä nicht mehr da ist, zusammen mit den Mädchen losgezogen, vielleicht, um ihn zu finden. Und schließlich hat er Angst, Lélio könne dem Schulleiter Daās Geschichten erzählen, oder schlecht auf die Fragen der Aufnahmeprüfung antworten. Die Standuhr vor ihm zählt laut tönend die Sekunden, er runzelt die Brauen und fragt sich, ob er sich eine Taschenuhr leisten könnte.

Neben ihm betrachtet Lélio seine Beine, die blass unter den kurzen Hosen hervorschauen, er wundert sich über das kühle Leder an seinen Waden, wo es draußen so warm ist. Für ihn ist alles etwas zu schnell gegangen. Das frühe Aufwachen, Laures Stimme an seinem Ohr und das Schleichen auf Zehenspitzen durchs Haus – um weder Boïana aufzuwecken, die in dem Bett neben seinem schlief, noch Daā, die gerade erst von einer dunklen Wolfsnacht zurückgekehrt war. Der Spaziergang zum Bahnhof durch das raschelnde Dorf, die Händler am Bahnsteig von Kangoq, die schwarzen Gesichter der Arbeiter. Er hätte sich gewünscht, dass der Zug länger in Aralie, Azaka, Namtar, Sestoran und Bélurie hielte, er hätte es gemocht, sich unter die Menschen in den Papiermacher-Bezirken zu mischen und hätte gerne herausbekommen, woher der seltsame Geruch der Manufakturen am Rande der Cité kam.

Er sitzt so aufrecht wie möglich, mit den Händen auf den Knien, und hat keine Ahnung, was genau er an diesem Ort tut, und warum sein Vater so nervös zu sein scheint. Geduldig sitzt er in seinem weißen Schatten, denkt an seine Mutter und seine Schwester und ist nicht sicher, ob ihnen diese Grotte aus feindseligem Gestein hier und die toten Tiere hinter Glas gefallen würden. Doch als er beklommen wieder nach der Hand seines Vaters greift, sind es die warmen Finger von Daā, an die er denkt, und ihr Duft nach Harz und feuchtem Moos.

Der Wasserkessel pfeift und spuckt Dampfwolken aus. Ich stehe mit geröteter Haut darüber, die Schwaden verbrühen mir Wangen und Stirn. Das Wasser kocht wie die Strudel des Farouk und ich verharre davor, ohne es über die getrockneten Blätter zu gießen. Ich höre der schrillen Klage des Dampfs zu und verstopfe mir damit die Ohren, bis der Ofen nur noch versengtes Gusseisen erhitzt.

Laure und Lélio kommen nicht zurück. Seit zwei Nächten horche ich nach dem speziellen Rhythmus ihrer Schritte, ohne irgendetwas anderes zu vernehmen als den Wind und die hohlen Vibrationen des Bodens. Die Tage gehen vorüber, ich halte meine Töchter rechts und links an meinem Bauch oder in der Peripherie meiner Augen, ich suche nach Möglichkeiten, der Großen zu Essen zu geben, die von ihrem Vater verwöhnt worden ist, und die nun von Austernpilzen, Schleierlingen, Bovisten, Egerlingen und *Pishimuss* nichts wissen will, wenn ich sie vor sie hinstelle. Die Jüngste halte ich an meine Brust gedrückt.

Auf der anderen Seite der Tür hat Kangoq Lazare noch immer nicht gefunden. Zweimal hat jemand an meine Fenster geklopft, bis ich aus Überdruss geöffnet habe; man wollte meine Zimmerecken und Kleiderschränke durchsuchen. Ich habe niemanden gefragt, wo mein eigener Klan ist. Ich warte ganz alleine, ohne Aufsehen, ohne Eklat.

Laure tritt ein, er trägt ein paar Päckchen und einen neuen Hut. Lélio hinter ihm sieht in seiner hellen Leinenkleidung nicht wie er selbst aus. Laure legt Spielzeuge aus bemaltem Holz für Boïana auf den Tisch: einen Kreisel, ein Puppenpferd, ein Seil mit zwei schön lackierten Griffen. Für die Kleine hat er eine Decke aus Lochstrick mitgebracht, und als er Daã wutentbrannt dastehen sieht, mit rotem Gesicht und stark auf ihrem schwachen Bein, zieht er drei sonderbare Dinge aus seinem Beutel, die sogleich zu duften beginnen: ein längliches, sehr gelbes und ein kugelförmiges, bei dessen Anblick Boïana ausruft: »Eine Sonne, die in die Hand passt!«, und ein drittes, das aussieht wie ein eingerollter Igel, voll kurzer, weicher Stacheln. Daã sieht aus der Entfernung zu, hin- und hergerissen zwischen Neugierde und ihrem dreitägigen Zorn.

An Lélio gerichtet fragt Boïana: »Was ist das?«

Er antwortet: »Früchte.«

Es dauert ein bisschen, bis die vier schließlich um den Tisch herum zusammensitzen, die fünfte gleichgültig in ihrem Weidenkörbchen. Laure hat die Früchte am Bahnhof gekauft, nun liegen sie ausgebreitet auf ihren dünnen Papieren, Daã schneidet sie auf und teilt sie vor Wut in ungleiche Stücke. Doch als sie in das Fruchtfleisch der Orange beißt und der Saft herausplatzt, ihr über Kinn und Hals rinnt, gibt sie sich dem Genuss ihres Mundes hin. Und als dann Laure versucht, zusammen mit Lélio auf die Namen seiner Entdeckung zu kommen und sich beide die unwahrscheinlichsten Wörter zuwerfen, da legt sich das Tier, das in ihr erwacht war, wieder hin, und ihre Stirn, ihre Augen, ihre Mundwinkel glätten sich.

—

Später ruht sie, dunkel und gefleckt, auf Laures weißer Haut. Er berichtet ihr, die Finger tief in ihr Haar gegraben, vom Grund seiner Abwesenheit, beschreibt ihr das Gebrüder Trigliev-Internat, die großen Zimmer, die von Jungs in Lélios Alter geteilt werden, aus noch viel besseren Familien als der seinen; er malt ihr in glühenden Farben Klassenräume,

Labore und die Bibliothek aus. Sie hört zu, küsst den blassen Hals und antwortet: »Nein«, als er sie fragt, was sie davon hält. Dann nimmt sie ihre Liebkosungen wieder auf, während auf der anderen Seite der Tür Lélio und Boïana sich Geschichten von traurigen Bäumen erzählen.

YULE

Dünenfelder aus wirbelndem Schnee.

Aufgetürmt an den Zäunen und Hütten, gegen die sich der Wind wirft.

Im Schneesturm und in der Nacht ist Kangoq ein dunkler Fleck, der die Weite des Winters beschmutzt. Der Nordwind, den Daã herbeigerufen hat, bläst und bläst, laut heult er, im vollen Ausmaß ihres Zorns. Er sticht an Wangen und Augen und sie läuft mit gesenktem Kopf, um seinem Beißen auszuweichen. Das Baby ist fest in raue Wolltücher gewickelt, eine Larve im Kokon, wie damals, als sie frisch geboren diesen Weg in umgekehrter Richtung zurücklegte. Der Schlitten, den sie hinter sich herzieht, ist ein Durcheinander von Kindern, Otter-, Hasen- und Fuchspelzen, Provianttaschen und Münzen, Decken und einer ausgeblasenen Lampe; die Lippen von Boïana sind kristallverkrustet, Lélio hat seinen Schal bis zur Stirn hochgezogen.

Daã hatte alles in weniger als einer Stunde zusammengepackt. Sobald Laure hinausging, um Vater Hénoch Lélios Aufnahme ins Gebrüder Trigliev-Internat zu verkünden, zog sie ihre Kinder an, als sei es helllichter Tag. Sie mussten gar nicht erst fragen, wohin sie gehen würden, Boïana tänzelte herum und sagte immer wieder: »Endlich treffe ich sie einmal, meine Großmutter Nunak!«, und Lélio wickelte zuerst die Kleine ein und zog dann seinen eigenen Mantel an. Als sie im Begriff waren zu gehen, wollte er seinem Vater etwas hinterlassen, er schrieb auf ein großes Blatt Papier die Namen der Bauchorgane und schloss dann die zwei Türen hinter sich, ergriff die Hand seiner Schwester und warf sich in den Schneesturm wie im Sommer in den kalten Fluss: mit angehaltenem Atem.

Unter Fellen der Siu-Schwestern und den Kangoq-Daunen zeichnet er die Konturen dieses Tages nach, dessen Stunden sich weiter und weiter auszudehnen scheinen. Gleich am Morgen hatte Nils Oftaire an der Türglocke der Praxis geläutet und irgendetwas Kurzes gesagt, etwas, das Lélio und Boïana nicht verstanden, aber das ihre Mutter zu verstimmen schien, deren Gesicht hinter den rostfarbenen Flecken grau wurde.

»Cléo ist tot; das ist alles, was die Schwestern aus der Cité mir sagen.«

Später ist Laure zufrieden von seiner Dienstagsrunde zurückgekommen, Boïana hat ihm eine neue Puppe gezeigt und sein großes, helles Lachen prallte von den Möbeln zurück. Seine Freude schien unpassend, zu heftig, und ließ Daã und Lélio dichter zusammenrücken. Als er sie beide nebeneinander sah, erstarb sein Überschwang; er senkte den Blick, reckte aber zugleich seinen Hals und jeden Rückenwirbel, um ebenso groß zu sein wie seine Frau. Er holte Luft, dann hob er den Kopf und hielt ihr einen dreimal gefalteten Zettel hin.

»Im Internat ist ein Platz freigeworden«, sagte er sehr ruhig. »Für Lélio. Er fängt in zwei Wochen an.«

Daã sagte nichts.

Er fügte hinzu: »Du kannst mitkommen, wenn du willst. Die Cité sehen, und die Schule.«

Lélio verharrte in der vollkommenen Regungslosigkeit seiner Eltern, die sich von Angesicht zu Angesicht gegenüberstanden; das Schweigen seiner Mutter kam mit einem Schlag über das Haus.

Die Kordel des Schlittens schneidet mir ins Fleisch; das Gewicht meiner Jungen zerrt an meinen Schritten: Ich stapfe voran, ein Maultier auf dem Weg, den meine Füße sich bahnen. Die Südwinde verwischen unsere Fährte. Waren die Schneeflocken zuvor noch feine Graupeln, so fallen sie jetzt dicht und schwer. Die Kinder auf dem Schlitten sind unter einer von Méganes Strickdecken Kopf an Kopf eingedöst, ihre Füße ragen vorn und hinten heraus und erzählen sich Nachtgeschichten, die verformt klingen vom Knirschen der Kufen und dem Donner des Windes; an meine Ohren jedoch dringt nichts als das Frösteln von Spatzen.

Ich laufe.

Zwischen meinen Brüsten erlernt die Kleine die Choreografie der Kälte.

Ich laufe.

Ich will das Blätterdach meiner Bäume erreichen: Ihre Arme, die mich umschließen, werden Laure bremsen. Die Kinder wiegen so schwer wie ihre Müdigkeit, ihre Stiefel durchfurchen den Schnee und ich bleibe oft stehen, um ihre Füße und Beine zurück in den Schlitten zu ziehen.

Ich laufe.

Ich denke: »Weiter. Weiter.«

Ich zähle die Schritte, verliere den Faden, die Fracht mit meiner Brut zieht mich nach hinten und ich beginne, von vorn zu zählen. Meine Schneeschuhe lösen sich, mal dieser, mal der andere; mein lahmes Bein sinkt bis zum Knie ein, es ist das Bein eines schwachen, seines Instinkts beraubten Tiers.

Ich versuche, die Wut auf Abstand zu halten, die in meiner Kehle dicker wird und herauszubrechen droht, wie schon in der Vergangenheit, zähflüssig und schwarz auf Zunge und Lippen. Ich wiederhole die Namen meiner Drei: Lélio, Boïana und meine unbenannte Kleine, ich wende sie im Mund hin und her, um die Klänge nicht zu verlieren, die von ihnen sprechen. Ich laufe, vollgesogen von Erinnerung an Verrat, der älter ist als der von Laure, stampfe über einen Boden, auf dem Cléo Oftaire noch lange hätte gehen sollen. Der Weg führt von Kangoq aus eine leichte Steigung hinauf, die ich nicht einmal bemerke, irgendwo in meiner Kehle drücken die anschwellenden Adern – Venen-Arterien-Venen-Arterien – auf meine Luftröhre. Ich werde meinem Herz nicht sagen, dass es sich beruhigen soll.

Das Arzthaus ist ohne Geist und ohne Leben.

Laure dreht den Türknauf und schüttelt sich die Eiskristalle aus dem Bart, zögerlich ruft er nach Daã, seine Stimme trifft auf die Wände und prallt von den geschlossenen Türen aller Zimmer ab.

– Lélio?
– Boïana?

Die Wände antworten mit Schweigen. In der Küche ist nichts außer dem großen Blatt Papier seines Sohns, eine Liste der Organe: Leber, Herz, Nieren, Lunge, Blase, Magen. Neben »Darm«, dem letzten Wort auf der Seite, hat Lélio das Papier durchstochen und das Ende eines Wollfadens daran befestigt, dem Laure bis auf die Veranda folgt. Betrunken vom vielen Feiern mit Vater Hénoch, den Grolls und dann den Viks, bei denen er lange geblieben ist, steht er da, in Socken und Hemd, und zieht sachte an dem vom Schnee begrabenen Faden.

Ich erreiche meine Bäume.

Ihre langen Arme waschen Schnee und Wut von meinem Mantel.

Es ist halbwegs hell unter den Zweigen, ich halte an, binde die Kleine ab und lege sie zwischen ihren Bruder und ihre Schwester, die allmählich erwachen. Ich gehe ein Stückchen weg, so weit, bis ich nur noch die Stimmen der Koniferen höre, und lasse mich in den Schnee zwischen zwei Zedern zurückfallen. Die Morgendämmerung über mir ist mit weißen Zweigen gestreift. Die Flocken schmilzen, sobald sie meine Haut berühren, der Schnee dringt nicht durch den Pelz, aber meine Wäsche darunter ist von der Anstrengung nass geworden und mein steifgefrorenes Hemd knistert.

Aus der Entfernung sehen die Kinder wie drei Daunensäcke aus. Ich schließe die Augen. Der Wind lässt nach. Ich schlafe nicht lange. Arme und Beine von mir gestreckt liege ich da. Boïana lässt sich neben mich fallen und fragt: »Ist hier das Ende von allem?«, und mein Mund findet immer noch den Weg zu einem Lachen.

Sie sagt: »Ich bin wirklich glücklich, weil ich Oma Nunak treffen werde.«

Und ich antworte: »Nicht Oma Nunak, andere Omas, ganz viele andere Omas«, doch sie beharrt darauf, sagt wieder: »Nein, nein, ich werde Oma Nunak sehen, meine Großmutter, die den Wind atmet und Haare aus Flüssen hat. Die Efeuröcke trägt und ein weiches grünes Kleid, und die zu jeder Jahreszeit das Gesicht wechselt.«

Meine Lungen sind durchlöchert und die Kälte strömt hinein. Ohne mich zu bewegen, bleibe ich unter Boïanas Liebkosungen und ihrem roten Pelz liegen. Sie hat die Worte meiner Geschichten auswendig gelernt.

Ich denke nach.

Als ich losgezogen bin, habe ich mich nicht gefragt, wie ich Cusoke mit diesen dreien hier erreichen soll, die mit meinem müden Bein und dem Schnee, der mir bis zu den Knien reicht, so viel wiegen wie tote Baumstämme.

Ich überlege.

Haare und Kleidung meiner Tochter riechen nach dem Haus in Kangoq und nach Laures Apothekenseife. Ich müsste den *Sort Tog* in seinem Lauf Richtung Norden eigentlich stoppen, damit er uns vier mitnimmt in mein Land aus Harz und Säften, anstatt ihm zu erlauben, meinen einzigen Sohn so weit von mir fortzutragen.

Über mir knacken die Äste laut und die Stämme knarzen, mein Wald singt sein Lied vom stürmischen Wetter. Ich stehe auf, binde mir das Baby wieder um und Boïana nimmt ihren Platz neben Lélio ein. Die erste Etappe nach der Abreise ist die leichteste: Ich will noch vor der Nacht meine versteckte Höhle erreichen und meine drei Tierchen in meinem Winterbau ausruhen lassen.

Laure ist auf dem pflaumenfarbenen Velours-Sofa eingeschlafen, ein kleines Holzauto drückt ihm in die Seite, das Blut pocht in seiner Stirn. Als er erwacht, schneit es nicht mehr; Staub schwebt im schräg einfallenden Nachmittagslicht. Der Ofen ist schon längst erloschen und der Raum eisig und hell. Er bleibt liegen und beobachtet, wie die Staubpartikel herumflirren; die Stille der Wände beruhigt ihn; in seinem ausklingenden Rausch hüllt ihn das leere Haus ein. Ubalds Gin spaltet ihm den Schädel. Die Decke, die er sich über die Schultern zieht, riecht nach erbrochener Milch. Zuvor hat jemand an die Tür geklopft und ihn geweckt, aber der Moment währte zu kurz, um zu antworten. Er richtete sich mit trockenem Mund auf und fiel wieder in sich zusammen, sobald die Schritte verklungen waren. Das musste am Morgen gewesen sein. Jetzt, wo das Licht über den Schneefeldern schwindet, findet er die Kraft, aufzustehen und den Ofen wieder anzuzünden. Er schlurft von einem Raum zum anderen und die Wärme belebt seinen Geist. Er trinkt etwas Wasser und denkt an Lélio, an die Aufnahme, ans Internat. Der Gedanke, bald die schöne Marineuniform mit dem grauen, bauschigen Querbinder und den Hemden zu bekommen, die er im Geschäft bestellt hat, zieht ihn aus seiner Starre. Mit der gleichen Lieferung lässt er sich einen Schulranzen aus schönem Leder schicken, ein Tintenfass und eine feine Feder. Niemals soll Lélio die Demütigung gebrauchter Ausstattung und Kleidung erleiden.

Der Tag geht zu Ende, der Mond färbt den Abend weiß.

Während Laure etwas isst, schaut er den flackernden Flammen im Ofen zu. Daä würde selbst im schlimmsten aller Stürme ihren Rückweg finden; er hat nichts zu befürchten, da die Kinder bei ihr sind.

Die Nacht bricht herein, hüllt Kangoq in ihr Licht. Laure fragt sich, ab wann er sich Sorgen machen sollte. Er kann sich kaum vorstellen, wo Daä mit den Kindern Schutz gesucht haben könnte: Der Zug nach Cusoke wird frühestens in sechsunddreißig Stunden wieder fahren. Sie muss wohl irgendwo ein Versteck für die Kinder gefunden haben. Als er wieder beginnt zu trinken, hat er plötzlich Angst, sie könnte bei den Sius Zuflucht gefunden haben. Seit der Sohn des Bürgermeisters vermisst wird, versucht er so gründlich wie möglich, seine Familie von der der Witwe fernzuhalten. Schließlich denkt er wieder an die rosafarbene Schnur, die sein Sohn zwischen die Schneewehen ausgelegt hat. Doch er zögert, sich auf die Suche nach seinen Kindern zu begeben: Abseits der befestigten Straßen von Kangoq findet er sich nicht zurecht.

Während er das Feuer neu anfacht, überlegt er, die Männer im Dorf um Hilfe zu bitten, aber er weiß, er würde eine Abfuhr erteilt bekommen: Insgeheim wird Daã von allen, dem Notar, dem Schöffen und dem Bürgermeister, beschuldigt, Lazare den Fortgang erleichtert zu haben.

Er holt den Kamm hervor und kämmt seinen weißen Bart. Noch immer benommen vom Saufgelage des Vortags verdünnt er seinen Gin mit Wasser. Die Nacht dauert an. Laure starrt auf die Standuhr und hört zu, wie die Stunden langsam vergehen.

Endlich konnte ich schlafen, eingehüllt in den wilden Geruch aus Fell und Nadellaub und in den milchig-feuchten Duft meiner Kleinen, der traumlose Schlaf einer ruhigen Frau.

Schlaf schloss uns alle vier in die Arme, ein Haufen von dicht aneinandergeschmiegten, sich liebenden Tieren. Nun sitzen meine Früchte zu dritt da, Seite an Seite in der Wärme meiner Höhle. Während ich gelaufen bin, sind sie durch meine Wasserstrudel wieder hinaufgeklettert, ich fühle sie jetzt in meinem Bauch.

Wir essen das gute Brot, das ich über der Glut erhitze, und ebenso die Marmelade, getrocknetes Fleisch und Käsestücke; danach bereite ich den Tee in einer alten Blechbüchse zu, zeige ihnen, wie man Schnee schmilzt und werfe *Misartaq* ins Wasser. Ich sage: »Misartaq« und bringe Lélio den wahren Namen des Mutterkrauts bei, den, den mir meine Taiga beigebracht hat, als ich so alt war wie die Kleine.

Bald richten sie alle ihre Augen auf mich, erst er, dann sie, dann die andere. Sie erwarten verschiedene Sätze aus meinem Mund: Lélio Anweisungen, Boïana eine Geschichte und die Kleine, ich weiß nicht, was. Ich wechsle die heißen Steine in der Hütte aus: Die, die drinnen waren, bringe ich hinaus und lege sie ins Feuer, die aufgeheizten hole ich herein. Ich zeige den Großen, wie sie das Nest warmhalten können, ohne sich dabei zu verbrennen oder ein Feuer zu riskieren. Ich sehe zu, wie sie meine Bewegungen imitieren, und sie machen es gut, sie nehmen die Schaufel und versetzen die Steine ordentlich einen nach dem anderen.

Als ich gehe, liegt der Proviant ausgebreitet auf den Tierhäuten, Brot, Lampe, Öl und Kleinholz: genug für vier Tage, auch wenn ich morgen wieder da bin.

Laure erwacht gegen Mittag. Wieder fällt sein Blick auf Lélios Liste, die Aufstellung der Organe in der hübschen Kursivschrift eines angehenden Arztes. Es schneit nicht mehr, das Haus ist immer noch verlassen. Er geht zurück zu dem rosafarbenen Faden, den der Schnee verschluckt hat. Er zögert lange, dann beschließt er, sich anzuziehen und schlüpft in seine Felle und Schneeschuhe, er hängt sich die Tasche um den Hals unter den Arm und stopft noch ein paar trockene Krusten und Kekse hinein. Während er sich vorbereitet und die ersten Schritte auf dem Weg entlang geht, seufzt er die ganze Zeit über lautstark. Er zwingt sich zu lächeln, wenn Nachbarn ihm die Hand reichen und ihn freundschaftlich hochziehen. Denn man sieht ihn nicht oft, den Arzt von Kangoq, mit Schnee bis über die Knie. Laure grüßt sie und presst seine Kiefer zusammen.

Er blickt auf die lange rosa Linie vor sich im weißen Boden; fast sieht es so aus, als wäre es sein eigener, durch den Alkohol verdrehter Darm, der dort ausgebreitet auf dem Boden liegt.

Ich gehe von einem Stamm zum nächsten, drücke meine Wange an ihre Rinde und sage jedes Mal: »Auf ein Wiedersehen, meine *Abazi*-Lieblinge.« Der lange Marsch bis zu den Gleisen ist voller Verbrüderungen mit Koniferen, Vereinigungen mit Feldmäusen und Festen mit Meisen. Mein Mund hat die Sprache der Füchse, Hermeline und Zedernseidenschwänze nicht vergessen.

Die Luft ist stechend, in Polarstimmung; man sieht es am sehr hohen Blau des Himmels: selbst meine Haut, die an die Kälte des Nordens gewöhnt ist, staunt über ihr Beißen.

Und trotzdem fühle ich mich wohl in den weißen Strahlen, die schräg durch den Schatten meiner Bäume fallen. Die Sonne steht tief; in Cusoke würde sie an einem solchen Tag gar nicht erst aufgehen.

Die Kinder bleiben in der Hütte, essen und spielen mit dem schönen Holzkreisel aus der Cité. Lélio zerdrückt etwas Käse und zerkrümelt Brot, er füttert seine Schwester – die Kleine – wie einst Laure die genesende Daã, indem er jedes Mal vorsichtig prüft, ob die Happen klein genug sind, um das Baby nicht zu ersticken. Seit dem Morgen singt Boïana eine Geschichte, in der der Wind zwei Kinder bis zu ihrer Großmutter mitnimmt.

Ganz plötzlich hört sie auf und schaut Lélio an.

BOÏANA. – Ich gehe jetzt raus und finde Oma Nunak.
LÉLIO. – Du gehst ganz bestimmt nicht raus.
BOÏANA. – Oma Nunak ist draußen. Ich bin doch hier, um sie zu sehen.
LÉLIO. – Du weißt ja nicht, wo sie ist.
BOÏANA. – Sie sagt es mir in den Liedern. Dass sie mich zu sich führt.
LÉLIO. – Bouïe, nein. Warte hier auf Mama. Mit erfundenen Geschichten wirst du den Weg nicht finden.

Noch während er mit ihr spricht, zieht Boïana ihren Mantel und die hohen Stiefel über, die sie noch nicht allein schnüren kann. Sie schiebt die Bretter zur Seite, die den Ausgang blockieren.

BOÏANA. – Der Wald ist im Winter der gleiche wie im Sommer. Ich finde den Weg schon.
LÉLIO. – Ich kann unsere Schwester doch nicht ganz alleine lassen.

Boïana antwortet nicht. Schon ist sie draußen, dreht sich um sich selbst und späht zu den Stämmen, ins Land der gleichartigen Bäume. Mit der Zunge zwischen den Lippen sucht sie nach dem schnellsten Weg zu der Frau, von der ihre Mutter ihr so oft erzählt hat.

Von den beiden ist es die jüngere Schwester, die dem geringeren Risiko ausgesetzt ist, das weiß Lélio. Wenn Boïana und er die heißen Steine in der Hütte austauschen und die Bretter, die als Tür dienen, richtig zurückstellen, können weder Wind noch Kälte der Kleinen etwas anhaben. Er muss laut seufzen, als er das Baby in mehrere Felle hüllt und sie auf das Moospolster bettet. Er zieht ihr das Mützchen fester um die Ohren und löscht die Öllampe, damit sie sie nicht mit einer unkontrollierten Bewegung umstößt, dann folgt er Boïana nach draußen. Auch er will sie sehen, diese Oma mit Haaren so lang wie Flussläufe.

    LÉLIO. – Weißt du, wohin du gehst?
    BOÏANA. – Ja. Hier geht's lang.

Sie deutet zwischen einen Ahorn und eine Zeder und geht entschlossen los. Sie ist fünf Jahre alt: in die richtige Richtung kann sie lange weiterlaufen.

Die Sonne scheint zwischen den Bäumen hindurch. Ich erreiche die Gleise des *Sort Tog*. Ich suche tote Holzstämme von tragbarer Größe zusammen, die ich rolle oder mir über die Schultern lege, und staple sie auf die Gleise auf, bis die Barriere ein weithin sichtbares Hindernis aus ineinander verschlungenem Holz ist, das genauso schnell ab- wie aufgebaut sein wird. Dann warte ich auf den Zug. Ich stelle mir sein Rattern auf den Gleisen vor und das schrille Kreischen seiner Bremsen, ich lege mir im Voraus zurecht, welche Worte mein Mund dem Zugführer sagen wird, damit er uns mit an Bord nimmt. Das Gold, das die Siu für ihre Entbindungen und meine Freundlichkeit gezahlt haben, wiegt schwer in meinem Rock. Ich werde einige Plättchen davon hergeben, damit der Zug wartet, während ich meine Kleinen in der Hütte abhole; den Rest werde ich zahlen, wenn wir alle vier am Bahnhof von Brón ausgestiegen sind.

Der Wald ist erfüllt von seinen gewohnten Stimmen, noch stört kein Zug die friedliche Stille des Schnees. Ich setze mich unter die niedrigen Äste der Zedern, Ahorne und *Qurliak*. Ich warte. Ich kenne die Sprache der Eisenbahner-Rasse: Felle und Münzen, eine Sprache, die ich gut nachmachen kann.

Ich warte.

Der Tag vergeht, die Nacht bricht herein. Ich döse nah bei einem Feuer, das immer und immer wieder angefacht werden muss, sonst droht die grimmige Kälte, der blaue Tod. Die Luft ist windstill und starr vor Eis. Wo Laure ist, weiß ich nicht.

Ich warte.

Die Lokomotive ist nirgends zu hören.

Ich ruhe mich lange in den Armen Ina Makas aus, in ihrem Geruch von Schnee, Fels und verbranntem Reisig.

Laure verflucht seine Schneeschuhe, den Wind, das Eis und die Abwesenheit von Eis, die ihn manchmal tief in den Schnee einsinken lässt. Über schier endlose Strecken hinweg hält er die rosa Kordel fest umklammert, die ihn durch die Felder führt. Manchmal ist sie gerissen und er muss wieder den Anfang finden. Er sucht, macht mehrere große Schritte – und findet die Schnur jedes Mal wieder irgendwo hervorsprießen. Nachdem er begreift, dass Daã eher den Wald angesteuert hat als das Siu-Haus, überlegt er, umzukehren, doch als er hinter sich die zurückgelegte Strecke betrachtet, geht er wieder weiter: Ohne Zweifel liegt die Waldhütte näher als das Haus in Kangoq, er ist müde und seine Haut ist durch die vom Schnee zurückgeworfenen Sonnenstrahlen verbrannt. Jetzt ist der Abend hereingebrochen und er kennt sich mit den nächtlichen Gefahren der Felder nicht aus.

Mit gesenktem Kopf geht er voran; schon jetzt weiß er genau, was er Daã sagen möchte, ein Gemisch aus Ärger und Erleichterung: Bestimmt wird sie es verstehen, wenn es ihm erst gelingt, ihr die Stadt besser zu beschreiben; er bringt viel Zeit damit zu, seinen Argumenten zu lauschen, und das verleiht seinen Schritten Schwung.

Was mir beim Aufwachen die Kehle zuschnürt, ist nicht mehr die Wut der Bärin, nicht das Wiedersehen mit den Koniferen, noch Erschöpfung oder Schmerz, sondern der schwere Schnee und ein zäher Instinkt, einer, der im Dorf gebrochen wurde und mich plötzlich wieder überkommt.

Meine Tochter weint, die Kleine. Zweige, Wind und gefrorene Erde tragen ihr einsames Geschrei bis zu mir.

Meine Tochter weint, die Kleine, die sonst niemals weint.

Laure erreicht die Hütte in der Abenddämmerung. Lélios Faden war zwar schon vorher aufgebraucht, aber unter dem Dach der Bäume ist die Fährte im Boden noch sichtbar geblieben, besser geschützt als auf dem Grasland. Ohne das Gewicht der Kinder ist er schneller vorangekommen, als es Daã vor ihm gelungen ist.

Als er ankommt, quengelt dort die Kleine, die unter so vielen Decken vergraben ist, dass sie sich nicht bewegen kann. Er hebt sie an seinen Bauch, füttert sie und wechselt ihre Windeln, dann packte er sie, wie er es bei Daã oft beobachtet hat, in Wollstreifen und warme Felle. Das Feuer vor der Hütte ist erloschen und grau. Selbst die Asche hat einzufrieren begonnen.

Laure bemerkt Spuren zwischen einem Ahorn und einer Zeder, Spuren von Kinderstiefeln ohne Schneeschuhe, er zieht seine Bärentatzen wieder an, murrt ein wenig und folgt ihnen schließlich.

Der Schrei, den ich höre, ist nicht der meines Kindes, es ist der Ookpiks, mein eingeschneites Weiß.

Der sprechende Wald verfällt in Schweigen.

Seine Stille ist mir fremd. Sie fasst mich am Hals, an den Luftwegen, im Mund, zieht mich in den Schnee.

Lange bleibe ich unfähig, mich wieder zu erheben: meine Beine wissen vor mir, wohin ich gehen muss.

Daã findet Laure an der Stelle, wo die Spuren verschwinden, genau an dem Ort, wo anstelle der Schritte zwei Kinder liegen, bleich, lila und blau, dicht aneinandergeschmiegt. Wange an Wange haben sie sich lange die Gesichter von Oma Nunak beschrieben, ihr Kleid aus Eis, ihr ganz weißer Kopf, ihre Wangen, ihre wehende Stimme, die sie wiegt. Sie sind friedlich eingeschlafen, eingerollt in ihren Armen.

Laure sagt nichts, er sitzt auf einem Felsen. Er hat keine Ahnung, wie er seine toten Kinder berühren soll. Er hat nicht ihren Puls genommen, hat sie nicht bewegt; er konnte schon sehen, dass es keine Atemwolken in der Luft zwischen ihren Lippen gab.

Daã fällt nicht, sie ist aufgerichtet wie eine Kiefer, steif und völlig gerade, sie erinnert sich an Bäume in der Taiga, die, innerlich vollständig vermodert, dennoch stehenbleiben. Ihre Augen wandern über die Körper, den Schnee, die Baumstämme; sie sucht das Weiß, das sie immer besänftigt hat, doch in dieser Landschaft hier, die bis ins letzte weiß ist, ist Laure wie der Schnee, der Reif und die Toten. Alles, was Daã noch erkennen kann, ist ihre Tochter, die lebendige, ihr unerschütterliches, gesprenkeltes Schwarz, die die Geister betrachtet und die vielen Gesichter von Ina Maka, ihrer Oma Nunak.

Etwas in meinem Bauch ruft nach Schlick. Meine Zunge verschlammt wie Kiesel in Stromschnellen. Ich werde an den Haaren aufrecht gehalten, die von den Ästen hängen wie Bartflechte vom *Pingis*.

Ich finde zurück in die geteerte Stille meines Mundes.

OSTARA

Ich laufe.

Ich gewinne die Kontrolle über jeden meiner Schritte zurück. Während ich spüre, wie unter meinen Zehen das Gras nachgibt, wie es sich dann wieder aufrichtet, finde ich im Mund meine animalischen Sprachen wieder. Ich bin Daã Volkhva, Bärenauge, *Minushiss*, Tochter der Vierundzwanzig, Enkelin von Ina Maka, und in meiner Hand halte ich fest die Hand meiner Kleinen, die Verlängerung meines Bauches, die außerhalb meiner selbst lebt.

Sie ist an meiner Seite und läuft in stiller Entschlossenheit, innerlich ruhig durch die Ruhe meiner Haut. Sie ist kaum drei Jahre alt, aber stark und vom gleichen Blut wie ich: eine Infantin des Waldes mit langen Gliedern und sicherem Schritt; ihre Füße gehen ohne Zögern in einer geraden Linie.

Ich gebe vor, diejenige zu sein, die den Weg weist. Doch eigentlich bin ich längst woanders, ich bin die Erde unter uns geworden, bloß noch Untergrund für ihre Schritte. Ich gehe mit ihr zu den Ufern des Farouk, zu seinen Fällen, Windungen und energischen Stromschnellen. Wir kommen an der Groll-Manufaktur und den Daunenlagern vorbei. Die Frauen hinter den Fenstern winken uns zu, als sie uns sehen, und ich beobachte sie: Sie beugen sich wieder über ihre Stopf- und Webearbeiten, in ihren Gesichtern liegt Traurigkeit. Wir laufen weiter. Bald enden die Felder und es gibt keine Kuhställe mehr und keine Wollschafe, die zwischen süßem Klee und Sommerschwingel grasen. Meine Kleine geht voran, wir lassen Kangoq und seine tausend Augen hinter uns.

Mein Körper ist es, der mir mit einem plötzlichen Ruck anzeigt – ein dumpfes Stechen, das mich fast überwältigt –, dass wir an der Uferstelle angekommen sind, wo wir uns trennen werden. Ich halte mein dunkles Kind an und sage: »Jetzt. Es ist soweit.«

Ich brauche sie nicht in den Tragekorb zu setzen, sie klettert alleine hinein. Ich schaue auf ihre gescheckten, runden Schenkel, die über den fest geflochtenen Korbrand steigen. Meine Zehen unterhalten sich mit dem warmen Sand, mein Haar hat sich schon zu einem Nest für kleine Vögel zurückverwandelt, zum Unterschlupf für Raupen, zu einer Sammlung von Flügelsamen. Ich wende meinen ganzen Körper vom Scheitel bis zur Sohle meinem dritten Kind zu. Sie kniet im Weidenkorb, die Füße unter dem Po, ihre beiden Hände auf den Knien. Ich pflücke die Raupe aus meinen Flechten und setze sie ihr auf die Schulter. Sie blickt sie an. Sie blickt mich an. Ich sehe, dass sie meine Augen sieht, sie erkennt meine Zöpfe, meinen Mund, meine Haut, meine Finger und meine Stirn. Ich sage: »Ich bleibe hier.« Ich zeige auf die Raupe, zeige auf den Fluss, den Boden, zeige auf ihren Bauch.

Danach schiebe ich den Korb an.

Er löst sich mit einem vergnügten Plätschern vom Ufer.

Laure steht wartend am Bahnsteig. Er sieht oft nach der Zeit, auf jener schönen vergoldeten Uhr, die ihm der Direktor des *Spitals der Bedürftigen* bei Unterzeichnung des Vertrags übergeben hat. Er trägt einen taillierten Anzug nach Mode der Cité und hat seinen Bartschnitt verändert, den Schnurrbart allmählich dicker werden lassen. Er beobachtet, wie der *Sort Tog* schwarz vor Staub von den Bergen her einfährt und die laute Signalpfeife tönen lässt. Kaum ist die Lok zum Stehen gekommen, beginnen Arbeiter, die Güterwagen zu entleeren und große, graue Taschen voll Kohle in die Lagerhallen zu bringen. Sie sind dreckig und abgemagert, und sie heben falsch aus dem Rücken, um ihre Knie zu schonen. Unweit von ihnen sind die Verkäufer, die für die Grolls arbeiten, gerade fertig geworden, und der Kontrolleur inspiziert die Daunen in den bunten Bezügen und begleicht die Schuld. Laure schaut nicht zu ihnen zurück, als er in den Waggon steigt. Er geht drei Stufen hoch und drückt die fettige Tür auf. Mit dem Geruch stürmen Erinnerungen auf ihn ein, auf einmal sieht er alles um sich herum aus seinen siebzehnjährigen Augen und muss an seine Erregung denken, als er, der bis dahin noch nie etwas Luxuriöseres gesehen hatte, diese mottenzerfressenen Vorhänge und Sessel aus falschem Velours erblickte. Dann denkt er daran, wie Lélio, der in seinem Haus auf dem Land aufgewachsen war, jede Bank inspiziert hatte, um die am wenigsten klebrige zu finden, und mit seinem Ärmel den Staub von der Fensterscheibe gewischt hatte, nur um dann bekümmert zu entdecken, dass er sein Hemd unwiederbringlich ruiniert hatte.

Das Land ist in Septemberlicht getaucht. Auf den Feldern hat die Heuernte begonnen, man bereitet sich auf die Oktobermigration vor. Laure seufzt. Er setzt sich so weit weg von den Fenstern, die nach Kangoq geöffnet sind, wie er kann. Die Luft riecht nach Marmelade und Kompott, nach Augustfrüchten, die für den Winter zubereitet werden. Der Himmel ist von Krähenrufen durchdrungen, noch stört das Getöse der Gänse niemandes Schlaf. Laure schaut auf seine weißen Hände, die still auf seiner Hose ruhen. Er denkt an seinen Vater, er fragt sich, ob Joseph ihn heute wiedererkennen würde, und kann sich nicht vorstellen, was der Alte zu ihm sagen würde, wenn er wüsste, dass er auf dem Weg zu den großen Hospitälern der Cité ist.

Er holt den Holzkamm hervor, doch sein Bart ist zu kurz, um geglättet zu werden; er kämmt stattdessen seinen Schnurrbart, aber das ist nicht dasselbe. Die Zeit zwischen dem Einsteigen und der Abfahrt des Zuges kommt ihm unendlich lang vor. Die Siu-Zwillinge beobachten ihn vom Bahnsteig aus, sie lächeln ihm halb zu, heben jedoch nicht die Hand zum Gruß; ihr Gesichtsausdruck, während sie verdoppelt dort stehen, wirkt den Umständen entsprechend: wohlwollend, doch ohne Freude. Endlich wird die Lok angeworfen und der Zug nimmt unter dem klangvollen Drehen seiner Achsen Fahrt auf Richtung Cité.

—

In den Tagen, die auf die Rückkehr von Laure und Daã ins Dorf gefolgt waren, er mit Boïana auf dem Arm, sie Lélio hinter sich auf dem Pelzschlitten ziehend, lag Kangoq wie erstarrt unter einer dicken Eisschicht. Die Kohlereserven schwanden, bis der *Sort Tog*, den die Gewalt von Regen und Frost überrascht hatte, die abwechselnd auf die Gleise niedergegangen waren, endlich wiederkam.

Laure konnte noch so viele Salzsäcke auf der Treppe vor dem Haus entleeren, die äußersten Stufen blieben von einer Eiskruste bedeckt, die nicht zum Schmelzen zu bringen war. Eine Familie nach der anderen stolperte und schlitterte die Treppe hinauf, fest an das Geländer geklammert, und trotzdem rutschten sie alle aus. Sie kamen dicht aneinandergedrängt mit Vorräten an Eintöpfen, Pasteten und Früchtekuchen, die sich in der Küche anhäuften, bis Laure sie einen Monat später alle wegwarf.

Fest an die Hände ihrer Kinder geklammert durchquerten Kangoqs Honoratioren den kleinen Eingangsflur, stellten die Lebensmittel auf dem Serviertisch ab und gingen bis zum Salon weiter – dessen Fenster den Blick auf das glattgestrichene Meer der Felder öffnete, ohne dass die Sonne jedoch bis ins Zimmer vordrang. Das Obergeschoss war in Dunkelheit getaucht, Kälte fraß sich durch die Wände und niemand zog seinen Mantel aus.

Zwischen den Sesseln und dem durchgelegenen Sofa lagen Lélio und Boïana ausgestreckt nebeneinander auf dem Tisch, ein besticktes Laken unter sich. Sie trugen ihre Winterpelze: Ihre Arme, Beine und dünnen Körper steckten in dicken Fellen. Ihre Mutter hatte sie gewaschen, frisiert und ausstaffiert, sich jedoch geweigert, ihnen ihre gute Sonntagskleidung anzuziehen; so sahen sie aus wie zwei kleine Faune, halb Tier, halb Mensch, die in einen feenhaften Schlaf gesunken waren. Ihre geschlossenen Lippen waren von der gleichen Art, die obere Lippe herzförmig und weniger voll als die untere. Ihre Augen, ihre Nasen und auch die Form ihres Kinns schienen zweifach wiederholt, wie auf zwei Puppen unterschiedlichen Alters.

Während der gesamten Besuchszeit war Laure in ihrer Nähe stehengeblieben. Seine schwarze Kleidung betonte seine Achromie, und auf einmal fiel Kangoq wieder die Merkwürdigkeit seiner Erscheinung auf. Der Bürgermeister, der Schöffe, der Notar und alle, die bei seiner Ankunft geglaubt hatten, sie könnten sich an die unheimliche Blässe des Weißen Arztes gewöhnen, fühlten ihr altes Unbehagen wieder erwachen, als sie ihn so gespenstisch in seinem Dreiteiler mit Filzhut neben seinen kleinen Toten Wache halten sahen.

Daã, in grauem Kleid mit wildem Haar, hielt sich im Hintergrund. Solange Kangoq in diesem Haus verkehrte, behielt sie ihr drittes, unbenanntes Kind vor dem Bauch. Sie wirkten wie zwei gefangene Tiere, fleckig und grimmig, denen man sich besser nicht nähert, die man eher einsperrt, so weit entfernt wie möglich von Kindern und normalen Leuten. Sie verhielten sich ruhig, im Schatten des Trauerbehangs wie zu einer einzigen Steinstatue verschmolzen. Die Frauen, die den Salon verließen, solche, die noch einige Tage zuvor Daã mit ihren Wehwehchen behelligt hatten, begannen noch im gleichen Augenblick, sich die Münder darüber zu zerreißen, dass es Mutter und Tochter gewesen sein mussten, die all das Eis über das Dorf gebracht hatten.

—

Laure steht etwas neben sich, versunken in die verschwommene Bewegung der Wiesen vor seinem Fenster. Er schließt die Augen. Die Sonne geht über den Feldern unter und er fragt sich, wo jetzt gerade die Gänse sind, die sich bald in Kangoq niederlassen werden, er fragt sich, ob sie je anhalten, um zu schlafen, er fragt sich, durch welche Lande die Kleine und Daã ziehen. Wie gerne hätte er den Namen seiner Jüngsten kennengelernt, ihren Mund die ersten Töne sprechen hören, die ihn nicht mehr erreichen, Worte, die anderen vorbehalten sind.

Nach dem Tod der Kinder und den Messen im Januar zogen die Jahreszeiten in Stille vorüber. Daã blieb immer länger fort und kehrte aus ihrem Wald stets stumm, aber gewachsen zurück. Ihre Kleider, die einst lang waren, reichten ihr nur noch bis zu den Knöcheln; je abgetragener sie wurden, desto dicker schien Daãs Haut zu werden, und desto länger ihr Haar. Dreimal kamen und gingen die Gänse. Die Kleine blieb stumm vom Stummsein ihrer Mutter. Im Hof gestaltete sie ihre freien Spiele um die Tiere herum und um Gegenstände, die sie zu riesigen Sammlungen anhäufte. Sie zeichnete in die Erde und erfand Länder in dem kleinen Gartenstück. Niemals folgte sie Daã, wie es Lélio getan hatte, und niemals sang sie wie ihre Schwester Boïana. Sie schien es sich in den Kopf gesetzt zu haben, weder der eine noch die andere zu sein, nicht einmal ihr entfernter Schatten. Laure beobachtete sie lange von seiner verlassenen Praxis aus, zunehmend distanziert gegenüber diesem bindungslosen Wesen, obschon besorgt über seinen Zustand und seine Augen, die Schatten folgten, die er nicht sehen konnte, besorgt auch wegen der ausbleibenden Patienten, der Salben und Laugen, die in ihren Krügen ranzig wurden und der erst kürzlich getrockneten Pflanzen, die nun niemandem mehr nutzten.

—

Nacht verschluckt den Zug, die Lokomotive dringt weiter in die Dunkelheit vor und die Felder lassen sich vom Himmel nicht mehr unterscheiden. Laure fragt sich ohne Ausflüchte, ob er seine Tochter und seine Frau absichtlich verloren hat, weil er den Anblick der beiden nicht länger ertragen konnte, diese beiden Gleichartigen, die er im Stillen für den Verlust der beiden anderen, die ihm geähnelt hatten, verantwortlich machte.

Anderthalb Jahre nach dem Tod der zwei Großen kam der Bürgermeister, begleitet von Vater Hénoch und dem Schöffen, und ließ Laure keine Wahl: Ein neuer Arzt würde kommen und sein Glück in Kangoq versuchen; es war schwierig genug gewesen, ihn anzuwerben, doch er kam direkt von der Schule, war noch ohne Verlobte und würde sich vielleicht sogar eine Frau aus dem Dorf nehmen, das wäre jedenfalls wünschenswert.

»Niemand will einen Arzt, der den Tod im Gepäck mit sich herumträgt. Als Bürgermeister bin ich verpflichtet, stets im Interesse der anderen zu handeln. Wem nützt ein Arzt, den die Leute nicht mehr konsultieren, weil sie ihn zu sehr fürchten?«

Vater Hénoch war es, der die nötigen Schritte veranlasste und für Laure eine Stelle im *Spital der Bedürftigen* auftat. Wäre es nach dem Bürgermeister gegangen, wäre der Weiße Arzt ohne Umschweife aus seinem Haus verwiesen worden.

Laure erklärte Daã die Lage lang und breit, mehrere Male. Er beschrieb ihr die Cité, sprach mit ihr weiter, während sie schon schlief, wie damals in dem kleinen Haus in Brón. Sie antwortete nicht. Also sagte er ihr, dass die Schwestern von Saint-Chrême, die, die schon Cléo Oftaire unter ihre Fittiche genommen hatten, bereit seien, die Kleine im Heim aufzunehmen. Man müsste nur noch einen Namen für sie finden, um sie ins Register einzutragen. Als er am nächsten Morgen erwachte, war Daã mit dem Kind gegangen.

Laure verzögerte seine eigene Abreise um eine Woche, um zwei, um drei. Doch sie kamen nicht zurück und er ging sie nie suchen.

—

Laure nickt auf der Bank ein, sein Schlaf ist unruhig und von Schaudern durchzogen. Er wacht auf und blickt sich nach Lélio um, überzeugt, dass sie noch auf dem Weg sind, den Direktor des Internats zu treffen. Der Waggon ist leer. Dann erinnert er sich und fällt wieder in Schlaf. Als der Tag anbricht, hat der Zug die Vororte erreicht und die Luft ist bereits von den Geräuschen der Stadt erfüllt. Bei einem Halt steigt Laure am Bahnsteig aus, um nach etwas zu suchen, womit er seine Müdigkeit und das Hämmern im Schädel loswerden könnte. Er erinnert sich an seine Arzttasche, die er unter die Bank geschoben hat, steigt wieder ein, holt die Weidenrinde, die Daã sorgfältig getrocknet hat, und findet schließlich, während die Arbeiter ihre Geschäfte abschließen, jemanden, der ihm Wasser erhitzt. Für ein paar Münzen mehr überlässt der Händler ihm die Tasse und er steigt wieder in den Zug. Er trinkt. Er denkt an den Arztposten im Spital. An seinen Vater. An seinen Sohn, der nichts mehr davon haben wird. Die Bahn fährt in urbaner Langsamkeit weiter, bis sie vom sechsgleisigen Tunnel verschlungen wird und mit kreischenden Bremsen am Gleis Nummer sechs des Hauptbahnhofs der Cité zum Stehen kommt.

Laure zieht die Vorhänge auf und späht in die prachtvoll ausgearbeitete Kuppel hinauf, zu den Bäumen, die im farbigen Licht der Fassadenfenster aus dem Inneren von Kisten wachsen. Die große Marmortreppe schwingt sich zu beiden Seiten der Halle empor, bis ihre Stufen sich verlieren, mit Bronzegeländern, die zu Nixen und Meerjungfrauen geformt sind, ewig über Abfahrten und Ankünfte wachend.

Viel näher bei sich am Bahnsteig bemerkt er die lange Schlange derer, die ihr Glück mit der Kohle versuchen wollen. Er erkennt die Mützen und die schlaffe Kleidung, die springenden, kletternden, raufenden und hustenden Kinder; Männer, deren breite Hände bereits von Chrom, Alaun und den Ölen der Gerbereien angefressen sind. Er hört wieder die Worte seines Vaters und der Männer, die über ihr Leid klagen, während sie Kohlsuppe schlürfen. Lange sieht er ihnen zu, so lange, bis der Schaffner in den Waggon kommt und ihn persönlich auffordert, auszusteigen und zu gehen.

Ich laufe.

Unter meinen Füßen ist das Getreide gelb und knistert, die Halme werden bald von roten Blättern abgelöst, die von den Ästen meiner Bäume fallen und mir den Weg in meine Taiga weisen, in mein Land der Berge.

Ich laufe. Auf meiner Haut berühre ich die letzten Streifen meiner Wäsche, Schnüre, die kleine Schluchten gegraben haben, raue Wolle. Ich fühle mich wachsen, ich werde etwas anderes, das, was ich vor meiner Mutter und ihren vierundzwanzig Schößen war. Nunak leitet meine Fersen auf einem Weg, den ich nicht mit meiner Tochter beschreiten konnte, *Minushiss*, meine dunkle Wilde, der andere Schritte versprochen sind als die meinen.

Ich laufe. Ich habe den Appetit von Flüssen. Wölfe, Füchse, Hasen und Karibus streifen durch meine Pfade, ich bin weiter ausgedehnt als meine Säugetiergeschwister; über meiner Stirn bauen sich Seeadler ihre Nester aus Haar.

Ich wandere nach Norden in den Händen meiner Großmutter, ich weiß nicht mehr, wann ich zusammenbreche, wann ich mich wieder erhebe und wie oft ich sterbe, bevor ich mich schließlich auf einem alten Brandfeld voll neuer Birken niederlasse, eine Vielzahl weißer Arme, die mich umschließen, solange ich falle.

Der *Sort Tog* rast Richtung Zeche, lange durchquert er die Arbeiterviertel, Papierstädte und schmutzigen Ufer des Gueule-aux-Galions. Vielleicht ist dies das einzige, das sich in den fünfundzwanzig Jahren verändert hat: Die Cité scheint ihre Arme immer weiter ins Landesinnere auszustrecken und die Elendsviertel entlang der Gleise scheinen größer, vielleicht auch trauriger.

Laure hält sich gerade auf seiner Sitzbank. Seine Tasche ist weniger schwer, seit er dem Direktor des Spitals die Golduhr zurückgegeben hat.

Sein Kinn sinkt herunter, sein Kopf fällt nach hinten, schließlich sackt er gegen das Fenster, schlafend und ruhig.

Als er erwacht, hat er das Grasland erreicht und die rotbraunen Felder, die von den Fenstern des Zuges betrachtet immer in Sonnenlicht zu baden scheinen.

Ohne eine Steinkohleladung, die auszuliefern wäre, dampft der Zug mit voller Geschwindigkeit durch die Bahnhöfe. Laure mag dieses Tempo, das jedes Dorf zu einem rastlosen Schatten seiner selbst macht. Als er sich Kangoq nähert, zieht er den grünen Vorhang vom Fenster zurück, bleibt jedoch im Schatten, während der Zug vor seinem leeren Haus entlangfährt, in dem kein Licht brennt. Ohne eigentlich hinzusehen, nimmt er die Landschaft wahr, die hinter dem Fenster vorbeizieht. Das Morelle-Haus und der Laden mit den roten Fensterläden, Ubalds Wirtsstube, die Kirche und die schöne Veranda des Bürgermeisters. Das blaue Landhaus der Bourraches an der Ecke des Lotier-Damms, das des Notars und das des Schöffen. Lange Zeit folgt die Bahn dem Farouk und für einen Augenblick verdunkeln die Umrisse der Groll-Manufaktur das Abteil. Ein paar Gänse sind schon in den Feldern gelandet; er hört sie, ohne sie zu sehen, es sind noch nicht viele. Der Wasserlauf neben ihm fließt in seinem Bett und der Zug rast dahin ohne Rücksicht auf den Kummer seiner Passagiere. Laure hört zu, wie die einsamen Gänseriche in der Monotonie der Ebenen verschwinden.

Wildgräser säumen den Weg, eine Armee von schmutzigen Staubwedeln, die im Wind nicken. Der *Sort Tog* fährt seinen Weg zum schwarzen Schlund der *Ko*. Weit vorn färbt das Licht die Wipfel der Tannen glutrot, dort, wo aus Feldern wieder Streifen von Wald werden. Die toten Kiefern, die hier noch stehen, sind mit kurzen Ästen gespickte Stiele, eine graue Garde, die die Durchfahrt in den Norden bewacht.

Beim Überqueren der Grenze zwischen Licht und Dunkelheit fühlt Laure Daãs Arme, die ihn umschließen, er schmiegt sich gegen seinen Beutel, als wäre es ihr fleckiger Hals. Und schon schwillt die Luft vom Duft nach Harz, Moos, totem Laub, Flechten und Splintholz.

Ich werde geboren.

Ich durchbreche das Nest aus Moos, kalten Farnen und der dünnen Eisschicht, die mein Gesicht verkrustet.

Ich bewohne ein Fleisch aus Humus, Flechten und Wurzeln, ich habe breite Stämme als Finger und Wasserfälle aus Haar, Rinnsale und Flüsse, die über meinen Rücken fließen. Überall antwortet meine Haut auf die Horden von Tieren mit Geraschel und dem Lied losgetretener Steine. Ich trage Ookpik und die lange Blutslinie meiner Tochter, meiner Unbenannten, die Kinder, die sie sät, und die ihre Kinder säen werden.

Millionen von Körpern ziehen durch meine Weiten und noch einmal so viele liegen in meinem Bauch, ernähren mich und kommen als Pilze, Laubmoose und Rosensträucher zurück. Ich sage ihre Namen, damit auch sie sich in Maden und Uhus verwandeln mögen, in Waldluchse, *Pikush*, *Misartaq* und weiße Birken.

Brielle Hekiel

Joseph Hekiel

Schwester Blanche

Die Mütter Betris, Elli, Silène

Cléo Oftaire

Lélio, mein Winterkalb

Boïana, meine neugierige Saison.

Ich lerne den Namen meiner Kleinen kennen, ich weiß, dass der Farouk sie weit getragen hat, ihre Schritte sind hart auf meinem Bauch, sie hat die Robustheit ihrer Rasse. Ich höre immer noch Ookpik: nicht mehr sein helles Lachen, aber die Stimme des Mannes, der mir einen nach dem anderen die Körper anvertraut, die er verliert.

Mein Inneres ist grenzenlos, ich kann sie alle tragen, die Körper der Mine wie auch die von Sainte-Sainte-Anne, die aus Kangoq und die aus der Cité, die von Brume und Brón, vom *Sort Tog* und aus Cusoke.

Ich bin Ina Maka.

Mein Leib ist weit.

Ich allein bringe Tote ins Leben zurück.

Glossar

AATAAQ: Grönlandrobbe (inuktitut).
ABAZI: Baum (abenaki).
AMIQ: Rinde (inuktitut; Ref. *Le savoir botanique des Inuits d'Umiujaq*).
ANDESQUACAON: Friede dir (wendat).
ANÚNF ITÉ: Die Frau mit den zwei Gesichtern (Mythologie der Lakota [Sioux]).
ARME-LEUTE-PUDDING: pouding chômeur (französisch), Dessert aus den frühen Jahren der Weltwirtschaftskrise in Québec.
ATCHAK: Geist / Seele (innu aimun).
ATIK: Karibu (innu aimun).
BEAN SÌDHE: Banshee oder Frau aus der Anderswelt (gälische Mythologie).
BILBOQUET-SPIEL: Geschicklichkeitsspiel. Eine Kugel, die mit einer Schnur an einem Holzstab befestigt ist, wird mit einer Handbewegung geschwungen und oben an der Stange wieder aufgefangen.
BISTOURI: Operationsmesser mit einklappbarer Klinge
BRITHYLL: Forelle (walisisch).
BRÓN: Kummer (irisch).
CAILLEACH: Göttliche Hexe, Muttergöttin und Gottheit des Wetters (gälische Mythologie).
CLANEDAQUE: traditionelle Québecer Süßigkeit; dickflüssiger Ahornsirup, der mit Kellen in Schnee getropft wird und dort zu einem Karamellbonbon auskühlt.
CYBÈLE: die wilde Natur verkörpernde Gottheit (phrygische Mythologie).
GÊ: Muttergöttin, auch Gaïa genannt (griechische Mythologie).
INA MAKA: Ina = Mutter; Maka = Erde (lakota [Sioux]).
KANGOQ: Schneegans (inuktitut).
KIA PAKI: Hab dich lieb. (abenaki).
KATAJJAQ: Kehlkopfgesang (oder Stimmspiel) der Inuit.

KOHLE CO.: Name der Minengesellschaft von Brón

LITHA: Heidnisches Fest, das zur Zeit der Sommersonnenwende gefeiert wird.

MABON: Heidnisches Fest, das zur Tagundnachtgleiche im Herbst gefeiert wird.

MARI: Gottheit, die die Natur verkörpert (baskische Mythologie).

MINISH: Kleine Frucht, Beere (innu aimun).

MINUSHISS: Kätzchen (innu aimun).

MISARTAQ: Labradortee (inuktitut; Ref. *Le savoir botanique des Inuits de Kangiqsualujjuaq*).

MOIRES: Schicksalsgöttinnen – Klotho, Lachesis und Atropos – (griechische Mythologie).

MUK^{u}TSHIAM OLBAK-AIMU: »Nur Olbak sprechen.«

MUYINGWA: Göttin des Keimens (Mythologie der Hopi).

NIN IA: Ich bin (atikamekw).

NISHK: Gans (innu aimun).

NITANIS NAHA: Das ist meine Tochter. (atikamekw).

NUNAK: Die Erde (wendat).

OHEONH: Sie ist tot. (wendat).

OLBAK-AIMU: Er spricht olbak. (Diese Redewendung ist dem Innu Aimun entlehnt. Die traditionelle Wendung für »Er spricht innu« wäre «Innu-aimu«).

OOKPIK: Schneeeule (inuktitut).

ONONHOUOYSE: Ich liebe euch. (wendat).

OSTARA: Heidnisches Fest, das zur Tagundnachtgleiche im Frühling gefeiert wird.

PASHPASHTEU: Specht (innu aimun).

PICIW: Luchs (atikamekw).

PIKUSH: Stechmücke (innu-aimun).

PINGI: Tamarack-Lärche (inuktitut; Ref. *Le savoir botanique des Inuits de Kangiqsujuaq*).

PISHIMUSS: Pilz (innu aimun).

PITUKAIEU: empfangen (innu aimun).

QUAJAUTIIT: Felsflechte (inuktitut; *Le savoir botanique des Inuits de Kangiqsujuaq*).

QURLIAK: Schwarzfichte (inuktitut; Ref. *Le savoir botanique des Inuits de Kangiqsualujjuaq*).
SEDNA: Meeresgöttin (Mythologie der Inuit).
SERMEQ: Gletscher (inuktitut).
SHAWONDASEE: Inkarnation des Südwindes (Mythologie der Algonkin).
SORT TOG: schwarzer Zug (dänisch).
TÁ AN LEANBH SEO GORM!: Das Baby ist blau! (irisch-gälisch).
TWAKWA: Biber (abenaki).
TAYE'NDIARA'S!: Hilf mir! (wendat).
TOORNISOQ: Geist (inuktitut).
UAPIKUN: Blume (innu-aimun).
UAPISHK: Gans (innu-aimun).
URJUQ: Zottiges Zackenmützenmoos (inuktitut; Ref. *Le savoir botanique des Inuits de Kangiqsualujjuaq*).
USSUK: Bartrobbe (inuktitut).
VOLKHVA (ВОЛХВА): Hexe (russisch).
YULE: Heidnisches Fest zur Wintersonnenwende.

Literatur

Sprachen

Aimun-Ashinaikan. Dictionnaire innu, online abrufbar: innu-aimun.ca/dictionnaire/Words

Louise Blacksmith, Marie-Odile Junker, Marguerite MacKenzie, Luci Salt, Annie Whiskeychan, *Atikamekw Nehirowisiwok – Manuel de conversation atikamekw*, online abrufbar: https://atlas-ling.ca/pdf/ATIKAMEKW_Manuel_Conversation.pdf

Centre de développement de la formation et de la main-d'oeuvre huron-wendat, *Dictionnaire de la langue wendat*, online abrufbar: https://languewendat.com/dictionnaire/

Conseil des Abénakis de Wôlinak, in Zusammenarbeit mit dem Department of Canadian Heritage, *Dictionnaire abénakis*, online abrufbar: dictionnaireabenakis.com

Innu Conversation, Anwendung entwickelt von Delasie Torkornoo

Innu Dictionary, Anwendung entwickelt von Delasie Torkornoo

Lakota, Anwendung entwickelt von File Hills Qu'Appelle Tribal Council

Uqausiit en ligne. Dictionnaire français-inuktitut: polaires.free.fr/Dictionnaire

Botanik und traditionelle Medizin

Alain Cuerrier and the elders of Kangiqsujuaq, *The Botanical Knowledge of the Inuit of Kangiqsujuaq, Nunavik*, Inukjuak, Institut culturel Avataq, 2011, online abrufbar: inuit.uqam.ca/en/documents/botanical-knowledge-inuit-kangiqsujuaq-nunavik

Alain Cuerrier and the elders of Umiujaq and Kuujuarapik, *The Botanical Knowledge of the Inuit of Umiujaq and Kuujjuarapik, Nunavik*, Inukjuak, Institut culturel Avataq, 2011, online abrufbar: publicationsnunavik.com/book/the-botanical-knowledge-2/

Alain Cuerrier and the elders of Kangiqsualujjuaq, *Le savoir botanique des Inuits de Kangiqsualujjuaq*, Inukjuak, Institut culturel Avataq, 2012

Isabelle Kun-Nipiu Falardeau, *Usages autochtones des plantes médicinales du Québec*, Gray Valley, Éditions la Métisse, 2015

Isabelle Kun-Nipiu Falardeau, *Usages autochtones des plantes médicinales du Québec – Les arbres*, Gray Valley, Éditions la Métisse, 2016

Isabelle Kun-Nipiu Falardeau, *Usages autochtones des plantes médicinales du Québec – Les fruits*, Gray Valley, Éditions la Métisse, 2017

Isabelle Kun-Nipiu Falardeau, *Usages autochtones des plantes médicinales du Québec – Les fleurs*, Gray Valley, Éditions la Métisse, 2018

Fabien Pernet, *Traditions relatives à l'éducation, la grossesse et l'accouchement au Nunavik*, Montreal, Institut culturel Avataq, 2012, online abrufbar: http://polaires.free.fr

Die Figuren Lazare Delorgue und Cécile Siu wurden frei einem Lied von Anne Sylvestre entlehnt, *Lazare et Cécile*, und sind eine Hommage an die weibliche und feministische Welt der Singer-Songwriterin.

Das Gedicht *Cassandre* von Catherine Lalonde wurde von Tabea A. Rotter ins Deutsche übertragen.

Die Arbeit der Übersetzerin am vorliegenden Roman wurde im Rahmen des Programms NEUSTART KULTUR aus Mitteln der Beauftragten der Bundesregierung für Kultur und Medien gefördert und vom Deutschen Übersetzerfonds mit einem Stipendium ausgezeichnet.

Möchten Sie regelmäßig über neue Veröffentlichungen und Veranstaltungen informiert werden sowie exklusive Einblicke erhalten? Dann abonnieren Sie unseren Newsletter!

Es ist ganz einfach – besuchen Sie unsere Internetseite oder nutzen Sie den beigefügten QR-Code, um sich anzumelden.

Wir freuen uns darauf, Sie willkommen zu heißen!

Bibliografische Information der Deutschen Nationalbibliothek
Die Deutsche Nationalbibliothek verzeichnet diese Publikation in der Deutschen Nationalbibliografie; detaillierte bibliografische Daten sind im Internet über http://dnb.d-nb.de abrufbar.

Es ist nicht gestattet, Texte dieses Buches zu scannen, in PCs oder auf CDs zu speichern oder mit Computern zu verändern oder einzeln oder zusammen mit anderen Bildvorlagen zu manipulieren, es sei denn mit schriftlicher Genehmigung des Verlages.

Alle Rechte vorbehalten

© by S. Marix Verlag in der Verlagshaus Römerweg GmbH, Wiesbaden 2024
© 2019, Leméac Éditeur (Montréal, Canada) *Blanc résine*
Lektorat: Aline Wollmer, Wiesbaden
Cover: Anja Carrà, Weimar
Bildnachweis: © mauritius images / Radius Images
Umschlag, Layout und Satz: Anja Carrà, Weimar
Der Titel wurde in der Baskerville gesetzt.
Gesamtherstellung: CPI books GmbH – Germany

ISBN: 978-3-7374-1228-5

Mehr über Ideen, Autor:innen und Programm des Verlags finden Sie auf www.verlagshausroemerweg.de und in Ihrer Buchhandlung.